каббалисты уполномочены сообщить

Все миры созданы, чтобы привести каждого человека к совершенству. Эта цель изначально является причиной сотворения всех миров. Исходя из этой первопричины, созданы высшие миры, наш мир, и человек – из души, помещенной в материальное тело.

«Зоар»

Каббалисты Уполномочены Сообщить – 2023 . – 328 с.

The Kabbalists Are Permitted to Tell – 2023 – 328 pages.

ISBN 978-965-551-005-8

В книге собраны биографии 16 каббалистов. Каждый из них внес свой особый вклад в развитие каббалистической методики соответственно эпохе, в которой он жил. Вместе с этим, нужно отметить, что суть методики нисколько не изменилась с момента ее появления. Более того, то, о чем писали родоначальники каббалы, совершенно не утратило своей актуальности и сегодня.

Речь идет о самых внутренних законах природы, которые лишь в наше время человечество начинает постигать. Поэтому не стоит удивляться, что каббалисты современности говорят о том, что было пять тысяч лет назад, а каббалисты прошлого объясняют причины нынешних проблем. Главное в другом – каббалисты наконец-то заговорили во весь голос, а мы, в свою очередь, готовы их услышать.

ISBN 978-965-551-005-8

Copyright 2023 © by Laitman Kabbalah Publishers
1057 Steeles Avenue West, Suite 532
Toronto, ON, M2R 3X1, Canada
All rights reserved
www.kab.info

каббалисты уполномочены сообщить

оглавление >>>

**каббалисты
уполномочены
сообщить**

	Предисловие	08
Глава 1	**Адам**	**11**
	Единое поле	12
	Рош а-Шана	14
	Точка отсчета	16
	Механика творения	19
	Навстречу Творцу	22
	Как больше не перевоплощаться	23
Глава 2	**Авраам**	**27**
	Известная цель	31
	Носители духовной информации	32
	Лицом к лицу	33
	Нарко-суицид	36
Глава 3	**Моше**	**41**
	Рабами мы были	44
	Прислушаться к Моше	46
	Исправить дисбаланс	48
	«Наркотик», который стоит попробовать	50
	Песах	52
	Дарование каббалы	57
Глава 4	**Гилель**	**63**
	Ханука – праздник света	66
	Включите свет!	72
	О любви и браке	75
	«Эффект бабочки» и глобальный кризис	78
Глава 5	**Рабби Акива**	**83**
	Мы больны	90
	На танке в школу	93
	Секрет счастья	96
	Йом Кипур	98
Глава 6	**РАШБИ**	**101**
	Лаг ба Омер – или тонкая настройка	109
	Лаг ба Омер – лестница к свету	112

| | Как хорошо и приятно сидеть братьям вместе ...... 115 |
| | Погонщик ослов... 117 |

Глава 7 — **АРИ** **121**
Праздник жизни 124
Человек как плодовое дерево 125
Гармония природы 127
Аннушка разлила масло 128
На грани света 131
«Древо жизни» 134

Глава 8 — **Хаим Виталь** **137**
Родиться духовно... 139
Право на существование.................................... 143
Прозак для кошек и собак 145
Экономика в призме каббалы........................... 148

Глава 9 — **БЕШТ** **155**
Записки практикующего врача......................... 160
Гарри Поттер: секрет волшебства 161
Дети индиго – дар или наказание? 163
По ту сторону чуда... 166
Иди и смотри 169

Глава 10 — **Виленский Гаон** **175**
Эликсир жизни.. 182
Человеку плохо 184
Мифы о каббале 186

Глава 11 — **РАМХАЛЬ** **195**
Влияние каббалы на традиционную науку 197
Весь наш мир – это отражение наших ощущений .. 199
Дракон поднимает голову 205
Не в деньгах счастье 207

Глава 12 — **РАШАШ** **211**
Река жизни... 215
Неоспоримая правота природы 217
Шавуот 219

	Равновесие с природой	222
	Разбиение желаний	224
Глава 13	**Менахем-Мендл из Коцка**	**229**
	Мы и наши дети	236
	Свобода – это выбор	238
	Насилие	240
	Гомеостазис	242
Глава 14	**Рав Кук**	**247**
	Каббала и современная наука	250
	Еще раз о любви	253
	Врозь и вместе	254
	Боги нашего времени	256
	За экраном	260
	Каббалистический словарь Пурима	262
Глава 15	**Бааль Сулам**	**269**
	Две части науки каббала	279
	Несостоявшиеся беседы Б. Сулама с К. Марксом и А. Эйнштейном	281
	Мир в мире	288
	Разрушение и созидание	292
Глава 16	**РАБАШ**	**295**
	Тайна Суккота	304
	Кто это сделал	305
	Откуда приходит мир?	306
	Критика и обвинения в адрес каббалы	310
Дополнительная информация		**318**

предисловие >>>

«Каббала» в переводе с иврита означает «получение», то есть, обретение особого знания, которое доступно каждому человеку. Она зародилась на территории Междуречья около четырёх тысяч лет назад.

Основатель каббалы, житель древнего города Ур Халдейский, Авраам, открыл возможность постичь ту область мироздания, которая недоступна человеку в восприятии пяти органов чувств. Он собрал группу приверженцев и передал им свой способ постижения скрытой от нас части мира. С тех пор это знание переходит из поколения в поколение. Однако каббалисты установили запрет на массовое изучение каббалы и ввели строгие ограничения на отбор учеников. Это скрытие каббалы было продиктовано велением времени, поскольку человечество еще находилось в процессе развития.

В чем же особенность нашего времени? Почему каббала начала раскрываться именно сегодня?

Дело в том, что мир стал глобальным. На самом деле таким он был всегда, но мы это не знали, а вернее – не ощущали.

В своем развитии мы прошли несколько ступеней, причем, не количественных, а качественных: периоды рабства, феодализма, капитализма, постмодернизма. В каждую из этих эпох (ступеней) связь между людьми менялась по своему качеству.

Мы задействовали себя в сетке искусственных законов, которые устанавливали для регулирования отношений между собой. Что же касается нынешней эпохи, перед нами стоят глобальные проблемы, которые требуют глобальных решений. Это понимают уже тысячи, если не миллионы людей. Интернет и другие СМИ заполнены аналитическими исследованиями политологов, социологов, ученых, занимающихся естественными науками.

Все исследования ученых сводятся к одному – человечество не готово к глобализации и интеграции. То есть развитие мира, интегральных связей между его частями опередило развитие человека.

Все проблемы, которые переживает сегодня человечество, были

спрогнозированы каббалистами тысячи лет тому назад. Этот прогноз основан не на гадании, а на научном принципе познания открытых уже в то время законов природы. Поскольку каббалисты изучили эти законы, им не составило труда описать весь процесс развития человечества, с указанием проблем, которые встанут перед нами сегодня.

Но главное, что они сделали – подготовили четкую, научно обоснованную методику выхода из кризиса.

> Сидел рабби Шимон и плакал. И сказал: «Горе, если раскрою, и горе, если не раскрою... Если не раскрою, пропадут сокровища Торы, а если раскрою, смогут услышать те кто недостоин ее тайн».
> «Зоар»

глава 1 >>>
адам

**каббалисты
уполномочены
сообщить**

адам

(около 5800 лет назад...)

5772 года назад[1] человек по имени Адам постиг, кто он и для какой цели создан. Интересно, что эта цель закодирована в самом его имени. Адам – происходит от выражения «эдамэ ле эльон», что означает – стану подобным Высшей силе. Именно эту дату Тора называет началом творения. Именно этот день в еврейском календаре считается началом года (рош а-шана).

Следовательно, мы знаем, когда родился Адам, но о том, где это произошло, мы можем лишь догадываться.

(из учебника каббалы)

ТВОРЕНИЕ

Творец (Высшая сила) создал творение в виде желания получить все то благо и изобилие, которое Он хочет дать. Желание творения направлено лишь на получение, и этим оно противоположно Творцу.

Вероятнее всего, это было в Междуречье. Авторы учебников по истории солидарны: именно там цивилизация древнего мира достигла своего пика. Общественная жизнь бурлила, культура и наука расцветали. Люди жили в городах, за кирпичными стенами. Уже был заложен фундамент знаний по математике. В это же время изобрели колесо, сформировали первую профессиональную армию. Развивалось мореплавание. Появились первые школы, законы, библиотеки...

* * *

Итак, Адам раскрыл существование Высшего мира, а вместе с этим и цель, ради которой он создан. И главное – он получил возможность все это передать без искажения человечеству. Ему первому открылся язык иврит и буквы алфавита.

---

[1] Дата приведена на момент издания этой книги (конец 2011 года).

(из учебника каббалы)

Буквы дают полную характеристику любого состояния: влияние Творца (Высшей силы) на нас, наше влияние на Него и уровень связи между нами. С этой точки зрения, буквы – это трафареты, через которые проходит Высший свет и «выжигает» в нас, в нашей памяти, в нашем желании, свои свойства.

Адам написал книгу и назвал ее «Разиэль а-Малах» (Тайный ангел). Читая эту книгу, дошедшую до нас в первозданном виде, изучая рисунки, схемы с его пояснениями, мы видим, что это был выдающийся каббалист, который поведал нам об основных тайнах мироздания. Он исследовал Высший мир, где существует наша душа до нисхождения в этот мир.

На этом наследии выросла целая плеяда – двадцать поколений великих каббалистов, пришедших после Адама. Однако это уже другая история...

* * *

Ощущение, которое испытал когда-то Адам, сегодня пробуждается во многих людях. Пустота и неудовлетворенность жизнью являются причиной депрессий, захлестнувших мир в последние годы. Современный человек обнаруживает, что не имеет возможности удовлетворить свои неудержимо растущие желания и, вместе с тем, так же как в Адаме, в нем растет желание понять, ради чего он живет.

единое поле

ВСТУПЛЕНИЕ
Каббала учит, что существует определенное количество желаний. В каждом из нас они находятся в различных сочетаниях, поэтому мы отличаемся один от другого. И еще. Все желания стоят, словно в очереди за дефицитом, в ожидании наполнения. При первой же возможности «наш компьютер – разум» моментально приводит желания в действие.

УСТРОЙСТВО АДАМА
В духовном измерении существует конструкция, объединяющая все человечество в единое целое. Она называется «Адам Ришон». В ней все мы находимся в гармоничной связи между собой. При этом каждый полностью

сохраняет свою индивидуальность, что не только не мешает, а, наоборот, идет на пользу всем. Это наше будущее исправленное состояние, в которое мы, сегодняшние, должны прийти.

ГАРМОНИЯ
Возникает вопрос: «А не утопия ли это?» Ведь весь опыт человечества говорит об обратном. Если бы нам показали пример такой гармонии – тогда другое дело. Оказывается, за примером гармоничного, идеального объединения индивидуалистов далеко ходить не надо. Это наше собственное тело! Организм, состоящий из бесконечного количества элементов, функционирует в абсолютной гармонии, да еще как функционирует!

Почему же Творец, создав наше тело так гармонично, не позаботился о гармонии между нами? Дело в том, что мы сами, своими усилиями, должны создать такую гармонию между собой. В этом и заключается наше участие в творении, это и есть наша свобода воли.

КТО ПРОТИВ
На самом деле никто не против такой гармонии. Наоборот – пусть все, словно клетки организма, обеспечат мне все необходимое и устранят все ненужное. Это представить можно. Трудно представить другое: как я один, точно клетка, смогу заботиться обо всех. И что мне за это будет?..

ЧТО НАМ ЗА ЭТО БУДЕТ
Если мы достигнем гармонии – тогда... И желания, и разум, и знания всех людей, когда-либо живших на Земле, станут моими и поэтому наполнение всех желаний, то есть абсолютно все наслаждения – они мои. Но картину необходимо дополнить. Дело в том, что все это заложено в программе творения, поэтому, хотим мы этого или нет, мы к этому придем. От нас зависит только – когда и как.

ПОЛЕ
Остается только один вопрос: «Что находится в основе всеобщей гармонии?» Каббала отвечает на это просто – любовь!

Мощным, единым полем такой любви защищен Адам от проникновения в него чужеродных, эгоистических объектов. Можно представить это и иначе. Любой объект, имеющий такое поле, мгновенно потягивается в единую душу и поглощается ею.

ЧТО У НАС ЕСТЬ

Нам даны желания и разум. Ничего другого нет, не будет и быть не может. Природой это не предусмотрено. Поэтому именно с этими данными нам и нужно работать. Задача наша непростая – вырваться из эгоистического поля, где мы находимся сегодня, и попасть в притяжение поля альтруистического, поля любви. Человечество не раз пыталось из эгоистов сделать альтруистов, и всегда это заканчивалось одним и тем же – еще большей ненавистью. А причина неудач совершенно прозаическая – мы просто не знаем, как это сделать! И только с помощью методики каббалы, обладающей всеми сведениями об устройстве, материале, механизмах работы желаний, можно изменить поле ненависти на поле любви.

рош а-шана

Полки магазинов постепенно заполняются баночками со сладким медом, яблоки снова получают национальный статус, а гранаты покрывают ярким румянцем щеки рыночных прилавков. До Нового года еще несколько недель, но дуновения приближающейся осени уже раскачивают неподвижный летний воздух.

Что таится в этих порывах грядущего? Как нам использовать предоставляющуюся возможность, чтобы открыть в жизни новую страницу, полную смысла и радости? Ответы – через несколько строк, но сначала давайте вглядимся чуть пристальнее в страницы еврейского календаря.

ДУХОВНЫЕ ВЕХИ

Первый праздник, или первая остановка на духовном пути, называется «Рош а-Шана» – «Новый год». На этом этапе человек, как будто заново родившись, начинает задаваться вопросами бытия: «Почему все происходит так, а не иначе? Кто управляет реальностью? В чем цель моего существования?»

Впервые вопросы эти были заданы ровно 5772 года назад человеком по имени Адам. В поисках ответа ему удалось раскрыть причины происходящего в нашем мире и уподобиться Высшей силе, закону отдачи, который управляет всем мирозданием. «Адам – значит «уподоблюсь Высшему» (эдамэ ле-Элийон)» (Пророки, гл. «Йешайау»). Его называют также «первым человеком» (Адам Ришон), поскольку он первым вышел в духовное измерение.

С этого открытия и начинается наше летоисчисление. Именно тогда было положено начало духовному развитию человечества. На Новый год мы будем отмечать очередную веху на нашем общем пути, а также уникальную возможность, дающуюся каждому человеку, – возможность раскрыть тайну жизни.

ИЗ ГЛУБИНЫ СЕРДЦА

Неукротимое стремление узнать, ради чего мы живем, называется в каббале «пробуждением точки в сердце». Понятие «сердце» олицетворяет совокупность наших эгоистических желаний. Начиная с таких базовых потребностей, как секс, пища и семья, они постепенно развиваются, охватывают новые сферы и посылают нас в погоню за богатством, славой и знаниями.

«Точка в сердце» – это самое развитое, самое высокое желание человека. Пробуждаясь, оно вдыхает в нас свежие силы и открывает дорогу к полной самореализации. Однако человек не знает, как подступиться к своему новому порыву и воплотить его в жизнь. Точка в нашем сердце требует иного наполнения. Казалось бы, малютка, однако она не удовлетворяется ни деньгами, ни почетом, ни исчерпывающей информацией об этом мире. Теперь человеку нужно намного больше: он хочет жить, зная, что у жизни есть цель.

Именно в этом ему и помогает наука каббала. Как же это делается?

ПО ПРИМЕРУ ВЫСШЕГО

Каббала – это методика раскрытия Высшей силы, управляющей нашей действительностью. Каббалисты объясняют, что Высшая сила представляет собой безграничную любовь и отдачу. Чтобы уподобиться ей, чтобы стать таким же любящим и дающим, как она, человек обращается к каббале и развивает точку в своем сердце. Постепенно точка превращается в цельное, совершенное желание – желание любить, обращенное на других. Этим человек сравнивается с Высшей силой и обретает вечное наслаждение. Лишь тогда он становится подлинным человеком, Адамом, и уподобляется Высшему.

Месяц элуль – первая ласточка, предвестница перемен, которые уже стоят на пороге. Это намек на «тайную страсть», на желание наконец-то переродиться в Человека. Именно накануне Нового года всем нам предоставляется возможность раскрыть тайну, за которой стоит новая жизнь и новое счастье, которому нет конца.

точка отсчета

Предновогоднее интервью
с руководителем Международной академии каббалы,
профессором Михаэлем Лайтманом.

Ведущий: Профессор, новый год уже стучится в двери и везде присутствует ощущение праздника. Магазинные полки заполнены баночками с медом, люди поздравляют друг друга, желая удачного года, и собираются на семейные трапезы в честь праздника. Не могли бы вы объяснить нам, в чем духовный смысл праздника Рош а-Шана, и что он символизирует с точки зрения каббалы?

М. Лайтман: Ожидая наступления нового года, мы интуитивно начинаем ожидать прихода чего-то нового и доброго, а потому так любим знакомые всем нам символы праздника: мед, рыбу, пожелания доброго года и так далее. Наука каббала объясняет нам, что Рош а-Шана действительно символизирует положительные изменения, однако речь идет о вещах гораздо более значительных и прекрасных, чем те, которые мы сейчас можем себе представить.

Рош а-Шана символизирует начало нового пути в жизни человека – его духовное рождение.

Ведь жизнь человека полностью диктуется заложенными в него генами, которые определяют его способности, возможности, и обществом, которое внушает ему свои ценности. Таким образом человек, словно робот, живет в рутине привычной повседневности… Жизнь не оставляет ему свободы выбора.

Однако в одном из жизненных кругооборотов человек задается вопросом: «А для чего я живу? Почему дана мне эта жизнь? Куда эта жизнь ведет меня, к какой цели?» Эти вопросы исходят из искры души, которая проснулась в нем. И тогда он естественным образом приходит к науке каббала. Изучая ее, он находит ответы на эти вопросы и раскрывает источник Высшего света, который дает его душе бесконечное и вечное наполнение.

Эту внутреннюю переломную точку и символизирует Рош а-Шана.

Ведущий: Значит, Рош а-Шана – это не просто какая-то дата на календаре, а речь идет о внутреннем состоянии человека?

М. Лайтман: Совершенно верно. Все праздники Израиля символизируют различные духовные состояния, не привязанные к определенной календарной дате. Ни вращение земного шара вокруг Солнца, ни вращение Луны вокруг Земли не дают объяснения, почему мы должны что-то отмечать или праздновать.

Праздники Израиля установлены великими каббалистами как отпечатки духовных состояний, по подобию духовному миру, чтобы с приходом этого времени мы стали спрашивать сами себя: «Для чего же они предназначены?» и начали искать истинные ответы.

Ведущий: Многие путают символы разных праздников и точно не помнят, что к чему относится. Однако все помнят о яблоках с медом и с чем это связано – ведь каждый любит их есть... Что же символизируют яблоки с медом?

М. Лайтман: Мед символизирует «подслащение» – то есть исправление эгоизма. Нельзя разрушать или подавлять наш эгоизм – мы должны лишь исправить его, чтобы сделать пригодным для правильного использования. И именно этому обучает человека наука каббала.

Поэтому, когда мы берем яблоко – (символ грехопадения Адама) и макаем его в мед, оно становится вкусным, сладким, и мы с большим удовольствием «употребляем» его.

Ведущий: Когда говорится о грехопадении Адама, то, видимо, не имеется в виду рассказ о библейском яблоке или что-либо подобное? Какой каббалистический смысл вкладывается в это понятие – «Адам Ришон»?

М. Лайтман: Адам Ришон – это совокупность всех наших душ – душ, существовавших еще до возникновения нашей Вселенной, земного шара и появления жизни на планете Земля. Это одна большая душа, внутри которой все, впоследствии выходящие из нее души, находятся в чудесном единстве и слиянии.

Эта единая душа захотела подняться на высоту Творца, стать Ему подобной. Однако на деле потерпела неудачу. Внутри этой души раскрылось такое эго – такое огромное желание насладиться ради самой себя, что вместо того, чтобы достичь единства и слияния с Творцом, она «упала и разбилась».

«Разбиение» означает, что все души, пребывавшие внутри нее как одно целое, отделяются друг от друга, и, вместо любви, между ними раскрывается ненависть. Этот процесс и называется грехопадением Адама Ришон.

Ведущий: Мы и есть те самые души?

М. Лайтман: Да, мы и есть эти частные души, и в каждом из нас находится маленькая искра той самой единой души. Но эта искра пока совсем крохотная и существует, словно одна маленькая точка, будто одна клетка тела, посылающая нам сигналы, которые мы ощущаем в тот миг, когда в нас вдруг пробуждается вопрос о смысле нашей жизни.

И потому с этого вопроса начинается процесс, ведущий человека по пути в духовную реальность.

Ведущий: Значит, на самом деле мы все – партнеры, выполняющие одну общую духовную миссию?

М. Лайтман: Верно. И потому мы называемся людьми – «бней Адам» (сыновья Адама), ведь мы все выходим из Адама Ришон.

Кроме того, наше время – это начало эпохи пробуждения человечества. Осознание всеобщего кризиса, потеря веры в «светлое будущее» – вот ее приметы. Поэтому вопрос о цели существования, о сути процесса развития актуален сегодня как никогда.

Человечество впервые за всю историю на самом деле вступает в новый год. Мы действительно стоим на пороге новой эпохи.

Ведущий: Желая продолжить эту тему – я знаю, что не принято предсказывать будущее, – но скажите только: вы оптимистично смотрите на будущий год?

М. Лайтман: Я вообще очень оптимистичен, поскольку вижу, как растет во всем мире потребность в науке каббала. Наши усилия по распространению вызывают живейший отклик. Эта заинтересованность возникает как благодаря чисто интуитивной притягательности этой темы, так и благодаря нашему широкому распространению информации о ней. По нашим подсчетам, число занимающихся уже насчитывает около 2 миллионов учеников.

Ведущий: Я бы хотел на миг отвлечься от глобальных вопросов и перейти к частным. Что бы вы лично пожелали себе в наступающем году?

М. Лайтман: Я бы хотел, чтобы в наступающем году весь мир действительно узнал, почему он находится в кризисе, почему он страдает и почему именно таким образом протекает процесс исправления.

Методика исправления заключена в науке каббала, и мы – народ Израиля – обязаны передать ее всему миру. Поэтому требования к нам с каждым годом будут усиливаться. Но когда мы исполним свою миссию, весь мир будет существовать в едином союзе (как об этом написано), соединившись с Творцом.

Ведущий: Видимо, вы скажете то же самое, но я все же спрошу: что бы вы пожелали народу Израиля в этом новом году?

М. Лайтман: Я желаю народу Израиля понять, что Творец дал нам методику исправления, и мы обязаны передать ее всему миру, став «светом для других народов». А пока весь мир считает нас виновниками всех его несчастий.

Я надеюсь, что в будущем году народ Израиля осознает и свою миссию, и свой долг перед всем человечеством.

Достаточно обратиться к примеру пророка Йоны, сначала отказавшегося, но потом понявшего тщетность этих попыток и исполнившего свою миссию. И если мы примем эту свою миссию как самое важное дело своей жизни, то, безусловно, преуспеем.

Ведущий: Заканчивая на этой оптимистичной ноте, я хочу поблагодарить Михаэля Лайтмана и пожелать всем хорошего и благословенного года, чтобы он был для вас добрым и сладким. И, как сказал профессор, будем надеяться, что он станет годом всеобщего исправления.

механика творения

Не в состоянии человек полностью познать мироздание и себя в нем без полного представления о цели творения, акте творения, обо всех стадиях развития вплоть до конца творения. А поскольку человек исследует мир только изнутри, то в состоянии исследовать лишь ту часть своего существования, которая осознается им.

ЧЕТЫРЕ СТАДИИ ПРЯМОГО СВЕТА
О Творце нам известно лишь то, что у Него есть желание сотворить нас и наполнить наслаждением. Поэтому мы сами и все, что нас окружает, включая духовные миры, – это лишь различные величины желания получить наслаждение. Желание Творца создать творение и наполнить его наслаждением, светом, называется Кетер. В этой стадии, как в зерне, или зародыше, заключено все последующее творение от начала и до конца, все отношение Творца к будущему творению – замысел всего творения.

Все последующие процессы являются лишь осуществлением этого замысла. Развитие происходит сверху вниз, при этом каждая предыдущая стадия находится «выше», чем последующая, то есть она включает в себя все последующие, которые являются ее развитием.

Кетер порождает творение, которое условно можно представить в виде кли (сосуда), готового принять наслаждение. Желание получить наслаждение – кли – называется «сущее из ничего», то есть Творец создал его из «ничего», так как у Него не может быть даже тени желания получать.

Эта стадия развития называется Хохма. В стадии Хохма кли переполнено блаженством от заполняющего его света, называемого свет хохма.

Именно это желание – кли – и является собственно творением. Далее во всем мироздании существуют только его варианты: насладиться от получения, или от отдачи, либо смешение этих двух желаний

В состоянии абсолютного наполнения кли не ощущает себя – оно растворено в море света, и каждая, даже мельчайшая его частица, наслаждается, желая лишь оставаться в покое. Как не видны стенки чистого прозрачного стакана, в который налито молоко, так не виден духовный сосуд в стадии Хохма.

Но, ощущая полное наслаждение светом, кли, одновременно с этим, приобретает его свойство – желание отдавать, наслаждать. Вследствие этого кли из получающего наслаждение превращается в желающего отдавать, и поэтому перестает получать свет.

Поскольку в кли возникает новое, противоположное предыдущему, желание, оно переходит в новое состояние, которое называется стадией Бина. Наслаждение от добровольного отказа получать свет Хохма называется свет Хасадим.

Бина – это первое самостоятельное желание творения. В этой стадии впервые проявилось желание отдавать. Желание это возникло под влиянием света, полученного от Творца, и было заложено еще в замысле творения. Но самим кли это желание ощущается как его личное, самостоятельное. Так же наши желания: все они нисходят свыше, от Творца, но мы считаем их своими собственными.

Ощутив желание отдавать, противоположное желанию получать, кли перестает ощущать наслаждение от получения, перестает ощущать свет как наслаждение, – свет как бы покидает его, и оно остается пустым.

Итак, кли перестало получать свет. Однако свет продолжает взаимодействовать с кли и «говорит» ему, что, отказываясь принимать свет, оно тем самым не выполняет цель творения, не выполняет желание Творца. Кли анализирует эту информацию и приходит к выводу, что действительно не выполняет желание Творца, который хочет, чтобы оно наслаждалось светом. Кроме того, кли чувствует, что свет является жизненной силой, и что оно не может жить без него.

(из учебника каббалы)
ЦЕЛЬ ТВОРЕНИЯ
Привести Творение к такому состоянию,
когда оно станет равным Творцу
в свойствах отдачи и любви.

Поэтому кли, желая по-прежнему отдавать, решает все же начать получать хоть какую-то, жизненно необходимую, порцию света.

Получается, что кли соглашается принять свет по двум причинам: первая – из-за того, что оно хочет выполнить желание Творца, и эта причина является главной; вторая причина – это ощущение того, что оно действительно не может жить без света.

Таким образом, небольшое желание получать и преобладающее желание отдавать, создали третью стадию развития кли – Зеир Анпин.

Ощущая в себе два данных ему от рождения желания, Зеир Анпин понял, что желание насладиться светом Хохма естественнее, да и создан он таким образом, что каждая его «клеточка» желает насладиться лишь этим светом. То, что Бина предпочла другое наслаждение, близость к Творцу, было «противоестественно» – это Бина выбрала такой путь, а не он, Зеир Анпин.

Поэтому из двух желаний, с которыми он родился, Зеир Анпин выбирает одно – получать лишь свет Хохма.

А поскольку это желание новое, то родился и новый объект – Малхут (царство желаний), так как именно на этой ступени кли приобрело свое собственное, изнутри идущее желание – насладиться всем светом, который дает Творец.

> **(из учебника каббалы)**
> МАЛХУТ
> Фактически, Малхут и представляет собой все мироздание, потому что в ней царствует желание получить весь свет Творца.

Свет Творца пронизывает все творение, в том числе и наш мир, хотя никак нами не ощущается. Благодаря ему, творение, миры существуют, иначе бы не только остановилась жизнь, но исчез бы и сам материал, из которого они состоят. Этот оживляющий свет проявляет свое действие во всевозможных материальных одеяниях объектов и явлениях нашего мира перед нашими глазами.

> **(из учебника каббалы)**
> ЧЕТЫРЕ БОКАЛА ВИНА ПАСХАЛЬНОЙ ТРАПЕЗЫ
> Бокал в каббале олицетворяет нашу возможность получить свет Творца. Каббалисты открыли, что единственным свойством Творца является любовь. Поэтому, если мы будем относиться друг к другу так же, как относится к нам Творец - с любовью, то будем подобны Ему. В мере нашего подобия Творцу мы можем получить Его свет.
> Почему же на пасхальной трапезе мы должны выпить четыре стакана вина, а не пять или три? Дело в том, что четыре бокала символизируют четыре этапа развития творения.

навстречу творцу

Каким образом человек, созданный со свойствами абсолютного эгоизма, не ощущающий никаких желаний, кроме тех, которые диктует его тело, и даже не имеющий возможности представить себе нечто, кроме своих ощущений, может выйти из желаний своего тела и ощутить то, чего не в состоянии ощутить своими природными органами чувств?

Человек сотворен со стремлением наполнить свои эгоистические желания наслаждением, и в таких условиях у него нет никакой возможности изменить себя, свои свойства на противоположные.

Для того чтобы создать такую возможность перехода от эгоизма к альтруизму, Творец, создав эгоизм, поместил в него зерно альтруизма, которое человек в состоянии сам взрастить с помощью изучения и действий методом каббалы.

Когда человек ощущает на себе диктующие требования своего тела, он не властен противостоять им, и все его мысли направлены только на их выполнение. В таком состоянии у него нет никакой свободы воли – не только действовать, но и думать о чем-либо, кроме самоудовлетворения.

Когда же человек ощущает прилив духовного возвышения, появляются желания духовного роста и отрыва от тянущих вниз желаний тела, он просто не ощущает желаний тела и не нуждается в праве выбора между материальным и духовным.

Таким образом, находясь в эгоизме, человек не имеет сил выбрать альтруизм, а, ощущая величие духовного, уже не стоит перед выбором, потому что сам его желает. Поэтому вся свобода воли состоит в выборе, кто же будет управлять им: эгоизм или альтруизм.

Поскольку первичное духовное создание, именуемое «общая душа», или «первый человек», было не в силах произвести такой переворот в своих замыслах при получении огромного наслаждения от Творца, оно разделилось на 600 000 частей (душ). Каждая часть, каждая душа получает «нагрузку» в виде эгоизма, который должна исправить. Когда все части исправятся, они снова сольются в «общую исправленную душу». Такое состояние общей души называется концом исправления – «гмар тикун».

Это подобно тому, как в нашем мире человек в состоянии удержать себя от кражи незначительной суммы денег, от небольшого наслаждения или из-за страха наказания, или стыда. Но если наслаждение больше, чем все его силы сопротивления, то не в состоянии удержать себя.

Поэтому, разделив душу на множество частей, и каждую часть на множество последовательных стадий работы в виде многоразовых облачений в человеческие тела (кругообороты жизни), и каждое состояние человека на множество подъемов и спусков в желании изменить свою природу, Творец создал нам условия свободы воли для преодоления эгоизма.

как больше не перевоплощаться

Какой ступени должен достигнуть человек, чтобы ему не нужно было перевоплощаться и снова возвращаться в этот мир?

В книге «Врата перевоплощений» великого АРИ сказано: «Каждый человек обязан перевоплощаться, пока не наполнит светом пять уровней своей души». Иными словами, каждый человек должен исправить только свою часть, достигнув корня своей души, и не более того. Так он выполнит свое предназначение.

Следует помнить, что все души происходят из общей души, называемой Адам Ришон. После прегрешения Адама эта душа разделилась на 600 000 душ, и единый свет, наполнявший ее в «райском саду», тоже разделился на множество частей.

Причина разделения общего света, наполнявшего душу Адама, на маленькие порции заключается в том, что после того как вследствие прегрешения перемешались Добро и Зло, у эгоистических сил появилась возможность получать энергию от света. И для того чтобы защититься от этого, общий свет разделился на такие маленькие порции, что эгоизм уже не мог за них уцепиться.

Существует притча о Царе, который хотел послать сыну в заморскую страну сундук с золотом и не мог никому довериться, потому что все его подданные были склонны к воровству. Тогда Царь разделил содержимое сундука на маленькие части, дав каждую из них отдельному посланнику. И оказалось, что каждый посланник получил настолько маленькую сумму, что из-за нее не стоило совершать преступление

Таким же образом можно получить и весь Высший свет: разделить его на ничтожно маленькие порции, а затем с помощью многих душ в течение длительного времени очистить эти искры, упавшие во власть эгоизма вследствие греха Адама.

Наличие множества душ соответствует разделению света на множество внутренних светов. А причиной развития процесса исправления во времени стало появление из единого света множества окружающих внешних светов.

Внутренние света светят в настоящем, давая ощущение настоящего, а окружающие света светят в будущем, создавая нам ощущение будущего. Поэтому время – это чисто психологическое восприятие разницы между внутренним и внешним светами.

Частица за частицей во множестве душ накапливается общий большой свет, на уровне которого согрешил Адам, и когда он накопится, наступит состояние, называемое окончательным исправлением.

Получается, что каждый из нас рождается только с маленькой частицей души Адама. И когда человек исправляет свою частицу, ему не нужно больше перевоплощаться. Ведь только для исправления этой частицы он и рождается в нашем мире.

И следует помнить, что у каждого человека есть свобода выбора. Как сказано в Талмуде, еще до рождения человека решается, будет он сильным или слабым, умным или глупым, богатым или бедным, но вот будет ли он праведником или грешником – это не устанавливается.

Следовательно, человек не рождается праведником, он сам выбирает себе этот путь – каждый, согласно своим усилиям, очищает свое эгоистическое сердце и этим завершает возложенную на него работу. И ради этих праведников, «притягивающих» на себя Высший свет, существует мир.

глава 2 >>>
авраам

**каббалисты
уполномочены
сообщить**

авраам
(на рубеже второго тысячелетия до н.э.)

Изучая законы окружающего мира, Авраам открыл единую управляющую силу. Он систематизировал свои познания и на их основе разработал методику постижения этой силы. Эту методику он назвал «каббала» (получение).

* * *

Авраам родился примерно в 1800-м году до н.э. и жил в Месопотамии.

Всё человечество во времена Авраама было сконцентрировано в этом регионе, у истоков современной цивилизации. Не было деления на народы и тем более на расы. Все жили вместе и ощущали себя очень близкими друг другу, словно жители одной деревни. Было ясное понимание того, что твое личное благополучие не может строиться за счет неблагополучия соседа. Не было чужого горя, не было нужды звать на помощь – все это естественным образом входило в их повседневную жизнь.

А затем в том древнем народе произошел природный эволюционный скачок, или – говоря языком науки каббала – взрыв эгоизма. Возросшее эго, желание новых, неизведанных наслаждений, подтолкнуло их к всевозможным начинаниям, предназначенным для его удовлетворения. Из истории мы знаем, что все это происходило в Вавилонский период. Именно тогда началось развитие сельского хозяйства, а чуть раньше там возникла письменность.

Вместе с этим появилось отчуждение. Люди, что называется, перестали понимать друг друга. Как следствие – появление новых языков и наречий, хотя до этого во всем мире был один язык. Это и называется «вавилонским столпотворением», «смешением языков», и дело тут не в разных языках, а в отдалении, в разъединенности. И действительно человечество рассеялось оттуда по Земле. Часть его двинулась через Ближний Восток по направлению к Европе, а другая часть устремилась в Азию, в сторону Индии и далее.

Но это будет впереди...

Авраам, как и его соплеменники, был идолопоклонником.
В те времена поклонение идолам играло важную роль: капища, процессии... Статуэтки божков были в каждом доме.

Авраам и его отец, Терах, изготовляли и продавали изваяния божков. Они были в этой сфере деятельности признанными специалистами, и поэтому им не приходилось жаловаться на отсутствие покупателей. Покупка идола – дело серьезное, и человек шел в лавку к понимающим, уважаемым людям.

Именно потому, что Авраам прекрасно разбирался в философии идолопоклонства, вырвавшийся на волю эгоизм раскрыл ему всю ее несостоятельность.

Идолопоклонство – это не поклонение истукану, не возможность припасть к его стопам.

Идолопоклонство – это поклонение своему эго, это готовность следовать за своей природой лишь для того, чтобы удовлетворять ее требования. Я не обожествляю ветер, дождь, луну или солнце. Не они являются для меня «святыми образами». Свято для меня мое собственное эго, мое «я», которое я должен удовлетворять.

Отношение человека к реальности делится на два вида: или человек почитает свое эго и делает всё ради себя; или он начинает принимать в расчет интересы своих ближних. Так или иначе, мы находимся на одном из двух этих путей, и это то, что отрылось Аврааму.

Авраам раскрыл единую уникальную Силу, сотворившую всю реальность и человека внутри нее, чтобы привести его к особой цели. Цель эта состоит в том, чтобы вывести человека на уровень этой силы. Эту силу Авраам назвал Творцом.

(из учебника каббалы)
РЕАЛЬНОСТЬ
Все, что существует, состоит только из Творца, который дает, и Творения, которое получает.
Из Творца и Творения.
Дающего и получающего

Если бы он не был идолопоклонником, если бы он не погрузился в глубины своего эго и не познал всю свою природу, то, разумеется, он не раскрыл бы и науку каббала.

В мидрашах (толкованиях, дополняющих Пятикнижие Моисея) очень поэтично описывается ход его размышлений:

«И увидел Авраам солнце над землей. Очарованный величественным видом солнца, его теплом и светом, он весь день возносил молитвенную хвалу солнцу. Когда солнце зашло, а на небе появилась луна, окруженная мириадами звезд, Авраам подумал: "Вот это светило, очевидно, и есть божество, а маленькие светильники, его окружающие – это его вельможи, воины и слуги". Всю ночь он пел гимны луне. Но вот наступило утро; луна зашла на западе, а на востоке снова появилось солнце.

– Нет, – сказал Авраам, – есть Некто, который властен и над солнцем, и над луною. К Нему стану я возносить моления мои» (Мидраш «Берешит Раба»).

Это был начальный этап его исследований. Да, есть «Некто». Но как проникнуть в Его суть? Размышляя над этим, Авраам пришел к выводу, что единственный путь – это путь самопознания.

«Для чего я? Что я? Кто я? Куда я?» Отвечая на эти вопросы, Авраам проходит длительный, очень сложный путь своего развития, в итоге которого ниспровергает все свои эгоистические ценности, отдаляется от них и формирует для себя новую систему жизни.

Вернемся к мидрашу. Там сказано следующее:
«Однажды пришла к нему (в лавку) женщина с миской тонкопросеянной муки и сказала:

– Вот, поднеси это им.

Встал Авраам, взял палку, разбил всех идолов и вложил палку в руки самого большого из них. Вернулся отец и спросил:

– Кто это сделал?

– Не буду скрывать от тебя, – ответил Авраам. – Пришла одна женщина с миской муки и сказала мне: "Возьми и поднеси им это". Я так и сделал, а они начали спорить. Один говорит: "Я первый поем", а другой говорит: "Нет, я". Тогда встал самый большой из них, взял палку и разбил их.

– Что ты мне сказки рассказываешь? – сказал отец. – Я же их знаю. Слышат ли уши твои то, что изрекают уста?»

Эгоизм человека – все его идолы – это каменные истуканы, неживой уровень, не меняющийся, не обладающий никакой реальной силой и не способный привести человека ни к чему.

Свои открытия он изложил в книге «Сефер Ецира» (Книга Создания).

Об этом Авраам и начал рассказывать своим соотечественникам, жителям Вавилона. Так он приступил к массовому распространению своей методики, стараясь донести ее до каждого в доступной и приемлемой форме. Однако лишь немногие жители Вавилона восприняли учение каббалиста.

Он наблюдал, как люди, жившие до сих пор в братской любви, отдаляются друг от друга. Возросший эгоизм вел их к беспричинной ненависти.

Роль эгоизма заключается не в том, чтобы разъединить людей, – объяснял им Авраам, – а в том, чтобы, поднявшись над ним, усилить любовь друг к другу. Ведь благодаря усилиям, приложенным для сохранения единства, в людях раскрывается Высшая сила.

Те, кто согласились слушать «духовного революционера», составили первую каббалистическую группу, превратившуюся со временем в еврейский народ. Большинство из них учились методике Авраама на уроках, которые он проводил в своем знаменитом шатре. Рядом с его шатром стоял шатер его жены, Сары, в котором она проводила уроки для женщин.

Для тех же, кто еще не созрел для восприятия новой науки, Авраам разработал более «легкие» духовные методики, соответствующие корням их душ. Тора описывает, как он отправил посланников в Кедем (современный Дальний Восток), где позднее возникли восточные учения: «А сынам наложниц, что у Авраама, дал Авраам подарки и еще при жизни своей отослал их от Ицхака, сына своего, на восток, в землю Кедем» (Берешит, 25:6).

Представители различных ветвей династии Авраама стали позднее и основателями современных религий.

Методика Авраама была абсолютным новаторством и стала прорывом во всем, что касается восприятия человеком себя и окружающей действительности. Поэтому Авраам и является величайшим революционером в истории. Его называют отцом еврейской нации, поскольку, фактически, он ее основал. Евреи, или Исраэль, отличаются от других лишь своей исторической миссией, ради которой и были созданы. Эта миссия – реализация духовной методики Авраама.

Название «Израиль», «Исраэль» (ישראל) происходит от слов «яшар» (ישר) и «эль» (אל), что в переводе означает «прямо к Творцу». На этом этапе человек приступает к познанию Высшей Силы. Отсюда слово «еврей» («иври» - עברי) – оно означает: «по ту сторону» (ми-эвер - מעבר), он переходит (овер - עובר) на другую ступень. Название «иудей» (йеуди - יהודי) происходит от слова «единство» (йехуд - יחד): человек достигает единения с Высшей Силой.

Небезынтересно знать, что данные биологических исследований подтверждают тот факт, что сегодняшний народ Израиля генетически идентичен древневавилонскому народу.

* * *

Однажды, в Вавилоне, человечество пережило всеобщий кризис. Тогда он был преодолен просто – люди разбрелись по всей земле. Сегодня нам этот способ не подходит – идти уже некуда. Авраам, как каббалист, предвидел эту ситуацию и сумел не только создать методику преодоления глобального кризиса – каббалу, но и совершил практически невозможное – передал ее нам, победив время!

известная цель

НЕВЕДОМАЯ СИЛА
На протяжении всей истории человечество находится в постоянном поиске. Возникают и рассеиваются народы и целые цивилизации, развиваются технологии и науки, рвутся прежние связи и образуются новые. Кажется, какая-то неведомая сила ведет человечество к только ей известной цели. В чем она, эта цель, и что это за сила? Для того, чтобы ответить на эти вопросы, необходимо, прежде всего, понять, кто такой человек и какова его природа. Давайте заглянем за кулисы сцены, которая так и называется: человеческая природа.

ПОДОБИЕ
В основе человеческой природы, как, впрочем, и всей остальной, стоит закон подобия свойств. Он нисходит в материальный мир из мира духовного. Суть этого закона состоит в следующем: «Слияние понимается нами как подобие свойств двух духовных объектов, а различие их свойств понимается нами как отдаление.

Как топор разрубает материальный предмет, разделяя его надвое и отделяя его части друг от друга, так и разница свойств создает различие в духовном объекте и разделяет его надвое. Если части незначительно различаются по свойствам, то говорится, что они ненамного отдалены друг от друга. Если различие их свойств велико, то говорится, что они очень далеки. Если же они полярно противоположны по свойствам, то бесконечно далеки друг от друга».

РАЗБИЕНИЕ
Закон подобия свойств ведет свое происхождение от желания Творца насладить творение, слиться с ним. Однако они диаметрально противоположны по свойствам: Творец – дающий, а творение – получающее. Поэтому был создан духовный объект (парцуф) – Адам Ришон, который включает в себя одновременно свойство Творца, называемое Гальгальта вэ-Эйнаим (ГЭ), и свойство творения, называемое АХАП.

В момент создания Адама АХАП не действовал, он был «отключен» и поэтому мог соседствовать с ГЭ. Затем АХАП был задействован. Это привело к тому, что свойство Творца вошло в контакт со свойством творения. В результате этого они смешались между собой. Искусственное соединение абсолютно противоположных свойств привело к «разбиению» Адама Ришон на множество частей – душ. Такое состояние соответствует ощущению материального мира, в котором мы с вами и находимся.

Души состоят из различных комбинаций и пропорций ГЭ и АХАП. В нашем мире это проявляется в появлении различных народов. Души, в которых большое количество ГЭ, проявляются в нашем мире в виде народа Израиля.

ПРОГРАММА ИСПРАВЛЕНИЯ
Теперь можно вернуться к объяснению тех противоположных сил объединения и разъединения, которые воздействуют на человечество. Поскольку в основе всех душ находится общая душа Адам Ришон, мы на подсознательном уровне пытаемся объединиться. С другой стороны, мы это сделать не можем, так как души отличаются по своим свойствам. Для исправления ситуации включается специальная программа. Она заключается в отделении ГЭ от АХАП в каждой отдельной душе. Только таким образом творение может приобрести свойство Творца (ГЭ).

К ЦЕЛИ
Легче исправить души с большим количеством ГЭ, поэтому они должны исправиться первыми. Пока это не происходит, их подталкивают души, в которых преобладает АХАП. В нашем мире это проявляется в негативном отношении народов мира к народу Израиля.

Чтобы изменить ситуацию, народ Израиля должен первым начать исправление. Оно заключается в изменении получающих свойств на отдающие. Такое невероятное изменение природы возможно только с помощью особой исправляющей силы. Она кроется в методике каббалы, поскольку только каббала содержит точное описание того исправленного состояния, в котором души находились до разбиения. Именно в этом и заключается исключительность каббалы – единственной науки, с помощью которой человечество может и должно прийти к цели творения. А пока цель не достигнута, человечество мечется в бессознательных поисках и не находит покоя.

НОСИТЕЛИ ДУХОВНОЙ ИНФОРМАЦИИ

Как ни странно, мировые реалии последних полутора веков во многом похожи на реалии времен Древнего Вавилона. Кстати, слово «Вавилон» (ивр. – «Бавель») происходит от ивритского «бильбуль» – путаница, что символизирует смешение языков. За первой волной промышленной революции последовало ускоренное развитие во всех областях: энергетика и транспорт, телевидение и радио, киноиндустрия и биржа, предметы роскоши и пища для гурманов, хай-тек и демократия – все это бурно расцвело в последнее время. Эгоизм, впервые вырвавшийся наружу в Древнем Вавилоне, достиг заключительного этапа своего развития в начале XX столетия. Сегодня он растет несоизмеримо быстрее, чем в предшествующие эпохи, и постоянно наращивает темпы.

Наряду с ускоренным развитием технологий, многих из нас не покидает ощущение, что мы живем в современном аналоге Вавилона. Всё больше людей отправляется на поиски чего-то, лежащего за пределами наполнений нашего мира, даже самых соблазнительных. Мы, как и Авраам в свое время, приходим к пониманию, что слепая погоня за эгоистическими искусами обречена на неудачу. Двигаясь этим путем, многие уже ощутили, что подход необходимо изменить, найдя более верный путь в жизни. Полная неудовлетворенность и является основной причиной эпидемии депрессий – самого распространенного недуга современного мира.

В дополнение к внутреннему кризису, нарастающему в людях в течение XX столетия, малопривлекательной остается и внешняя реальность. Мировые войны, террор, всеобщая ядерная угроза, растущая нищета, кризисы в экологии, науке и искусстве – все это только обостряет ощущение, что решение для искоренения этого хаоса находится на более высоком, более общем уровне. Сегодня потомки Вавилонской цивилизации – иными словами, все человечество – подобно Аврааму, осознают скрытое доселе зло.

Расширяющееся понимание всеобщего кризиса возвращает мир в то же состояние, в которое был поставлен Древний Вавилон пять тысяч лет назад. Однако существует принципиальное отличие: сегодня человечество, расселившееся по всему земному шару и насчитывающее миллиарды людей, уже готово слушать. Оно созрело для усвоения и реализации методики Авраама.

ЛИЦОМ К ЛИЦУ

Вот уже несколько лет во всемирной паутине набирают мощь социальные сети. Что это? Свидетельство нашего сближения? Или очередной виртуальный бум, в результате которого мы еще сильнее отдалимся друг от друга?

* * *

В настоящий момент (октябрь 2011 года) на сайте Facebook зарегистрировалось около 805 миллионов человек. Чего только не сказано об этом портале.

Одна из самых преуспевающих социальных сетей, по самым приблизительный подсчетам, оценивается в 15 миллиардов долларов. Майкрософт заплатила 240 миллионов за какие-то 1.6% от пирога. Почти 200 тысяч израильтян уже стали жителями этого гигантского киберпространства.

Однако за вереницами нулей и громкими словами скрывается один простой вопрос: почему? Почему мы предпочитаем общаться в блогах, чатах и мессенджерах? Почему такие слова как комната, группа, конференция на глазах лишаются прежнего смысла и получают второе рождение по ту сторону компьютерного экрана?

Больше нет нужды выходить за порог собственного дома, чтобы завязать новое знакомство или завести себе друзей. Легкая пробежка по клавиатуре и нажатие заветной кнопки вместо старомодного рукопожатия мгновенно пополняет наш круг общения. Друзья теперь добавляются, сообщения постятся, новости агрегируются, улыбки посылаются. А вот дневники как были записями личного характера, так ими и остались. Но согласитесь, какая разница в предназначении!

Facebook – несомненно, одна из «горячих новостей часа». Здесь люди общаются напропалую, делятся впечатлениями, фотографиями и рецептами, выбирают приложения по вкусу – короче, ведут непринужденный образ жизни. В этот мир можно погрузиться с головой, особенно если количество друзей в списке исчисляется десятками. Интересно, остались бы они друзьями, если бы встречались не на экранах, а в реальном мире?

РАЗБИЕНИЕ

Мы, люди, просто созданы для наслаждения. Как нам нравится гладить себя по загривку, как нежно мы нянчимся со своим эгоизмом, с каким старанием прихорашиваемся, чтобы выглядеть красивыми, умными, свойскими. Социальная сеть предоставляет нам отличную сцену, и мы без стеснения выходим на свет ее рампы – других посмотреть и **себя** показать.

«Вот он я, взгляните только: яркие фотки, славная улыбка, профиль украшен гирляндами друзей. Вот моя очаровательная семья, вот места, где я побывал, вот книги, которые я прочитал, а вот здесь я очень веско высказываюсь о последних гаджетах и повышении цен на продукты. Будем знакомы?»

Понятно, что за всем этим стоит настоятельная потребность в объединении. Иначе разве стали бы мы прикладывать такие усилия? Нам просто необходимо быть вместе с другими – хотя бы для того, чтобы выделиться из них.

Каббала уделяет большое внимание взаимосвязи между людьми. Нас постоянно кидает друг к другу и отбрасывает друг от друга; мы, как элементарные частицы, колеблемся в общей структуре социума, и размах наших колебаний становится угрожающим.

Эти процессы известны и описаны, но мало кто добирается до корня проблемы. Все началось не здесь и не сейчас, а на высших ступенях мироздания, когда все мы были одним целым. Однажды эта единая система, общая душа, утратила свою целостность и раскололась на отдельные части. С тех пор произошло еще много событий, но для нас важен результат: мы живем вместе и поодиночке. Меня влечет к другим, потому что когда-то мы были едины, и отбрасывает от других, потому что раскол внес между нами взаимное неприятие.

Однако частицы общей души не могут существовать сами по себе, и потому подсознательно или осознанно мы ищем замену былой целостности. Фактически, все наши общественные формации призваны каким-то образом восстановить утраченную взаимосвязь. Память о духовном корне всегда теплится в сердцах людей.

УДАЛЕННЫЙ ДОСТУП

Почему разбилась общая душа? Потому что ею овладел эгоизм – желание, «зацикленное» на себя самого, замкнутое в себе. Именно это привело к разобщению. В последние столетия эгоизм растет в нас столь стремительно, что рвутся даже те естественные связи между людьми, которые до сих пор оставались нетронутыми.

Бурное развитие средств массовой коммуникации сближает нас до смехотворных расстояний, однако преодолеть их невозможно, потому что там, в глубине души, между нами пролегает бездна. Как и раньше, мы не можем прожить без других, но теперь они нужны нам не для того, чтобы нести им любовь, а для того, чтобы удовлетворять собственные запросы. Человек, от которого мы получили все, что хотели, как бы пропадает из нашего поля зрения.

Мы вроде бы и соединены, но соединены поневоле. Это не более чем совместное проживание, гнетущее своей неизбежностью. Разрозненные части человечества лавируют в собственной среде, и критерием успеха для них служит не взаимопомощь, не общий подъем, а статистика аккаунта в банке или в сети наподобие Facebook. Неслучайно слово *аккаунт* уже вошло в орфографический словарь. В переводе оно означает *счет* – мы считаем набранные и потерянные очки, а затем подводим баланс.

Однако это постоянное балансирование становится все сложнее. С одной стороны, мы хотим быть вместе со всеми, а с другой стороны, прячемся за экраном компьютера или мобильника. Так нам удается поддерживать связь и в то же время оставаться разрозненными.

Наука каббала не только детально объясняет это состояние, но и предрекает ему скорый конец.

С ЭКРАНОВ В ЖИЗНЬ

Современная эпоха – это подготовительный период, по истечении которого мы воссоединимся в общую душу. Каббалисты в своих книгах указывают на то время, когда человеческие желания вспыхнут с небывалой силой и поставят нас перед необходимостью найти им лучшее применение.

Сегодня весь мир стал маленькой деревней, в которой каждая хата – с краю. Лозунги о дружной жизни висят чуть ли не на каждом углу – и это верный признак их бессилия. Даже интернет объединяет нас лишь виртуально. Он щедр на адреса, но ни один из них не сближает людей друг с другом.

«Социальные сети» нужны нам не в компьютерном зазеркалье, а в реальном мире. Именно об этом и говорит каббала. Виртуальное сообщество не решит нашей главной проблемы – ведь внутренне мы по-прежнему чужие. Чтобы найти потерянную когда-то взаимосвязь, нам нужно встать **лицом к лицу** и действовать сообща. Каббалистическая методика предназначена именно для тех, кто уже задумался об этом, кто уже согласен отказаться от себя нынешнего, чтобы обрести себя будущего.

А в будущем каждый из нас совершенен, потому что соединен со всеми остальными душами на деле, а не на сайте, прямой связью, а не протоколом передачи данных. Только как часть целого, человек становится самостоятельным. Только объединившись с другими, он становится человеком в полном смысле слова.

нарко-суицид

Наркотики известны человечеству с незапамятных времен. Из шумерских клинописных табличек следует, что древнейшая на Земле цивилизация знала о наркотических веществах. Знали о них в Месопотамии и Древней Греции, в Индии и Китае, в Турции и средневековой Европе... Однако нигде и никогда вплоть до XIX века не было такого явления, как наркомания.

Сколько поколений влачили существование на грани голода, не доживая до тридцати лет, не зная благ современной цивилизации, под неотступной угрозой гибели от меча или недуга. И, тем не менее, люди не сбегали в мир сладких грез, тяготы жизни не приводили их в отчаяние и не заставляли искать спасения в опиумном дурмане. Наркотики применялись в медицинских или ритуальных целях, не оказывая никакого влияния на глобальные процессы.

Но вот наступили новые времена. Техника шагнула вперед, благосостояние стало нормой, и каждый получил возможность достичь чего-то в своей жизни. Почему же все больше людей сознательно встают на путь, который ведет в никуда? Старшее поколение выразилось бы проще: «Ну чего им не хватает?» Однако сначала нужно понять, от чего они бегут.

Дело в том, что мы смотрим на свое развитие под ложным углом. Нам кажется, что по ходу истории развивались концепции мировоззрения, общественные формации, наука и техника, «духовные» методики, – а на самом деле развивалось наше желание, наш вселенский эгоизм.

Веками мы пытались удовлетворить свои потребности, а они вырастали все больше, по экспоненте, пока не подскочили до небес. Тогда-то и вознеслись к облакам небоскребы, гордо поплыли в синеве белоснежные лайнеры, и ракеты устремились ввысь с космическими скоростями. Все это случилось потому, что нам стало тесно в прежних рамках. Пустота внутри увеличилась и потребовала наполнения.

Однако процесс продолжается. Мало того, он набирает темп, и вчерашние достижения оставляют нас сегодня совершенно равнодушными. Это не откат, не возврат к былому – это новая пустота, поистине космический вакуум. Черная дыра внутри нас расширилась, и в ней без следа исчезают прошлые наслаждения. Мы уже не идем по жизни, а бежим по ней, пытаясь утолить неутихающий душевный голод.

В каждом из нас, и в детях тоже, заложен опыт прошлых поколений. Мы всё прошли, всё познали в этом мире, но так и не наполнили себя. Как же быть? Куда податься?

Наркотики предлагают простое «решение» – отрешение. Отрешимся от реальности и погрузимся в иллюзорную «благодать». Так хотя бы не придется корчиться от боли – напротив, мы замрем в «блаженстве». Narkotikós по-гречески – приводящий в оцепенение. Вот уж действительно «выход из тупика»…

Наркомания – это смертельный наркоз, эвтаназия, бесславное бегство. По сути, люди бегут от самих себя, от неудовлетворенных желаний, от безответных вопросов и бесцельного существования. Им непонятны причины происходящего, и потому еще непрогляднее становится мрак, окутывающий сознание.

Медицина здесь бессильна. Она может облегчить ломку, снять стресс, но не в силах понизить мощь человеческого эгоизма. «*С физиологической* зависимостью мы справимся, – говорят врачи, – но *психологическая* зависимость все равно останется».

Что уж говорить о полиции. Разве ей под силу противостоять человеческой природе? Борьба с наркодельцами, какой бы усердной она ни была, не остановит рост наших желаний и не найдет им правильного применения. Ведь это тоже – борьба со следствиями.

В прошлом у человечества была ясная цель, люди знали, чего хотят. Однако любые идеалы со временем тускнеют – если не от амортизации, то от несбыточности. Современный человек абсолютно потерян: его разбухшее до предела самомнение сталкивается с бессмысленностью существования. Мы подсознательно избегаем любых серьезных вопросов, уже зная, к чему они могут привести.

Сотни миллионов наркоманов по всему миру лишили себя возможности найти решение проблемы. С каждым годом все больше людей засасывает в эту черную дыру, и мало кому удается выбраться оттуда. Наркомания – один из симптомов болезни человечества, тревожный признак агонии, до которой может довести бесконтрольное эгоистическое самонаслаждение.

Чтобы найти выход из тупика, нужно взглянуть вверх и поставить себе целью новую ступень. Что может быть разумнее, чем сознательный подъем на более высокий уровень развития?

Каббала не призывает бороться со своими желаниями, она лишь помогает перенастроить их на другую волну, внести качественно иной компонент во всю нашу жизнь. Каббалистическая методика – это именно профилактика причин, которая заменит тяжелую операцию на сердце. В результате человек поднимается над собой и видит подлинную картину мира, взаимосвязанного в единое целое. Тогда он понимает, что нужно исправить в себе и как помочь другим избавиться от пагубного пристрастия – эгоизма.

глава 3 >>>
моше

**каббалисты
уполномочены
сообщить**

моше
(XIII-XIV век до н.э.)

Каббалистическая группа, созданная Авраамом, с течением времени разрослась и преобразовалась в народ. Народу, основанному на такой необычной основе, требовался особый лидер, а методика, которую оставил Авраам, нуждалась в обновлении в соответствии с новыми реалиями. Такой лидер появился – это был Моше. А книга, которую он оставил народу, называется Тора.

МОШЕ – КАББАЛИСТ
Биография Моше под стать истории еврейского народа. Она так же иррациональна и так же изобилует легендами. Общеизвестна его роль вождя и мыслителя мирового уровня. Менее известно, что он был не просто мыслитель – он был величайший каббалист.

Он родился в Египте в еврейской семье. Египет того времени – это огромная, могущественная империя, находящаяся под централизованным управлением фараона. Так случилось, что Моше оказался в доме фараона, по своему социальному положению считался египетским принцем и получил – в соответствии этому сану – воспитание. В то же самое время его соплеменники существовали в стране на положении рабов.

В каббале существует объяснение этой необычной ситуации. В Египте (на иврите – Мицраим; происходит от двух слов: миц-ра – «концентрация зла») уровень человеческого эго поднялся опять на новый уровень, как это было во времена Авраама в Месопотамии. Это привело к очередному скачку в развитии наук и искусств. В числе достижений древних египтян: полевая геодезия, ирригация, кораблестроение, технология производства стекла, новые формы в литературе и самый древний известный мирный договор.

Извечная человеческая мечта о вечной жизни у египтян воплотилась в нетленных мумиях. Любой богач, в современной терминологии – олигарх, подобно верховному правителю – фараону, заранее заботился о будущей консервации не только себя, но и обслуживающего персонала.

Народ Израиля духовно опустился до уровня своих хозяев – египтян. Несмотря на социальное положение, люди были довольны своей жизнью. Их жизнь протекала на большой, отдельно выделенной территории, жильем и питанием они были обеспечены вдоволь, и они не желали никаких изменений.

Однако народ Израиля был сформирован Авраамом с определенной целью, и об этом стало известно Моше. Ему стало также известно, что пришло время всему народу Израиля – носителю каббалистической методики – выйти из Египта, чтобы начать реализовывать духовные идеи и тем самым показать пример другим народам. С этим известием Моше и вышел к соплеменникам.

(из учебника каббалы)
Желание обрести связь с Творцом называется в каббале «Моше» (от глагола «лимшот» – вытягивать).

Все дальнейшие перипетии широко освещены в разнообразных источниках. Из основных событий, можно вспомнить продолжительный конфликт Моше с фараоном, десять египетских казней, переход Красного моря (Ям Суф) и многое другое...

(из учебника каббалы)
ЧТО ТАКОЕ ЯМ СУФ (КОНЕЧНОЕ МОРЕ)?
Ям Суф – символ последних эгоистических желаний, удерживающих человека в своей власти. Чтобы преодолеть их, чтобы окончательно вырваться из Египта, человеку нужна помощь Творца.

Некоторые эпизоды постоянно упоминаются в литературе. Так, например, регулярные споры народа с Моше, нежелание оставлять устроенную жизнь, и постоянные жалобы по поводу брошенных котлов с мясом и луковой похлебкой, стали просто притчей во языцех. Но все же важнейшее событие, на наш взгляд, произошло не в Египте, а у горы Синай.

СИНАЙ

Вглядываясь через призму каббалы в события многовековой давности, произошедшие у подножия горы Синай, можно понять, насколько мы не знаем и не понимаем произошедшего тогда, а главное – мы не понимаем, что в действительности происходит с нами сегодня.

Историческое описание тех дней выглядит очень драматично: 600 000 мужчин двадцати лет от роду и старше окружают сплошным кольцом одну из гор в Синайской пустыне. Затем каждый в отдельности громогласно объявляет о своем согласии взять на себя некое условие – Арвут (поручительство), произнеся хорошо известное сегодня изречение: «Совершим и услышим». И тогда произошло событие, известное под названием «дарование Торы».

Случилось это через семь недель, а точнее, на пятидесятый день после выхода народа Израиля из Египта. С тех пор это событие ежегодно отмечается в праздник «Шавуот».

Тогда на Синае впервые была преодолена нелюбовь, а вернее, естественная ненависть между отдельными людьми. Не случайно, кстати говоря, и название – Синай. В переводе с иврита слово «сина́» – ненависть.

(из учебника каббалы)
Тора (от слов ораа – инструкция и ор – свет).
Это особая сила, задача которой – помочь нам
в реализации цели творения: мы должны подняться над своим эго,
над «злым началом», и сравняться по свойствам
с универсальным законом мироздания, законом любви.
Лишь для этого людям была дарована Тора.

АРВУТ (поручительство)
Современный мир подобен вулкану, готовому в любую минуту к извержению. Социальные и климатические катаклизмы сотрясают планету. Вместе с этим мы неожиданно обнаружили, что мир стал глобальным, то есть одной большой деревней. Если кому-то угрожает финансовый кризис, значит, и я стою перед такой же угрозой. Если где-то разлилась нефть, завтра это может ударить и по мне.

Этот список можно продолжать без конца, но зачем нам это? Перед нами стоят глобальные проблемы, которые требуют **глобальных решений**. Это понимают уже тысячи, если не миллионы людей. Интернет и другие СМИ заполнены аналитическими исследованиями политологов, социологов, ученых, занимающихся естественными науками.

Все исследования ученых сводятся к одному – человечество не готово к глобализации и интеграции. То есть развитие мира, интегральных связей между его частями опередило развитие человека. Вывод – человечество должно, обязано объединиться.

Мы не верим, что это возможно, вместе с этим, мы пытались и пытаемся. Но зачем изобретать велосипед? Ведь однажды люди сумели прийти к взаимному поручительству – тогда, более трех тысяч лет назад под руководством каббалиста Моше. Может быть, пришло время вновь прислушаться к каббалистам?

рабами мы были

Главные события в жизни всегда происходят неожиданно. Живет человек, занимается «великими делами» и вдруг начинает ощущать, что ему не хватает настоящего наполнения. Вроде бы все есть, но все – не то. Тогда-то и начинает он задаваться вопросом: а кто же все-таки с ним это проделывает? Кто и куда направляет его жизнь? Так впервые в человеке проявляется желание к духовному, желание обрести связь с Творцом, называемое в каббале Моше. О том, как и для чего оно появляется в человеке, рассказывает нам Тора.

Вообще, все, что написано в Торе, является не просто историческим рассказом, а описанием процессов, происходящих в человеке на его пути в духовный мир. Моше и фараон, египтяне и народ Израиля – это не участники неких событий, а внутренние желания человека. Читая Тору, можно увидеть, при каких обстоятельствах они появляются в человеке, как растут и взаимодействуют, какие из них помогают нам приблизиться к Творцу, а какие отдаляют от Него.

Рассказывая о Моше, олицетворяющем желание человека найти связь с Творцом, Тора говорит, что родился Моше в то тяжелое время, когда в Египте появился новый фараон. Опасаясь возросшего влияния народа Израиля, этот фараон порабощает его. Он приказывает убивать всех новорожденных мальчиков.

Из этого рассказа мы видим, что как только народ Израиля – духовные желания в человеке – приобретают силу и влияние, эгоизм перестает с ними мириться. Грозный фараон, олицетворяющий эгоистическое начало в человеке, на самом деле панически боится малейшего проявления стремления к духовному и стремится подавить, подчинить себе все желания человека.

Бороться с фараоном на этом этапе невозможно, его можно только обмануть. Как это происходит – повествует Тора. Чтобы сохранить жизнь Моше, мать кладет его в люльку и пускает плыть по Нилу к месту купания дочери фараона. Дочь фараона находит Моше и берет к себе во дворец, где он и растет, практически став внуком фараона.

Мидраш рассказывает, что однажды, играя с царской короной, Моше надел ее себе на голову, и советники сказали фараону, что в будущем этот ребенок отнимет у него царство. Чтобы проверить Моше, перед ним поставили два подноса: один с драгоценными камнями, а другой с раскаленными углями. Потянись Моше к драгоценностям – и ему бы не жить. Но он сунул себе в рот горячий уголек, обманув фараона и сохранив себе жизнь.

Так еще не окрепшее в человеке стремление к Творцу не дает себя уничтожить.

Моше растет во дворце. Он получает хорошее образование и вообще живет как принц, ведь его приемной матерью является дочь фараона. Но когда Моше подрастает, он раскрывает тайну своего происхождения. Он не может равнодушно смотреть на страдания своего народа, и однажды, спасая от избиений одного еврея, Моше убивает надсмотрщика-египтянина.

Так Тора аллегорически объясняет, что когда в человеке просыпается Моше – стремление к духовному, оно помогает ему распознать в себе желания, зовущие его в Высший мир. Видя, как его эго подавляет желание к духовному, человек протестует и «убивает» в себе этого «египтянина».

С этого момента начинается внутренняя борьба с фараоном, целью которой является полная победа. Фараон, собственное эго, становится главным врагом стремления к духовному, не давая человеку подняться над мелкими эгоистическими заботами и жить духовной жизнью.

Враг этот силен, и в Торе говорится, что Моше бежит от него в пустыню. Так и человек, не желающий находиться под властью своего эгоизма, предлагающего все блага этой жизни, бежит от него, предпочитая дворцу пустыню ради достижения духовного совершенства.

Сорок лет провел Моше в пустыне, прежде чем завершил свою подготовку. Теперь он способен противостоять фараону. Он приходит к нему во дворец, требует освободить свой народ, и фараон вынужден согласиться.

Сегодня уже многие люди в мире понимают, что у нас нет иного врага, кроме собственного эгоизма. Выход из него лишь один – последовать за Моше – своим внутренним стремлением к духовному

прислушаться к моше

Петербург, 1917 год. 25 октября по старому стилю, 21:45. Носовое орудие крейсера «Аврора» производит холостой выстрел, и через несколько минут тысячи людей с винтовками наперевес бросаются в бой за то, за что не жалко отдать даже жизнь, – за свободу.

* * *

Да, мы боролись и боремся за свободу, но возникает вопрос: «Почему мы в этой борьбе не побеждаем, а только проигрываем? Почему вчерашние победители сегодня становятся проигравшими? Почему на смену одному рабству приходит рабство другое – более утонченное, с бассейном и кока-колой, и даже с человеческим лицом, но все равно рабство?»

Может, прежде чем кинемся снова в бой, сначала выясним, в чем тут дело…

РАДОСТИ ЖИЗНИ…
Удивляет, что в те далекие времена, когда рабство было нормой, порабощенные почти не боролись за свою свободу. Более того, нередко они были довольны своей участью: кормят, поят, дают выходной. Почти как сегодня. Яркий пример тому – выход евреев из Египта. Они не хотели никуда уходить. О радостях жизни в Египте они постоянно напоминали своему освободителю Моше.

Сотни, тысячи лет находились люди в рабстве, пока не начали восставать против своих поработителей. В. Ленин дал явлению перехода от одного строя к другому очень логичное объяснение: «верхи не могут, а низы не хотят жить по-старому».

Ну, а все же: «Почему?»

ТАК ПОЧЕМУ ЖЕ
Дело в том, что развитие человека происходит не вследствие развития технологий, как убеждены многие, а наоборот – технологии развиваются, потому что развивается человек. Это напоминает заблуждение людей прошлого, думавших, что Солнце вращается вокруг Земли, пока Коперник не доказал обратное.

Наука каббала объясняет, что человек развивается, потому что в нем растет, так называемый, авиют или, попросту говоря, эгоизм. Тогда возникает вопрос, а зачем он растет, в чем причина?

О ПРИЧИНЕ

Имя этой причине – желание к духовному, которое в науке каббала называется «Моше» или «точка в сердце». Без появления этой точки невозможен подъем человека на духовный уровень. «Моше» может проявиться только в «Египте». Так называется состояние человека, находящегося в рабстве эгоистических желаний.

Но человек должен почувствовать, что он в рабстве эгоизма или «фараона» – олицетворения самого большого эгоистического желания. Поэтому непрерывно растет эгоизм в мире и, вместе с ним, подспудное желание человека к свободе – отрыву от эгоизма, что приводит в движение как отдельных людей, так и целые народы.

МАХСОМ

Положить конец нашему рабству может только «Моше» и… «Израиль» – те наши желания, которые поддержат «Моше». Для того чтобы «Моше» смог подняться в полный рост, мы должны не заглушать его голос в нас, а, наоборот, постараться прислушаться к нему. В тот момент, когда мы полностью будем солидарны с «Моше», мы станем «народом Израиля», и «фараон» будет вынужден нас отпустить. И тогда нас ждет особое состояние – «Ям Суф» (конечное море). Это последний рубеж материального, эгоистического мира – махсом (заграждение), условная линия, за которой начинается духовный мир, где царит настоящая свобода, не зависящая от места, времени и пространства.

ПРИСЛУШАЕМСЯ… К СЕБЕ

Мы, люди XXI века, оглядываясь на историю человечества, можем уверенно говорить о двух вещах: первое – мы нуждаемся в свободе; второе – как ее достичь, мы не знаем. Наука каббала утверждает, что человек достоин свободы, и – главное – настоящая свобода невозможна в мире, который управляется эгоизмом или, иначе говоря, «фараоном».

Подсознательно мы это понимаем, поэтому на протяжении всей истории пытались изменить наш мир. Это действительно возможно, нужно только прислушаться к тому, что говорит в нас наше внутреннее желание к духовному – к нашему «Моше».

исправить дисбаланс

Как бы вы отнеслись к утверждению, что стограммовый бифштекс, съеденный в Англии, может явиться причиной наводнения в Индии и снегопада в Африке? Как к розыгрышу, неудачной шутке? Оказывается, это не то и не другое. Перед вами результат научного исследования. Но обо всем по порядку.

Погодные катаклизмы, обрушившиеся за последние годы, потрясли планету. Проливные ливни и наводнения, невероятная жара и столь же невероятные морозы, разрушительные землетрясения и сметающие все цунами… И все это впервые в истории, в рекордных количествах, с жертвами и беженцами, подорванной экономикой, эпидемиями.

Верный помощник человека – наука, должна была как-то среагировать на эти события, и она среагировала… Если бы ученые честно признались в своем бессилии перед стихией или, в конце концов, списали бы все, как обычно, на фреоновые кондиционеры, от которых, как известно, растут озоновые дыры, то все было бы понятно.

Но не тут-то было, жив еще курилка.

Последние научные изыскания и решения в области экологических проблем вызывают уже не улыбку недоумения – они вызывают сочувствие.

Например, глава Музея науки Великобритании, Крис Рапли, специалист по решению проблемы глобального потепления, предлагает избавить Землю от нескольких миллиардов человек. Не надо пугаться – профессор не выступает за геноцид. Он предлагает «немножко» контролировать рождаемость. По его словам, это позволит сократить выбросы углекислого газа в атмосферу и тем самым снизить опасность от последствий грозящей планете экологической катастрофы.

Его земляк, ученый Крис Гудалл, пошел еще дальше. Ему удалось раскрыть секрет повышенного содержания углекислого газа в атмосфере. Оказывается, во всем виноваты пешие прогулки и бифштексы. По его расчетам, пешеход, проходя 4.8 км, выделяет в атмосферу углекислый газ в количестве 3.6 кг. В то же время автомобиль, покрыв такое же расстояние, выделяет всего 0.9 кг газа. И это еще не все. Оказывается, джентльмены после прогулки имеют обыкновение поесть.

Эксперимент показал, что во время получасовой ходьбы человек расходует около 180 калорий. Эту потерю английский пешеход компенсирует поеданием 100-граммового бифштекса, выделяя, опять же, пресловутые 3.6 кг углекислого газа.

Для оздоровления экологической обстановки в мире английский ученый предлагает снизить физическую активность, что автоматически приведет к меньшему потреблению пищи. Кроме того, нужно чаще пользоваться услугами автомобиля.

В том, что все чаще появляются такие методы решения глобальных проблем – не наша вина, а наша беда. Произошло то, что мы не в состоянии еще осознать. Незаметно для себя «ребенок», имя которому человечество, вторгся на «взрослую» территорию. Здесь наши «детские» методы решения проблем не работают. Тут скидок на возраст и незнание законов не делают.

И, наконец, самое главное – уйти отсюда невозможно, поскольку дверь за нами уже захлопнулась. Мы находимся сейчас под мощным воздействием сил, с которыми состоим в явном противоречии. Речь идет о духовных силах, управляющими всем мирозданием.

Все мироздание, все элементы природы находятся в абсолютной гармонии, словно клетки единого организма, и лишь человек, его эго, является фактором дисбаланса. Эгоизм человека непрерывно, гиперболически растет. Его рост не только стимулирует и определяет прогресс человечества, но и ведет в тупик – к глобальному кризису. Ни одно существо в природе, кроме человека, не относится к окружающим с намерением нанести вред, использовать, эксплуатировать, не испытывает удовольствия от подавления окружающих. Только человек может наслаждаться горем другого человека.

Эгоистическое, то есть с намерением личного возвышения над себе подобными использование человеческих желаний приводит к угрожающему неравновесию с окружающей природой. Наш эгоизм, подобно раковой клетке в здоровом организме, – единственная разрушающая сила в мире. Поэтому мир не сможет существовать, если человек не изменит своего эгоистического отношения к обществу.

С другой стороны, в природе существует альтруизм, забота о благе ближнего. Исследуя феномен альтруизма в природе, мы открываем его как основу живого организма. Любой живой организм состоит из совокупности клеток и органов, которые работают вместе, дополняя друг друга. В процессе взаимодействия они обязаны уступать и помогать друг другу. Закон объединения клеток и органов по альтруистическому принципу «один для всех» действует в любом живом организме. Только изменение эгоистического отношения человека к ближнему на отношение альтруистическое может вернуть мир к гармонии.

Если мы это осознаем, если, в результате, почувствуем хотя бы общую причастность к проблеме, размышляя и продвигаясь в поисках ее решения, – мы вызовем положительные сдвиги в единой системе природы, частями которой являемся. В итоге, наше собственное осознание также будет неуклонно повышаться, и мы сразу ощутим позитивные перемены в своей жизни.

Все проблемы, которые переживает сегодня человечество, были спрогнозированы каббалистами уже более 5000 лет тому назад. Этот прогноз основан не на гадании, а на научном принципе познания открытых уже в то время законов природы. Поскольку каббалисты изучили эти законы, им не составило труда описать весь процесс развития человечества, с указанием проблем, которые встанут перед нами сегодня.

Но главное, что они сделали – подготовили четкую, научно обоснованную методику выхода из кризиса. Хотим мы этого или не хотим, но эта методика – единственное средство, которое есть у нас в руках. Начинать применять ее мы должны без промедления, поскольку времени осталось немного.

«наркотик», который стоит попробовать

По официальным данным, каждый шестой человек из тех, с кем нам приходится сталкиваться – на работе, в магазинах, на улице, – потребитель наркотических средств.

* * *

Отравления, нарушение восприятия, повышенная возбудимость, проблемы поведения, внимания и общения, неадекватная реакция, галлюцинации, склероз, психоз, депрессия, попытки суицида, приступы отчаяния и страха, бессонница, проблемы с половой активностью…

Список впечатляющий, но далеко не полный.

Каждый здравомыслящий человек, хоть раз задумавшийся на данную тему, никогда не придет к выводу, что проблема наркотиков исчезнет сама собой. Мы видим, что остановить этот процесс человечество, практически, не в состоянии.

Наркомания – это не просто мода. Тяга к наркотикам проистекает из внутренней потребности, из поиска, отравленного иллюзией познания «новой реальности», такой реальности, в которой мы – супергерои. Ведь любой подростковый сериал или шоу (вроде «Рождения звезды») заботится о посвящении своих зрителей во всевозможные новомодные течения из области пристрастия к наркотическим средствам.

В результате, множество наивных обывателей пытаются подражать представителям богемы. С помощью химикатов они исследуют тайны подсознания или просто проводят время в надежде максимально удалиться от невыносимой никчемности бытия с его ежедневной изнурительной рутиной.

Действительно, почему бы не нырнуть в заманчивые воды галлюцинаций? И вот некоторые пробуют. Одни «ныряльщики» уже не в состоянии остановить свои эксперименты и задекларировали этот путь как неотъемлемую часть своей жизни. «Отречемся от общепринятых норм и обветшалых устоев!» – кричат они. Но есть и такие, кто после многочисленных «погружений» начинает презирать эти жалкие попытки уклониться от реальной жизни. Человек словно выныривает: солнце, глоток свежего воздуха – и назад пути уже нет...

В каждом из нас теплится маленькая искорка, «точка в сердце», зачаток желаний перемен. В один прекрасный день она просыпается, потягивается, зевает и... неожиданно обнаруживает, что заключена в тюрьму с прочными стенами – в темницу эгоизма или, если хотите, себялюбия. В таком положении она, разумеется, чувствует себя крайне дискомфортно. Ей не дает покоя «память о будущем» – видение абсолютной свободы от власти самовлюбленного деспота, которого человек почему-то считает своим «я».

Не успеет эта точка потянуться спросонья, а человеку уже хочется сделать что-то для нее. Только он не знает, к чему она стремится.

Может быть, ее желания сводятся к изысканной пище? Или к созданию семьи? Может быть, ее способен ослепить блеск денег? Возможно, она стремится к власти, желает быть «владычицей морскою»? А вдруг она – интеллектуалка?

Только тщетны все попытки ее ублажить, потому что не удовлетворяется она ничем из того, что находится в плоскости этого мира, из того, что мы видим, с чем знакомы.

Каково же истинное требование точки? Она хочет получить ответ на вопрос, живущий в каждом из нас: «Для чего я существую?» Ни философия, ни наука, ни искусство не в силах объяснить это человеку. Ведь чтобы ответить, нужно дать ему самому убедиться: взглянуть, потрогать, ощутить всеми фибрами. Кто он? Почему он? Откуда пришел и для чего? Этот наболевший вопрос принимает тысячи обликов и никогда не оставляет в покое наши уставшие души.

И в самом деле, за последние годы во многих сердцах проснулись точки. Только мы не знаем, как их наполнить. Нет у нас возможности заполнить внутреннюю пустоту. И человек отчаивается, впадает в тоску и уныние, чувствует, что его существование лишено смысла. Ему просто плохо, источник наслаждения скрыт от него, и тогда он вынужден искать способы отключиться от этого, пульсирующего внутри, вакуума. Он с головой бросается в любой омут, пытаясь любым способом унять боль.

Необходимо превратить этот болезненный, мучительный вопрос в канал, через который в нашу жизнь потечет изобилие, которое успокоит и наполнит нас. Вот здесь наука каббала предлагает себя и говорит: «Я могу вас приподнять над наполнениями, которые находятся в этом мире, и вы выйдете на уровень того наполнения, которого желаете подсознательно, еще не понимая, к чему, на самом деле, вы стремитесь».

Занимаясь каббалой, человек не нуждается больше в подавлении своей внутренней пустоты с помощью наркотиков. Все, что нам нужно сделать, это начать восстанавливать связь с источником нашего существования, с силой любви и отдачи, управляющей природой.

песах
Пасхальное сказание
(каббалистический комментарий)

Агада – это Пасхальное сказание, которое читают, сидя за праздничным столом. Однако лишь немногие знают, что в действительности означает порядок пасхальной трапезы и почему он так строго соблюдается.

Песах – это особый праздник. Он олицетворяет выход человека из ощущения только нашего мира в ощущение мира духовного. Поэтому каббалисты придают ему огромное значение. Ведь главное, что должен совершить человек в своей жизни, это выйти из Египта – нашего сегодняшнего состояния, состояния изгнания из Высшего мира, из ощущения вечности и совершенства. И пока этого не произошло, человек несвободен. Находясь под властью своих природных свойств, он является просто покорным исполнителем заложенной внутри него природной программы, а сам, как личность, не существует.

(из учебника каббалы)
ПОЧЕМУ МЛАДШИЙ СЫН ПОЕТ ПЕСНЮ «МА НИШТАНА» («ЧЕМ ОТЛИЧАЕТСЯ»)?
«Младший сын» – это наше слабое желание высвободиться из-под власти эгоизма. Сын еще маленький, он очень хочет измениться, но пока не

знает, как это сделать. Он хочет, чтобы в нем выросло полноценное желание достичь духовного. Поэтому он спрашивает: «Чем отличается эта ночь, ночь выхода из Египта, от всех других?» Сын хочет понять, какие ступени проходит человек, освобождаясь от эгоизма.

Не зря в самом начале Агады сказано: «Вначале праотцы наши занимались идолопоклонством». Это и есть наше состояние до выхода из Египта – поклонение своим природным желаниям, которые в совокупности называются «фараон». А заканчивается она словами «в следующем году в Иерусалиме», означающими, что мы уже вышли из рамок нашего мира и поднимаемся к высшей духовной ступени – Иерусалиму.

В Агаде каббалисты описали все условия и предпосылки, которые человек должен раскрыть в себе и пройти в определенном порядке, для того чтобы выйти из изгнания. Этот порядок называется «седер Песах» – пасхальная трапеза.

> (из учебника каббалы)
> В ЧЕМ СМЫСЛ ВЫРАЖЕНИЯ
> «РУКОЙ КРЕПКОЙ И МЫШЦЕЙ ПРОСТЕРТОЙ»?
> Эти слова учат нас, что только сила Творца способна помочь человеку выйти из-под власти его эгоистической природы.

Агада описывает все ступени и изменения, которые мы должны раскрыть в себе и пройти в определенной последовательности. Вот почему Агада не потеряла своей актуальности и сегодня. На примере случившегося когда-то исхода из Египта мы можем научиться тому, как произойдет освобождение в наши дни из нашего сегодняшнего, последнего изгнания.

Давайте остановимся на некоторых понятиях, встречающихся в Агаде, и попробуем объяснить, в чем заключается их внутренний смысл.

МАЦА

Маца считается «хлебом бедняка» и символизирует пустоту, которая ощущается нами сегодня. Согласно каббале, бедняком является тот, кто начинает чувствовать, что имеет все, и все-таки чего-то не хватает. С этого момента и до выхода из Египта путь очень короткий. Мы едим мацу в знак того, что готовы бежать от своего эгоизма.

Важная деталь: в процессе изготовления мацы тесто постоянно перемешивают, чтобы оно не заквасилось. Ведь в каббале квасное означает наше природное эгоистическое желание, которое запирает нас в узком мире любви к самим себе.

Пока человек не использует желание для собственного наполнения, оно не «заквашивается». Для этого желание нужно все время взвешивать и изучать, куда оно толкает нас: к эгоистическому наполнению самих себя или хоть какому-то проявлению внимания к ближнему.

Разумеется, мы не способны победить эгоизм собственными силами, ведь он – наше природное свойство. Однако стремление к его преодолению рождает в нас потребность в помощи Творца, и как только это происходит, наступает долгожданное изменение нашей эгоистической природы.

ЕГИПЕТСКАЯ ТЬМА

Решив отказаться от эгоизма, человек начинает ощущать тьму, ведь в своем эгоистическом желании он не получает никакого наполнения. Однако он понимает, что эго – Египет – это зло. Человек больше не хочет работать ради своего желания насладиться, своего эгоизма, который убивает его, и хочет убежать от него. Такое состояние и называется «египетская тьма».

ДЕСЯТЬ КАЗНЕЙ

Десять казней соответствуют десяти сфирот – десяти свойствам Творца. Творение не может самостоятельно уподобиться свойствам Творца, поэтому производится десять исправлений, помогающих выделить и отсечь от эгоистического намерения те желания, которые способны обрести свойства Творца.

(из учебника каббалы)
СФИРА
Слово «сфира» происходит от слова «сапир» (сияющий). Душа состоит из десяти сфирот: Кетер, Хохма, Бина, Хесед, Гвура, Тиферет, Нецах, Ход, Есод и Малхут. Эти сфирот являются свойствами души, и в них мы ощущаем Высший свет.

Удары – это раскрытие зла, достаточное для того, чтобы отделить то желание насладиться, которое способно присоединиться к одной из десяти сфирот. Тогда это желание может получить наполнение светом Творца. А то желание, которое это сделать неспособно, остается в Египте.

Каждая казнь – это своего рода «удар» Высшим светом, который раскалывает огромное желание, находящееся в Египте, на две части. Одна из них остается в Египте до окончательного исправления всего творения, а вторая уподобляется одной из десяти сфирот – свойств Творца. Совершить эти десять казней помогает человеку осознание зла собственного эгоизма.

(из учебника каббалы)

ЧТО ОЗНАЧАЮТ СЛОВА «ИЗЛЕЙ ГНЕВ СВОЙ НА НАРОДЫ»?
«Народы» символизируют эгоистические желания человека. Выражение «излей гнев Свой на народы» указывает на то, что для разрыва с эгоизмом человек должен обрушить на него весь свой гнев. Только полное неприятие своих прежних желаний позволит человеку отделиться от них.

КЕАРА – ПАСХАЛЬНЫЙ ПОДНОС
На праздничный стол ставят особый пасхальный поднос (кеара) с шестью видами кушаний, символизирующих шесть видов наслаждения, которыми Творец наполняет творение. Это шесть сфирот – шесть из десяти свойств Творца, которые обретает человек, поднявшись над своим эгоизмом, отказавшись от его использования. На языке каббалы эти свойства Творца называются: Хесед, Гвура, Тиферет, Нецах, Ход, Есод. А кеара символизирует Малхут – исправленное желание творения, способное ощутить наслаждения, которыми задумал насладить его Творец.

В БУДУЩЕМ ГОДУ В ВОССТАНОВЛЕННОМ ИЕРУСАЛИМЕ
«В будущем году» – значит, в следующее мгновение. Только что человек находился в состоянии выхода из Египта, а в следующее мгновение готов оказаться в восстановленном Иерусалиме.

«Восстановленный Иерусалим» означает, что Бина (свойство Творца) и Малхут (свойство творения) соединяются вместе. Малхут перенимает все свойства Бины и будет заново отстроена как центральная точка мира Бесконечности, в которую включатся все намерения ради отдачи, полученные Малхут от Бины в течение процесса исправления.

ВОСХВАЛЕНИЕ
Восхваление – это благодарность Высшей силе, которая в итоге выводит нас из Египта. Выйти из Египта самостоятельно невозможно. Поэтому все, что нам сегодня необходимо, – это определить, что же мы должны делать. И когда мы выполним возложенное на нас, тогда и получим помощь от Творца. Для того чтобы соединиться с Творцом, человек должен сначала подготовить свое желание, свою просьбу. То есть он должен достичь такого состояния,

такого желания, такой потребности, когда Творец почувствует, что человек действительно хочет исправления. Тогда Он откликается и раскрывается человеку.

(из учебника каббалы)
КАКОВ ДУХОВНЫЙ СМЫСЛ ПАСХАЛЬНОЙ УБОРКИ ДОМА?
В науке каббала «дом» означает сердце человека,
то есть все его желания.
Уборка дома напоминает нам, что мы должны очистить сердце
от эгоизма и сделать его пригодным для любви к ближнему.

ЧАША ПРОРОКА ЭЛИЯУ
Пророк Элияу – это сила, которая приходит перед полным освобождением и подъемом на высшую ступень.

В этом будущем состоянии мир наших земных желаний присоединится к духовному миру на всех своих уровнях: неживом, растительном, животном и человеческом. Точно так же, как когда-то происходило развитие Творения в направлении сверху вниз, так все миры свернутся обратно, словно ковер, и поднимутся до уровня Бесконечности.

Все миры, все ступени и все сфирот соединятся вместе в Малхут мира Бесконечности, и этим творение достигнет своей цели.

Весь этот процесс предстает перед нами как звенья одной цепи: нужно раскрыть, кто такие египтяне, кто – сыны Израиля, фараон, Моше; нужно бежать из Египта, перейти море, дойти до горы Синай и получить Тору.

(из учебника каббалы)
ЧТО ЗНАЧИТ «СЖИГАНИЕ КВАСНОГО»?
Найденное после уборки квасное принято сжигать.
«Сжигание квасного» символизирует решение человека полностью избавиться от своего эгоизма и постичь Высший мир.
Человек «сжигает» свои эгоистические желания, обращая их в прах,
чтобы они не пробудились в нем снова.

дарование каббалы

Человек начинает исследовать природу и обнаруживает в ней определенные законы, то есть определенную связь между явлениями. К примеру, я бросаю на пол какой-нибудь предмет, вычисляю, с каким ускорением он падает, и вывожу отсюда закон.

С другой стороны, разве не падали яблоки на головы и до того, как Ньютон открыл закон тяготения? Таким образом, ничего нового нет – мы выявляем то, что уже существует, происходит. Однако есть первооткрыватели, и есть те, кто учится у них и использует полученные знания.

Так же обстоит дело и с наукой каббала – физикой более широкого мира, не ощущаемого в наших органах чувств. Для восприятия этого мира мы должны развить дополнительный орган чувств, называемый «свойство отдачи».

Однако мы по-прежнему работаем как ученые – всё проистекает из действия, из исследования. Ты не закрываешь глаза, чтобы слепо принять за факт чужое мнение – такого нет ни в одной науке, нет и в каббале. В основе всего лежит знание, анализ, раскрытие.

Так вот, каббалисты, то есть те, кто уже осуществил это раскрытие, выяснили, что наш мир и, самое главное, мы с вами абсолютно противоположны этому вечному, совершенному, гармоничному миру, находящемуся в состоянии единства противоположностей, оказывается, что мы с вами самые ничтожные, самые эгоистические создания, обитающие в эгоистической скорлупке нашего мира.

Так для чего же создана вся эта система, почему мы созданы такими, какие мы есть?

Вся эта система, – говорят нам каббалисты, – в принципе, создана для того, чтобы под воздействием сил, исходящих из Высшего мира, мы начали его познавать.

Включиться в эту систему, стать обитателями Высшего мира – достичь этого мы можем сейчас, сегодня, в этой жизни. Все зависит только от нашего желания. Силы, которые произведут с нами эту трансформацию, готовы, – мы должны только попросить об этом. Но просьба должна быть действительно настоящей просьбой, а не детским капризом. То есть, практически, нет ничего иного, как изучить природу нашего мира, изучить природу Высшего мира, различие между ними и охарактеризовать сегодняшнее свое состояние, как абсолютное зло по сравнению с природой Высшего мира.

Все всегда познается в сравнении, то есть: из тьмы – свет, из сладкого – горькое, и так далее. Поэтому, поначалу, мы с вами существуем здесь, в нашем мире: привычный – из поколения в поколение – образ жизни, наезженная миллионами и миллионами колея. И вдруг в нас, как в сказке, появляется желание, не дающее нам покоя: «пойди туда, не зная куда...»

И вот мы мечемся в поисках этого «куда», и приходим в группу, где все говорят о совершенно ином состоянии, об ином мире, об иных свойствах. Постепенно мы начинаем понимать, что если основой нашего мира является свойство получения, то Высший мир основан на свойстве отдачи, а каббала – это методика, с помощью которой мы можем преодолеть потенциальный барьер и войти в ощущение Высшего мира.

Суть этой методики можно выразить в одном, очень простом – простом на слух – правиле: «возлюби ближнего как себя». Древнее, очень интересное, неплохое предложение, которое всем известно, все с ним, в общем-то, теоретически согласны. Казалось бы, чего проще? Все готовы подписаться под ним и, при этом, подписываясь одной рукой, одновременно другой делать все, что угодно, даже не понимая, что это противоречит этому условию.

Почему? Потому что «возлюби ближнего как себя» – это не мы, это общий закон Высшего мира, согласно которому функционирует этот мир. Вся необъятная природа, в которую входит и наш мир, управляется только одним единственным законом: «возлюби ближнего как себя». Этот закон, это свойство, это правило взаимодействия между всеми частями природы – оно и породило все, и поэтому называется Творцом.

У этого закона существует и своего рода трактовка, с менее жесткими требованиями: «не делай другому того, что ты не желаешь, чтобы сделали тебе». То есть, ты пока не готов делать все ради ближнего, но хотя бы не ищешь возможности использовать его ради себя. Промежуточная станция на магистральном направлении к всеобъемлющей любви.

Но возможно ли, вообще, чтобы я предпочел все запросы другого человека – причем, любого и каждого – своим? Могу ли я себе это действительно представить? Что за это мне будет?

Если я задаюсь вопросом: «Что за это мне будет?», то это означает, что я думаю о том, как использовать других ради себя, только каким-то скрытым – даже от себя – способом. Я готов любить всех и каждого, если мне будет обещано хоть какое-то вознаграждение в будущем. Без этого я не в состоянии шевельнуть и пальцем. Ведь природа человека эгоистична, и поэтому ему необходимо горючее для восполнения затрачиваемой энергии.

Но, где же возможно обрести такие свойства, желание к ним, возможность согласиться с этим, заинтересоваться даже?

Когда ты поднимаешься на такой уровень, – объясняют нам каббалисты, – то становишься равным Творцу, становишься по силе, по ощущению, по бесконечным возможностям таким, как Он, и, естественно получаешь энергию для своей деятельности. При этом ты начинаешь постигать совершенство природы, абсолютное понимание, абсолютное знание всего и вся.

Путь, который мы с вами проделываем для достижения этого уровня, называется лестницей духовного восхождения. Это череда ступенек, по которым поднимается человек по мере перерождения его эгоистических свойств в альтруистические.

Кажется, что все достаточно просто: есть, так называемый, Высший свет – сила, которую ты можешь потребовать, и если, как мы уже говорили, твое желание истинно, подлинно, то эта сила начнет трансформировать твои свойства. Но те изменения, которые ты начнешь ощущать в себе, будут поначалу выглядеть довольно странными, вплоть до неприятия, отторжения, так как ты будешь оценивать их с точки зрения своего эгоизма. И только впоследствии, когда альтруистические свойства начнут преобладать в тебе, ты сможешь правильно оценить происходящие в тебе процессы.

Однако, зачем нам надо прилагать столько усилий, если Высший свет, без каких-либо проблем, способен изменить нашу эгоистическую природу на альтруистическую? Более того. Согласно науке каббала, этот Высший свет, который нас исправляет, нас же и испортил. Он же и сбросил нас с высоты альтруизма, любви – в ненависть, ущербность, то есть в наш мир, в наше состояние. Он создал и нашу Вселенную, и эту Землю, и все, что на ней, то есть самые противоположные себе свойства и состояния.

Он – что – сотворил все это, чтобы я его просил, умолял? Неужели ему от этого лучше, неужели он испытывает при этом какое-то злорадство: дескать, я сделал это, а теперь ты меня проси, и я тебе окажу услугу? Ведь, в итоге, я понимаю, что не я виноват, и не я все это сделал, а это «его рук дело».

Так мы это оцениваем – и не можем оценить иначе – находясь в наших эгоистических свойствах. Действия, основанные на противоположных нам свойствах, всегда будут нам казаться несовершенными, ужасными, злобными, с нехорошим внутренним умыслом.

Всё, что происходит с нами, – говорят каббалисты, – это игра, исход которой неизвестен. Творец специально скрыт от нас, потому что если бы мы Его видели, то не смогли бы избавиться от эгоистической тяги к Нему. Мы были бы просто загипнотизированы этим величием, этой потрясающей гармонией, возможностью наполнения, и мы бы были замкнуты на то, чтобы просто сидеть и всё время ждать: авось, всё-таки, что-то мне перепадёт. Но ничего бы не перепало.

Игра означает, что я нахожусь на определенной ступени, а следующую ступень не могу распознать. Но я прикладываю всевозможные усилия, чтобы ее достичь. Мне нужно только желание ощутить ее, а после ощущения – понять, воспринять внутри себя. Ведь мы представляем собой сосуд ощущения, желание. А понимание и разум приходят вслед за желанием.

Нет ничего внешнего. Все находится внутри человека: и Творец, и творение, и все создания. И если мне кажется, что существует внешний мир, – это из-за отсутствия у меня истинного, правильного восприятия.

Получается, что я должен исправить только лишь себя, свое видение того, что мир якобы существует вне меня. Я начинаю ощущать, что весь он действительно находится во мне, и тем самым достигаю исправления реальности. Тогда вся реальность – и внешняя, и внутренняя – кажутся мне одним целым. И даже если я еще не достиг правильного, духовного восприятия действительности, и она не кажется мне единым целым, – это неважно. Главное, что я извлекаю из науки каббала, – что человек должен исправить только лишь себя.

Единственное, что существует, – это система абсолютно полной связи между нами.

Мы эту систему не ощущаем. Мы с вами находимся в маленьком, животном, эгоистическом состоянии против совершенной, вечной, незыблемой силы природы. Никакие изменения в ней происходить не могут. Все изменения происходят только в нас, «благодаря», так сказать, нам: если я меняюсь в подобие природе, – значит, я буду себя чувствовать лучше; если отстаю от этого своего движения, – значит, я буду чувствовать себя хуже.

Мы вошли в глобальный мир, поэтому все сегодняшние и последующие проявления нашего несоответствия природе будут проявляться не так, как в прошлом – в отдельных людях, в отдельных семьях или в отдельных народах, – они будут проявляться все более и более глобально. Мы должны понять, что наше время – это время всеобщего, глобального исправления: мы должны все вместе прийти к нашему общему знаменателю – к природе, к подобию ей.

глава 4 >>>
гилель

каббалисты
уполномочены
сообщить

ГИЛЕЛЬ
(I век до н.э.)

Постигнув закономерность всего мироздания, он знал, что нам легче любить себя, но учил нас любить ближнего. Гилель возродил свет любви и показал нам дорогу к ней.

* * *

«Делать, как Гилель» – это образец, точно соответствующий духовным корням. Дело в том, что Гилель, согласно особенностям корня своей души, постиг точное выполнение духовных действий и их выражение в материальной форме: в тексте, в словах, в примерах различного рода. Опираясь на эти материальные примеры и написанные слова, человек может понять и постичь их духовную суть, «делая, как Гилель».

НАЧАЛО ПУТИ

С рассветом, в самом разгаре занятий иерусалимских каббалистов, первые лучи зимнего солнца пробирались к ним через маленькое окошко в крыше здания. Однако в эту субботу с наступлением утра мрак не рассеялся. Тогда Шмая, глава Санедрина, обратился к верховному судье: «Авталион, брат мой, каждый день помещение наполняется светом, а сегодня у нас темно...» (Вавилонский талмуд, трактат «Йома»).

Взглянув в окошко на потолке, они увидели чей-то неподвижный силуэт и поспешили на крышу. Там лежал совершенно окоченевший человек, покрытый одеялом выпавшего за ночь снега. Его сразу внесли в дом и окружили заботой. Обсохнув и согревшись, он пришел в себя и поведал свою историю.

– Меня зовут Гилель. Обычно я зарабатываю полдинара в день. Половина заработка идет на содержание семьи, а вторую половину я отдаю за вход на занятия. Вчера мне не удалось найти работу, и потому нечем было заплатить за вход. Однако сердце не отпустило меня домой, и тогда я залез на крышу, чтобы слушать вас.

Так описывается начало духовного пути Гилеля, одного из величайших каббалистов всех поколений, прозванного «старейшиной».

ПОВТОРЕНИЕ ГРЕХА ВАВИЛОНСКОЙ БАШНИ

Это было во времена Второго Храма, когда страной правил царь Ирод. Каббалистическая группа, основанная Авраамом на законе любви и ставшая впоследствии народом Израиля, вот уже несколько сот лет переживала духовное падение. Любовь к ближнему – оплот народа – таяла на глазах. Люди устремлялись в эгоистическую погоню за богатством, славой и властью, сан Великого Первосвященника превратился в политическую должность, и беспричинная ненависть разрушала наследие прежних времен.

> **(цитата)**
> Что ненавистно тебе, не делай другим.
> -Гилель, трактат «Шаббат»-

Гилель был родом из Вавилона. Он пришел в землю Израиля, чтобы учиться, и спустя много лет, умудренный опытом, стал главой Санедрина. На его глазах повторялось то, что уже случилось в эпоху Вавилонской башни: эгоизм вновь вскружил людям голову и разобщил между собой.

На это нельзя было смотреть безучастно, и Гилель стал действовать, подобно отцу, который с любовью и терпением объясняет ребенку, что нельзя совать руку в огонь.

НАВСТРЕЧУ СОВЕРШЕНСТВУ

Гилеля прозвали «старейшиной» за его духовную мудрость, а не потому, что он прожил 120 лет. Он считается учителем всех мудрецов. Галаха, свод законов еврейского права, написана с его слов.

> **(цитата)**
> Там, где нет людей, постарайся быть человеком.
> -Гилель, трактат «Авот»-

Термин «Галаха» происходит от слова «алиха», на иврите – ходьба, и согласно каббале подразумевает движение человека к Творцу. На этом пути он исправляет 613 эгоистических желаний своей души с помощью 613 духовных сил, или «светов». Эти внутренние исправления именуются в каббале «613 заповедями».

Изучая Галаху, человек того времени мог прийти к совершенному состоянию, в котором все его желания, согласно воле Творца, обращены на любовь и всеобщее благо. Окунаясь в совершенство, человек ощущает то бесконечное изобилие, которое Творец дарует Своим творениям. Вот какой ступени достиг Гилель в своем духовном развитии.

> **(цитата)**
>
> Лишь тот старейшина, кто приобрел мудрость.
> -Гилель, трактат «Кидушин»-

Галаха – это комплекс законов, который называется «системой света Хохма». «Хохма» на иврите – мудрость. Раскрывая систему мироздания, человек «обретает мудрость» и потому называется в каббале «старейшиной», «мудрецом».

Теперь, немного ознакомившись с источником мудрости Гилеля, мы сможем понять его известное изречение, знаменитое своей емкостью и лаконичностью.

СВЕТ, ВОЗВРАЩАЮЩИЙ К ИСТОЧНИКУ
Однажды к Гилелю пришел чужеземец и попросил: ‹Научи меня всей Торе, пока я стою на одной ноге». Гилель не промедлил с ответом: «Что ненавистно тебе, не делай другим. В этом заключена вся Тора. Остальное – лишь толкования. Иди и учись» (Гилель, трактат «Шаббат»).

> **(цитата)**
>
> Не говори ничего непонятного, надеясь, что,
> в конце концов, это будет понято.
> -Гилель, трактат «Авот»-

Гилель, будучи человеком, полностью познавшим тайны мироздания, знал, что ненависть ведет к разобщению, а любовь к единению. Пока над нами довлеет взаимная ненависть, мы разобщены также и с Творцом – Источником всех наслаждений. Гилелю было ясно, что мы по природе эгоисты и потому ближнего любить не в силах. Вместе с этим он знал, что существует особая сила, которая изменяет человеческое естество и позволяет нам перейти от ненависти к любви. Это и есть «свет, возвращающий к Источнику», который заложен в каббалистических книгах.

Развив пробудившееся в нем духовное желание, Гилель начал исследовать себя самого и окружающий мир. Тогда-то он и обнаружил, что свет обрисовывает перед человеком картину духовных сил, действующих в природе мироздания. С высоты альтруистического восприятия человек видит, как эти силы любви пронизывают все элементы творения связующими нитями. Каббалист чувствует себя интегральной частью совершенства, гармонии, которая объемлет всю природу непреходящей любовью. Он больше не желает делать другим людям то, что ему ненавистно, и начинает действительно любить их.

Этому Гилель хотел научить нас, и потому сказано: «Когда забылась Тора в Израиле, поднялась помощь из Вавилона (события Пурима) и утвердила ее. Когда снова забылась, поднялся Гилель-вавилонянин и утвердил ее» (Вавилонский талмуд, трактат «Ханука»).

Во времена Гилеля мудрецы знали, что цель занятий состоит лишь в одном: поднимать человека над его эгоистическим естеством и формировать в нем новую природу – природу любви и отдачи, подобную природе Творца. Они описали это так: «Я создал злое начало и создал Тору ему в приправу» (Мишна, трактат «Кидушин»).

Иными словами, заложенное в человеке злое начало, или эго, можно аннулировать лишь с помощью света, который ведет нас к любви. Духовное крушение следующих поколений и наступившее затем изгнание скрыли это от нас на две тысячи лет.

Единственное средство, которое позволит нам сегодня возродить «свет любви», – это каббала. Наука каббала не читает нотаций – она объясняет, как устроена система, связывающая наши души нитями любви. Каббала пробуждает в человеке желание очутиться внутри этой системы, желание столь сильное, что в итоге оно сбывается. Человек поднимается на духовную ступень, в новое состояние, которое и называется «будущим миром». Причем сделать это нужно «здесь и сейчас», при жизни в нашем мире.

Нас ожидает «признание» в совершенной, вечной любви, ради которой мы и были созданы. Вот о чем говорил Гилель: «Если не я себе – кто мне? А когда я себе – что я? И если не сейчас, то когда?»

ханука – праздник света

ХАНУКА – ПЕРВАЯ ОСТАНОВКА
Наука каббала объясняет постижение реальности, с одной стороны, несколько неожиданно, с другой стороны, очень просто. Дело в том, что человек может воспринимать, ощущать, видеть и слышать лишь то, что находится внутри него, то есть, согласно внутренней модели. И наоборот, то, что не находится во внутренней модели, человек не воспринимает и не может воспринять. Если

сказать еще точнее, существуют силы, комплексы сил, которые рисуют в нас то, что мы воспринимаем как реальность. Эти силы делятся на две основные группы: эгоистическую и альтруистическую.

Эгоистические силы – это наша природа, с которой мы рождаемся, живем и страдаем. Альтруистические – это те силы, которые мы можем приобрести с помощью каббалы, и которые ведут нас не только к избавлению от страданий, но и к совершенству и счастью. Продвижение человека по пути к совершенному состоянию и символизируют все наши праздники.

(из учебника каббалы)

ХРАМ

На иврите это понятие выражается словосочетанием «дом святости». «Дом» обозначает желания человека, а под «святостью» подразумевается свойство отдачи, альтруизм. Если человек исправил все свои желания и использует их не в целях получения личной выгоды, а на благо других, значит, он построил в себе «дом святости».

Этот путь начинается с того, что в человеке просыпаются вопросы:
– Откуда мы?
– Ради чего мы живем?
– В чем смысл жизни?
– Почему природа, которая создала такой совершенный мир с ювелирной точностью, с его обитателями, каждый из которых занимает точно только ему предназначенное место, эта умная природа не дала нам понимания в главном – для чего мы созданы?

Эти вопросы не дают человеку покоя, кипят в нем до тех пор, пока он не начинает искать ответы на них. Когда такой человек находит каббалу, он вдруг, к своему удивлению, обнаруживает современную науку с глубокими историческими корнями, которая точно отвечает на мучающие его вопросы.

Наука каббала включает в себя описание духовных миров, из которых нисходят силы, управляющие нашим миром. Эти Высшие миры описали каббалисты – люди, сумевшие их постичь. Методика каббалы заключается в том, что при изучении устройства духовных миров на человека воздействует сила, называющаяся «ор макиф» (окружающий свет), которая взаимодействует с желаниями человека и исправляет их.

Начальную ступень духовного постижения, которую приобретает человек в результате изучения каббалистических книг, символизирует праздник Ханука. Само действие, которое производит человек при подъеме на эту ступень, обозначается термином «ханукат бейт микдаш рухани». В переводе это звучит как «справлять новоселье в святом духовном доме». Дом (ивр. – «байт») в каббале обозначает наши желания. Святость (на ивр. – «кодеш») обозначает свойство отдачи ближнему. Поэтому человек, исправивший все свои эгоистические желания на альтруистические, считается построившим в себе внутренний духовный дом.

Однако это не все. Духовный путь человека состоит из двух основных частей. Ханука – это только первая часть пути, поэтому слово «ханука» включает в себя дополнительный смысл – «хану ко» (остановитесь здесь). Вторую часть пути символизирует праздник Пурим, когда человек постигает ступень, на которой понимает, что абсолютно все человечество должно прийти к тому же состоянию вечности и совершенства, что и он.

(из учебника каббалы)

ЧУДО

«Чудом» называется раскрытие в человеке Высшей силы. Вследствие этого человек начинает смотреть на мир по-новому, не так, как он делал это до сих пор. Человек обнаруживает, что окружающая действительность совершенна, и всегда была такой, и только собственная эгоистическая природа не позволяла ему это ощутить.

МАККАВЕИ И ГРЕКИ

На разных этапах духовного развития человека в нем проявляются различные желания. Желания, цель которых знания, логика, рационализм и различного рода философии, пробуждают в нас мысли о том, что жизнь бесцельна, а потому бессмысленна. Поэтому нужно как можно быстрее и лучше наполнить все наши эгоистические желания, заниматься только собой и, конечно, не портить свою жизнь «всякими духовными поисками». Эти желания выражают «внутренние греки». Существуют антагонистические им желания, которые хотя и находятся в меньшинстве, но зато они более активные и неспокойные. Они требуют понимания цели творения, смысла жизни, толкают человека на духовные поиски. Эти желания не признают желания «внутренних греков», отрицают их власть, бунтуют против них. Такие желания выражают «внутренние маккавеи».

(из учебника каббалы)

ГРЕКИ И МАККАВЕИ

Война между греками и маккавеями олицетворяет борьбу между двумя силами в человеке: желанием получить наслаждение ради собственной выгоды (эгоизмом) и желанием отдавать (альтруизмом). Историческая победа маккавеев над греками, меньшинства над большинством — это символ внутренней победы, которую одерживает в человеке духовная сила над материальной.

Процесс, когда человек начинает различать в себе различного рода желания, начинается лишь во время пробуждения человека к духовному развитию. Лишь тогда он может видеть, что на его пути к Высшему миру стоят «внутренние греки». Само пробуждение человека начинается с точки в сердце, которая, как искра, разжигает внутреннюю борьбу против эгоистических желаний. Эта точка называется «Матитьягу». Человек, развивший эту точку до полного духовного состояния, сосуда (кли), начинает ощущать в нем Высший мир.

Переход в высшее состояние сопровождается войной между желаниями эгоистической природы и желаниями, направленными на природу альтруистическую. Подчинение природного желания получать желанию отдавать необходимо, так как только в желании отдавать другому можно ощутить духовный мир. В каббале такую внутреннюю, духовную войну символизирует война маккавеев против греков.

Наши желания во время развития проходят множество различных состояний. Они меняют свою форму во время внутренней борьбы и столкновений между собой и потому имеют различные названия. Например, состояние, когда человек с начальным желанием к духовному видит, насколько он слаб и беспомощен перед эгоистическими желаниями, насколько эти желания угрожают ему, и абсолютно не видно как можно их победить, называется «войной меньшинства с большинством».

Об этом состоянии много говорится во время праздника Ханука. Та же идея скрывается в выражении «передача сильных в руки слабых». «Сильные» — это материальные, земные желания, которые без устали «промывают» наши мозги и преодолеть которые возможно только с помощью вмешательства Высшей силы.

ОСТАНОВКА РАДИ ИСПРАВЛЕНИЯ

С годами традиции народа Израиля превратились в рутинные ритуалы, в привычные церемонии. Лишь немногие знают, что в основе этих обычаев таится глубокий внутренний смысл.

Традиции были введены каббалистами, гигантами духа, открывшими универсальные законы управления нашим миром. Глядя на реальность с высоты своего постижения, они укоренили в народе определенные стандарты, обозначающие те духовные состояния, пройти которые предстоит каждому из нас на одном из витков его жизни.

Например, зажигание ханукальных свечей призвано напоминать нам о необходимости зажечь ханукальную свечу в своем сердце и обозначает желание раскрыть духовный мир, увидеть свет.

(Из учебника каббалы)

ХАНУКА

Само название – Ханука – составлено из двух слов: «хану» и «ко». «Хану» означает остановку (ивр. – «ханая») в процессе нашего духовного исправления, когда мы достигаем Бины. «Ко» означает «здесь», а числовое значение его букв указывает на дату праздника – 25-е число.

В науке каббала понятие «свет» означает свойство отдачи, присущее Высшей силе. Чтобы войти в контакт с этой силой, достаточно желания уподобиться ей – стать дающим, таким же, как она. Если только мы захотим этого, она зажжет в нашем сердце ханукальную свечу, и тогда «тьма воссияет как свет» («Псалмы»).

ОТ БИНЫ ДО МАЛХУТ

Наука каббала объясняет, что душа человека составлена из десяти частей, десяти сфирот: Кетер, Хохма, Бина, Хесед, Гвура, Тиферет, Нецах, Ход, Есод и Малхут. Праздник Ханука символизирует первую половину пути исправления, по которому душа возвращается в мир Бесконечности к своему корню. Первоначальное желание человека выйти в духовный мир называется Малхут, а свойство отдачи называется Бина. Если мы повышаем свое желание, поднимая Малхут к свойству отдачи, к Бине, то совершается исправление, и свет распространяется во всех восьми сфирот от Бины до Малхут, чему и соответствуют восемь дней праздника.

Исправление восьми первых сфирот в душе человека мы отмечаем зажиганием восьми ханукальных свечей. Как знак продвижения по пути, каждый день принято зажигать новую свечу.

САМАЯ ВАЖНАЯ СВЕЧА

Вспомогательная, или «служебная», свеча под названием «шамаш» занимает возвышенное положение. Она наиболее важна, и именно от нее мы зажигаем восемь остальных. Шамаш олицетворяет человека, который должен исправить способ применения (ивр. – «шимуш») своих желаний, обратив их с личной выгоды на отдачу ближнему. Зажигание свечей указывает на предоставленную человеку возможность духовного роста. Проходя восемь этапов исправления души, мы наполняем ее светом.

МАСЛО, ФИТИЛЬ И ОГОНЬ

Известно, что ханукальная свеча состоит из трех компонентов: масла, плавающего в нем фитиля и огня.

Масло, горючий материал, символизирует желание, являющееся сутью человека. Зажигание свечи, то есть начало исправления души, происходит тогда, когда человек приступает к работе над своими желаниями, чтобы изменить способ их применения с эгоистического на альтруистический.

Слово «фитиль» (ивр. – «птила») происходит от слова «запрет» (ивр. – «псила»). Человек решительно борется с помехами, которые возникают на духовном пути. Он понимает, что мысли, перенимаемые от окружения, запутывают и уводят его от цели. Ему становится ясно: эти мысли запретны для духовного продвижения, и необходимо прилагать усилия, чтобы приподняться над ними.

(из учебника каббалы)
КУВШИН С МАСЛОМ
«Кувшин с маслом» – это символ первого духовного пробуждения в сердце человека, когда в нем появляется желание найти связь с Высшей силой.

Порядок событий следующий. Человек не щадит сил и делает все возможное, чтобы выйти в духовный мир. Наконец, когда после множества бесплодных усилий, он приходит в полное отчаяние, Высший свет внезапно рассекает тьму и производит исправление. Это и есть чудо Хануки, происходящее с человеком.

Окончательное же исправление происходит во время праздника Пурим, когда свет, впервые засиявший в Хануку, заполняет всю душу человека, позволяя ему подняться над этим миром и вступить в духовную реальность, вечную и совершенную. Человек делает новые шаги по духовному пути и исправляет две последние сфиры – Хохма и Кетер. Тем самым, завершается исправление его души, и наступает наивысшее состояние, вершина всей реальности – конец исправления (гмар тикун).

Каббалисты пишут, что каждый человек должен исправить свою душу на протяжении жизни в нашем мире. Мы будем возвращаться сюда снова и снова, пока не достигнем этой цели.

включите свет!

Поговорим о свете. Что означает для нас это слово? «Лучистая энергия» – с оттенком нежности говорит о нем словарь. Книги выходят в свет, люди странствуют по свету. Ученье – свет, а неученье – тьма. На самых сильных наших желаниях свет сходится клином. «Свет мой, зеркальце, скажи…» – оказывается, с ним можно даже общаться. Свет столь стремителен, что его скорость стала именем нарицательным. Свет – это радость, любовь, тепло, счастье.

Таковы материальные проявления высочайшего духовного источника, основополагающей силы, которая создала творение во всем его совершенстве, и именно эту силу каббала называет «светом».

Свет действует по простейшему закону: он хочет давать, дарить, наделять. Он дарит людям абсолютное, вечное добро, ради которого и создал их. Он всегда стоит наготове с бесконечным изобилием, только вот мы не знаем, как принять его дар, как «разложить по карманам» то, чего хватит на всех, на веки вечные. Нам нужно разобраться с «карманами», своими и чужими, нужно понять, что такое правильное получение света. Об этом и рассказывает каббала.

ЧЕГО ХОТЕТЬ?
Давайте подумаем: чем все мы похожи друг на друга? Что общего между мной, тобой, племянником жены и этим странным человеком, который весь день слоняется по перекрестку с протянутой рукой, вместо того чтобы пойти работать? Ответ прост: все люди в мире хотят, чтобы им было хорошо. Почему? Потому что такими их создал свет. Достаточно, чтобы впереди забрезжила надежда на какое-нибудь наслаждение – и нас уже влечет к нему, нам уже заранее хорошо. К примеру, человек, запланировавший отпуск, начинает наслаждаться им задолго до посадки в самолет.

Проблема тут в том, что наслаждение всегда утекает сквозь пальцы и задержать его невозможно. Преходящие услады этого мира оставляют нас опустошенными в конце дня, в конце главы, в конце жизни. Александр Македонский в блеске славы просил похоронить его с демонстративно открытыми руками, дабы все увидели, что они пусты.

Вечным может быть только Высшее, духовное наслаждение. Оно неизмеримо превосходит все, что способен предложить этот скудный мир. Оно совершенно и заполняет собою все ниши нашего желания. Только желание это должно быть другим, его тоже нужно поднять на новый уровень, на ту ступень, где мир преображается и скрытый доселе свет озаряет все вокруг. Вот к чему ведет нас методика каббалы.

ВКЛЮЧИТЕ СВЕТ!
Ну, хорошо, методика есть. Что дальше?

Во-первых, никакие телодвижения, даже самые энергичные, здесь не помогут. А поможет чтение каббалистических книг с желанием раскрыть свет, который они несут. В будущем этот свет наполнит наши новые, прекрасные желания, а пока что он станет воздействовать на нас извне и повлечет за собой.

Каббалисты, взошедшие по ступеням духовного мира, описывают состояние совершенства, в котором свет уже наполняет нас. Читая об этом в их книгах, мы привлекаем к себе особую «подсветку», постепенно устремляющую нас в верном направлении. Так свет ведет нас к себе.

НА ОСТРИЕ ЛУЧА
Сегодня потребность в каббалистической методике столь велика, что каждый человек может, а точнее, должен обратиться к каббале. Об этом каббалисты пишут уже давно.

Однако дело тут не в схоластике. Мы читаем каббалистические книги не для того, чтобы накапливать знания, а для того, чтобы свет тянул нас все сильнее, придавая желание, которое не возникнет само по себе, – желание измениться и вступить в духовный мир. Свет возвращает нас к источнику, и вызывать его можно не только с помощью книг. Телевидение, интернет, газета – все эти средства тоже способны выступить в роли проводника сил. Таким образом, чтобы достичь света, нужно только желание.

ЯЗЫК СВЕТА
Теперь пришло время определиться с каббалистическими книгами. Входят ли в их число Тора, Талмуд и другие произведения прежних времен? Они были написаны каббалистами и рассказывают все о той же духовной реальности, однако прибегают для этого к различным символам и аналогиям. Например,

Тора кажется на первый взгляд исторической эпопеей, а Гмара – сводом законов на разные случаи жизни.

Как поступить, если мой «бык» забодал соседскую «корову»? В таком случае нужно срочно перейти к книгам, которые написаны на языке каббалы. Ведь читая о быке, я думаю о быке. Зато, читая о свете, я думаю о свете. Именно каббалистические книги лучше всего подходят для привлечения света – ведь они рассказывают о его воздействии и не позволяют нам материализовывать духовные картины. В отличие от прежних поколений, мы уже не сможем различить за «быком» духовную силу. Максимум, на что мы способны, это увидеть за быком мерседес, а за коровой – тойоту.

Итак, каббалистические книги для нас жизненно необходимы.

ПО СЕКРЕТУ ВСЕМУ СВЕТУ

Подлинно каббалистические книги действуют на нас без промедления. Каждый, кто начинает привлекать с их помощью свет, наблюдает изменения в себе и приближается к духовному миру.

В наши дни, когда каббала доступна любому, от человека не требуется особых талантов и необыкновенных способностей, чтобы раскрыть искру света в глубине своей души. Более того, в столь благоприятных обстоятельствах ему просто необходимо это сделать.

Когда человек всерьез задумывается о совершенстве, которое ему предназначено, на его небосклоне зажигается новая звезда. Со временем ее свет затмит все огни нашей нынешней жизни. Достаточно, чтобы каждый внес свою скромную лепту в реализацию каббалистической методики: прочел книгу, посмотрел телепередачу – и вместе мы привлечем такую духовную мощь, которой не достичь поодиночке. Путь этот намного более короток и приятен, чем долгие скитания в лабиринтах человеческих заблуждений. Так весь мир выполнит замысел творения и возвысится до уровня бесконечности.

Простым нажатием на газ водитель приводит в действие десятки и сотни лошадиных сил. Ну, а в духовном мире даже малое совместное усилие пробуждает мощь источника бесконечного изобилия. Нужно лишь привлекать к себе свет, возвращающий к этому источнику.

о любви и браке

Любовь, или закон полной взаимной отдачи, – это основное, объединяющее свойство мироздания. Закону всеобщей любви подчиняется вся природа – «неживой», «растительный» и «животный» уровни, кроме уровня «человек», где мы, предоставленные сами себе, творим все, что угодно, действуя вопреки этому закону.

Говоря о человеке, мы не имеем в виду жизнедеятельность нашего организма на уровне животного тела. Естественно, что на этом уровне его функционирование подчиняется законам природы.

Уровень «человек», наше «я», – это уровень наших взаимодействий, ощущений, мыслей. Здесь мы абсолютные эгоисты. Мы не желаем принимать во внимание интегральность мира, взаимодействие его частей между собой. Являясь частью природы, мы своими мыслями, желаниями, действиями наносим этой интеграции – на всех уровнях – огромный вред, который в итоге возвращается к нам в виде отрицательного воздействия всех частей природы. Сегодня мы начинаем это ощущать.

Существование любого организма, его развитие, основано на полном интегральном взаимодействии его элементов. В соответствии с этим, каждая клетка заботится о поддержании его жизнеспособности, то есть она автоматически отдает все, что необходимо, она даже подчиняется приказу уничтожить себя, так как выполнила свою функцию, отработала свой ресурс – отключается программа, и клетка самоуничтожается.

В наше время мы видим полный распад человеческих взаимосвязей. Все зиждется на простом эгоистическом расчете. Каждый стремится использовать каждого – в сексе, в семье, в обществе – для своего мнимого блага. Мнимого, так как в итоге человек не получает никакого блага. И это хорошо, так как, видя свое истинное лицо, пагубность своего поведения, мы ближе подходим к пониманию проблемы и к ее решению.

Искреннее желание человека добровольно принять на себя закон интегрального развития раскроет ему те части природы, которые он сегодня не ощущает. Новые измерения, новые миры, где мы существуем в вечном нашем обличии, где мы находимся и до рождения, и после смерти, где мы пребываем, как части природы, – вот, что пока скрыто от нас.

Каббалу называют «тайной наукой», так как она раскрывает области мироздания, которые мы сегодня не ощущаем. Но они реальны. Наш эгоизм – и только в этом заключается проблема – не позволяет нам сделать нашу жизнь, наши отношения в семье, простыми и гармоничными

Невозможна связь между мужем и женой, являющимися воплощением двух абсолютно противоположных свойств, если между ними не будет раскрытия чувства любви, правящей мирозданием. Но для этого надо увидеть, каким образом этот закон действует на Высшем уровне, откуда нисходят к нам сигналы управления, и, исходя из этого, строить отношения между нами.

Этому надо учить, и каббала предоставляет нам такую возможность.

Сегодня мы принимаем за любовь свойство совершенно противоположное тому, что на самом деле существует в природе. Под словом «любовь» мы подразумеваем свое отношение к тому, что дает нам наслаждение.

«Я люблю женщину» – сегодня это означает, что я люблю ее использовать для себя. У меня есть какие-то потребности, пустоты, и она меня насыщает, наслаждает. Так я люблю ее, или я люблю то наслаждение, которое от нее получаю? – Я люблю себя, а ее я люблю как источник наслаждения, как, допустим, утренний кофе или послеобеденный сон...

Любовь – это не получение наслаждения от кого-то, а отдача объекту любви. Прочувствуй, что желает любимый, и, наполняя его, ты выражаешь свое отношение к нему, которое называется «любовь».

Однако и при получении есть возможность выразить свою любовь, то есть использовать получение ради отдачи. Так, например, ребенок, зная, что любящая мать желает, чтобы он съел кашку, съедает ее и этим доставляет наслаждение матери. Он должен наслаждаться тем, что она ему дает, и тогда она будет наслаждаться тем, что он получает от нее.

Даже на таком простом примере мы видим, что понятие «любовь» – это очень сложное взаимодействие. Что уж говорить о таких серьезных системах, как взаимодействие на уровне «женщина – мужчина», «отцы и дети», и так далее. Это целая наука, этому надо обучать с малых лет. А иначе человек не взрослеет и не понимает самого главного – как ему выжить, как правильно обустроить человеческое общество.

В нашем мире мы начинаем обнаруживать, что мы – абсолютные эгоисты, что мы не любим, а лишь пытаемся договориться между собой, потому что иного пути нет. Мы то ссоримся, то миримся, нас связывают общие дети, мы существуем как партнеры по квартире, – но это не любовь! Без свойства отдачи невозможно существование элементарной человеческой ячейки, поэтому настоящими мужем и женой могут быть только те, кто, работая над собой, поднимается до этого уровня.

Это очень непросто, но страдания от опустошенности, от разбиения отношений – в семьях, между детьми и родителями, в обществе – приведут к тому, что люди будут готовы на любые усилия, чтобы достичь этого свойства. Подсознательно, инстинктивно они начнут понимать, что этот идеал существует, он далек, но достичь его необходимо. Именно в глубине падения начнут они ощущать возможность подъема, и вынуждены будут это сделать.

Проблема в том, что человек недостаточно развит, чтобы понять, что его внутренний мир – это мир наслаждений. Если он наслаждается красивой картиной, музыкой, женщиной, ребенком, борщом, – то это одно и то же. Происходящие в нас процессы являются чисто животными, потребительскими. Почему-то некоторые из них мы выдаем за какие-то нереальные чувства и требуем от других того же. Какая же тут любовь? Вам сделают инъекцию гормонов, и вы станете совершенно по-иному относиться к объекту любви.

Любовь строится на взаимных уступках, на обретении альтруистического движения друг к другу, когда каждый живет в другом, наполняет другого. Такая духовная пара культивирует взаимоотношения выше наших животных желаний и на этой основе создает единение. У нас существует к этому потребность – в слиянии тел достичь слияния душ.

Уровень высших животных и человека построен на взаимодействии.

Почему? Природа, – как объясняет каббала, – стремится возвысить человека до такого уровня развития, когда он принимал бы сознательное участие в этом процессе, понял бы, оценил, постиг его вселенский масштаб, одобрил бы его.

Взросление занимает треть жизни человека. Человеческого детеныша – в отличие от животного, которое в течение первых дней жизни приспосабливается к окружающей среде, – надо постоянно пестовать, наполнять огромным количеством информации, чтобы он стал пригодным для существования в этом мире. Поэтому брак – соединение мужской и женской частей – должен быть длительным, совершенным. Природа вызывает в нас любовь к детям, иначе мы не соединялись бы и не смогли бы дать им возможность существования.

Институт брака создан не для папы и мамы, мужа и жены, – а исключительно для продолжения рода, то есть для детей. Недовольство тем, что в семье что-то не так, что я недополучаю, что меня меньше любят, меньше наслаждают, – это следствие того что все происходит в противоречии отдаче – каждый ищет в браке собственное наслаждение, не понимая, что брак создан для ребенка.

В наше время в развитых странах люди не хотят иметь детей, стремятся к эгоистическому наполнению, к ощущению свободы. Соединить свою жизнь с другим человеком, жить в одной квартире, рожать детей, воспитывать их, с утра до вечера думать о них… Ради чего? Какое удовольствие даст мне семья?

Семья нужна для того, чтобы человек научился заботиться о ближнем. Только для этого она и существует. Для того мы и созданы с желанием рожать, растить, воспитывать. Природа закладывает в нас инстинктивную, животную любовь, чтобы мы поневоле приучались к этому и постепенно выходили на другие уровни отдачи.

Цель не в том, чтобы родить подобного себе маленького эгоиста и бесцельно растить его. Человек должен осознать, что конечная цель – это достижение наивысшего уровня природы, свойства отдачи и любви. Потому-то мужчина и женщина созданы нуждающимися друг в друге и в детях, чтобы – на примитивном, животном уровне – понять, почувствовать это свойство и поднять его на уровень человеческий. Вот в чем причина того, что мы созданы как раздельно существующие мужской и женский элементы и, соединяясь, порождаем следующее поколение. В этом и заключается необходимость существования института брака.

А на животном уровне никакие обязательства, клятвы не помогут. Мы хотим удовлетворять свои сиюминутные желания. Мы не терпим ни давлений, ни ограничений. Постоянные связи нам не нужны. Таков сегодняшний эгоизм. Этим и объясняется скачок статистики разводов в мире.

Вся история – это постепенное, но непрерывное развитие эгоизма, который в наше время гиперболически растет и не поддается ограничению никакими рамками. Поэтому институт брака невозможно удержать ни моралью, ни, тем более, понуканиями. Все понимают бесполезность, бессмысленность этого. Значит, человек будет вынужден осознать истинный закон природы, закон духовный, а для этого он должен подняться над своим животным уровнем.

Желания приходят свыше и проявляются в человеке изнутри.

В следующее мгновение проявится во мне какое-то другое желание. Я могу подавить его под угрозой наказания, но не смогу перестать желать. Приказать человеку «не желай» – это все равно, что приказать кошке не желать мышку. Это невозможно, так как противоречит природе. Не желать – значит исправиться. Исправление – это подъем на уровень отдачи, на уровень управляющих нами сил. Без знания каббалы здесь ничего не сделаешь.

«эффект бабочки» и глобальный кризис

Экономика – это наука о человеческих взаимоотношениях, которые в явной форме не раскрыты нам. Мы плохо ориентируемся в собственных чувствах, а в отношениях между нами – еще хуже. Все науки исследуют и раскрывают нам мир на трех уровнях: неживом, растительном и животном, а уровень «человек» мы можем постигнуть, лишь поднявшись выше этого уровня – «над собой». Это возможно лишь при реализации и соблюдении основного закона природы: «Возлюби ближнего как себя».

Современная глобализация обязывает нас к этому: мы должны прийти к единству и любви (вместо ненависти и конкуренции) чтобы соответствовать силам управления природы. Мы не сможем выйти из глобального кризиса до тех пор, пока не начнем изменять себя, ощущать частью единой системы, в которой всё находится в гармонии – во всех желаниях, мыслях и действиях. Как сделать это, как изменить себя – объясняет наука каббала.

До сих пор – на протяжении сотен тысяч лет – наше развитие на земном шаре шло по индивидуальному пути. Каждый человек развивался лично, а при создании больших объединений людей – общин, городов, государств – они каким-то образом сами себя уравновешивали. Человеческое эго еще не выросло до глобального уровня.

В своем развитии мы проходим несколько ступеней, причем, не количественных, а качественных: периоды рабства, феодализма, капитализма, постмодернизма. В каждую из этих эпох (ступеней) связь между людьми менялась по своему качеству. Мы задействовали себя в сетке искусственных законов, которые устанавливали для регулирования отношений между собой. Нашлись «умные головы», которые посчитали, что связь между нами должна осуществляться согласно тем или иным установкам. Но это были законы, которые разрабатывал человек. Он видел – в соответствии со своим эго – что резонно поступать именно так.

Что же касается настоящего времени – в наших отношениях начинают действовать законы природы, а мы продолжаем жить так, как будто эти законы нам неизвестны. Мы раскрыли свое эго, то есть поднялись к такому состоянию, которое, в сущности, является конечным. Но мы все еще не понимаем, что каждый из нас может привести в движение всех, повлиять на всех и на все уровни природы. Это, действительно, «эффект бабочки». Находясь в глобально связанном мире, в «маленькой деревне», где все зависят от всех, от «взмаха крыльев маленькой бабочки», нам необходимо взяться за руки!

Если же мы продолжим жить по прежним законам, то это не пройдет, просто не будет соответствия.

Экономическая система – это только первая система, которая, вроде бы, связывает нас, и кризис в которой призван показать нам, насколько мы все в «одной связке». Впоследствии мы обнаружим и другие взаимозависимости, взаимосвязи. Мы откроем, что у нас общие болезни, то есть мое здоровье зависит от здоровья кого-то, кто живет, возможно, где-то в Новой Зеландии. В результате я ясно увижу, что «ключ» от моей жизни находится в руках каждого человека в мире, и он может сделать с моей жизнью все, что ему вздумается.

Если мы не представляем собой единое целое, то становимся противоположными законам природы, и эта противоположность ощущается нами как страдания, как кризисы. Следующим может быть экологический кризис, или вдруг разразится какая-то эпидемия, и так далее.

Если мы начнем только думать об этой зависимости и не противоречить, «не поворачиваться спиной» к этому Закону, и если это произойдет в огромной массе людей и во всем мире, то мы сразу ощутим себя в комфортном состоянии по отношению к природе, ощутим ее положительное влияние. Мы вдруг почувствуем, что все меняется, и «черные тучи» внезапно развеются.

глава 5 >>>
рабби акива

каббалисты уполномочены сообщить

рабби акива
(ок. 50 – 135)

В 70 году, когда римляне разрушили Храм, Акиве было 20.

Чем он был занят, когда ломали стены и штурмовали город? Воевал ли? Нельзя сказать точно. По некоторым сведениям, пас чей-то скот. Интересно, где он укрывал хозяйскую отару, когда шли бои?

Через много десятилетий прославленный мудрец, рабби Акива бен Йосеф, бродил по Храмовой горе среди развалин. Вдруг среди камней, в том самом месте, где раньше была Святая Святых, промелькнула лисица. В Талмуде говорится, что спутники рабби разразились плачем, а он, напротив, выглядел совершенно счастливым и, стоя на руинах Храма, смеялся от души.

Сбывается сказанное пророком Михеем о том, что «вспахан будет Сион и Иерусалим превратится в руины». А это значит, что сбудется и обещанное пророком Захарией, и заново будет отстроен город и вернет свою славу. Так объяснил он свой смех.

«Постановления Творца всегда к лучшему», – добавил мудрец. Возможно, что это подлинные слова бывшего пастуха.

* * *

Великий каббалист XX века, рав Авраам Кук, говорит, что история – это ничто иное, как диалог человека с Творцом.

В этом диалоге множество драматических поворотов. Однако мало что сравнится с тем, что произошло в конце первого и начале второго веков – разрушение Храма и всё, что последовало за ним: разорение страны, утрата государственности и, в конце всего, изгнание длиною в две тысячи лет.

Но очевидно, что не разрушение даже самого важного и красивого здания изменило ход истории на века. Очевидно, что причины гораздо глубже.

Об этих причинах нужно немного подробней.

Как учит каббала, пружиной любого развития является рост человеческих желаний, их силы, глубины или «авиюта», как принято это называть.

Его рост всегда имеет одинаковые последствия. Там, где была дружба, возникает вражда. Распадаются связи. Исчезают народы. Вместо контакта с природой возникает стремление ей овладеть.

Все, что мы читаем в учебнике истории, это только последствия.

Римский легион берет штурмом город, защитники которого враждуют между собой. Разрушен Храм, в котором, как говорят, должность Первосвященника можно было купить за деньги. Иудейское царство пало. Счет убитых идет на сотни тысяч. Благоустроенная когда-то страна лежит в руинах.

В эти дни тот, кому предстояло стать духовным вождем своего поколения, еще не знал букв.

Говорили, что он ведет свой род от Сисры, ханаанейского полководца, ненавистника евреев. Родители – нищие прозелиты. Неотесанный парень, неуч, деревенщина родом с Израэльской равнины – таким рисуют начало пути рабби Акивы все биографии.

Пишут, что больше всего он ненавидел «тальмидей хахамим» – учеников мудрецов. Так называли тогда каббалистов.

До нас дошли его слова. Акива говорит, что искусал бы любого из них, как осёл, который, кусая, рвет мясо и ломает кости. И на это у него были основания.

Известно твердое правило каббалистов той эпохи – «не обучать простолюдина». Сегодня нам известны причины. В частности, об этом много писал Бааль Сулам – величайший каббалист XX века. Но это сегодня, а тогда, согласно Талмуду, ненависть народа к «тальмидей хахамим» была даже сильней, чем ненависть народов мира к Израилю.

И можно легко понять Акиву, который чувствовал свой дар и тягу к познанию Высшего мира, и при этом был обречен влачить жизнь темного неуча, пастуха.

В будущем, уже прославленный мудрец и член Санедрина, рабби Акива будет принимать активное участие в общественной жизни и даже станет идейным вождем восстания против власти Рима.

Перелом в его судьбе случился, когда его, уже почти сорокалетнего, нанял на работу один иерусалимец, знаменитый богач и филантроп. Имя этого человека – Калба Савуа. Собственно, это не имя, а прозвище, причем – почетное. На иврите оно обозначает «сытая собака». Всякий, кто приходил к нему голодным, как собака, уходил сытым.

У него была дочь Рахель.

Социальная лестница, которая разделяла ее и Акиву, насчитывала много ступеней. Он был наемный работник ее отца – далеко не юный, не обеспеченный, не образованный, с ухватками человека, привыкшего ночевать вне дома, там, где застанет ночь, и, к тому же, не еврей по крови. Она – дочь одного из четырех самых богатых людей Иерусалима.

Но, как говорит Вавилонский Талмуд, Рахель увидела, что он «скромный и возвышенный». И это было главным. Их брак был совершен втайне.

Рахель, выходя замуж, поставила всего одно условие – ее будущий муж должен стать ученым. В данном случае это означало, что она готова оставить дом, где росла, порвать отношения с отцом, жить впроголодь, непонятно, на какие деньги, месяцами не видеть мужа, – и все это ради того, чтобы он, не разгибаясь, сидел над книгами в доме учения.

Странное условие?

Если подумать, оно не покажется таким уж странным. Рахель, как и всякая женщина, просто отсылала мужа из дома со словами «иди и раздобудь для нас пищу». Просто пища, в которой она нуждалась, была другой.

Узнав о случившемся, богач и филантроп Кальба Савуа прогнал новобрачных из дома. Мало того, свою дочь Рахель он клятвенно обещал лишить своей помощи. Эту клятву он сдержит, и этим обречет семью Акивы на долгие десятилетия полуголодной нищеты.

Между тем, еще задолго до этого, в Израиле произошло одно событие. Оно было такого гигантского масштаба, что вблизи его мало кто разглядел. И, как всегда в таких случаях, все прошло относительно тихо. Просто римский полководец Веспасиан разрешил, как он выразился, «сущую мелочь» – собрать оставшихся в живых еврейских ученых и открыть в Ямнии школу.

Несколько поколений великих учителей вышло из стен этой школы.

Вся мудрость, которая хранилась в устной традиции, все законы Высшего мира, вся методика постижения – все, что мы называем одним словом «каббала», – было записано ими в книгах, тщательно и подробно. Духовная мощь этих страниц не убывает с годами. В течение двух тысяч лет только они сохраняли свет и надежду вернуться к связи с Творцом.

Теперь Ямния называется Явне. Тихий буржуазный городок. Единственная достопримечательность: вместо школы по изучению тайн Творения – институт исследования ядерной энергии. Похоже, что упорство, с которой история пытается что-то нам сообщить, сравнима только с нашей глухотой.

Мидраш рассказывает, что буквы Акива учил вместе со своим маленьким сыном. Значит, какое-то время после свадьбы он еще оставался дома.

Собственно, домом служил амбар. Днем Акива собирал хворост. Часть отдавал на продажу жене, часть жег по ночам, изучая Тору. Они еще и грелись у этого огня, и спали на этом хворосте, не имея постели.

Рассказывают, что убирая с волос Рахель кусочки коры, Акива обещал украсить эти волосы золотым украшением. Так и будет. Через годы он подарит Рахель золотой убор. Но еще раньше она состригнет свои прекрасные волосы, чтобы выручить деньги ему на учебу.

Учеба заняла по одним источникам 12, по другим – 13 лет. Дом учения располагался в Лоде. После Ямнии в Иудее открывались все новые центры образования, и Лод был одним из них.

До нас дошли имена его учителей – рабби Элиэзер бен Гиркан и рабби Иеошуа бен Хананья.

Вот что о первом из них, прозванном «Элиэзер Великий», рассказывает Талмуд. Это был человек настолько нетерпимый, что, бывало, вступал в спор в одиночку со всем Санедрином. Однажды, когда доводы его были отвергнуты, он якобы воскликнул: «Если правота на моей стороне, пускай подтвердит ее это дерево!» – и дерево было отброшено со своего места на сто локтей.

Талмуд – это труд по каббале, а не сборник волшебных историй, и нельзя воспринимать этот случай буквально. Однако он передает ту атмосферу кипящей научной мысли, в которую окунулся бывший пастух Акива.

Учился он жадно. Был упорен. Изводил вопросами своих учителей. «Акива, про тебя сказано: вещи, скрытые от людей, вытащишь ты на свет», – говорит про него Талмуд.

И там же, в трактате «Пиркей авот де рабби Натан», мы читаем: «На что рабби Акива похож? На работника, который берет свой короб и выходит из дома. Нашел пшеницу – положил в него; нашел овес – положил в него; гречу – положил в него; бобы – положил в него. А когда вернулся в дом, то разобрал и разложил: пшеницу – отдельно, овес – отдельно, гречу – отдельно, бобы – отдельно. Так упорядочил рабби Акива всю Тору, разобрав ее по ячеям».

Устная Тора в этом «коробе рабби Акивы» превратилась в стройную систему, подлинную науку каббала.

До нас не дошло ни одной написанной им строки. Однако, как говорит РАШИ: «Все, что он собрал, рабби Акива разделил между учениками».

В будущем эти ученики и напишут книги, в которых изложат полученную от учителя каббалу.

По окончании учебы Акива вернулся в дом, который оставил много лет назад. Годы прошли не зря. Он был уже признан как равный среди мудрецов, учился и сам учил в собственной школе в Бней Браке.

Однако, как утверждает мидраш, порог своего дома в этот раз он так и не переступил. Его остановил диалог между Рахель и их соседкой. Он стоял и слушал возле проема двери, как соседка спросила, не трудно ли Рахель так долго обходиться без мужа? На что Рахель ответила, что готова ждать еще 12 лет, лишь бы Акива стал действительно великим ученым.

Рабби развернулся и ушел.

Когда он вернулся снова – если не преувеличивают источники, минуло новые 12 лет – его возвращение было триумфальным. К Рахель вернулся учитель Торы, имя которого знала вся Иудея.

Встречать его вышел весь город.

Тогда произошел эпизод, который в источниках описан несколько мелодраматично. Из толпы к нему вышел Кальба Савуа. Он не узнал в знаменитости своего бывшего пастуха, неуча и нежеланного зятя. Он просил, чтобы рабби освободил его от давнишней клятвы – позволил завещать свое состояние дочери и внукам. Что было делать? Мудрец простил раскаявшегося филантропа.

«Все, что ни делает Творец, все к лучшему», – любил повторять рабби Акива.

Несмотря на достигнутую славу и оказываемое ему повсюду почтение, рабби Акива – как пишет Талмуд – остался необычайно скромным и простым в обращении человеком, вежливым и мягкосердечным. Талмуд приводит много случаев, показывающих благородство его характера: он собирал деньги для обнищавших еврейских общин, участвовал в посольствах, заседал в Санедрине, мирил рассорившихся.

И учил, учил...

В домах учения, расположенных от севера и до юга, он вырастил 24 тысячи учеников – цвет нации, надежду мира. После эпидемии, которая длилась всего-то несколько недель, от Песаха до Шавуота, в живых из них осталось пятеро.

Нам не известно, нашел ли он силы, чтобы произнести в эти дни свое «и это тоже к лучшему». «Мидраш раба» приводит другие его слова: «Сыновья мои, ваши предшественники умерли лишь потому, что глядели друг на друга неприязненно».

Итак, там, где раньше царила братская любовь, теперь была ненависть. На языке каббалы это означало: желание получать снова увеличилось и требовало новой пищи.

На арене истории это новое желание появилось в одеждах «культурного просвещения».

* * *

В 117 году на троне Рима на смену вояке Траяну появился образованный Адриан. Он обожал все греческое, первым из римских императоров, в подражание афинским философам, носил бороду, слагал чувствительные вирши:

«Трепетная душа, нежная странница.

Гость и друг в человеческом теле.

Где ты сейчас скитаешься, ослабленная, продрогшая, беззащитная, неспособная играть, как прежде?..»

Как видно, решив «осчастливить» Иудею, он распорядился отстроить в Иерусалиме цирк с ареной и капищем языческих богов. Кроме того, он ввел ограничения на изучение Торы, издал законы, которые ломали вековую систему обрядов и норм, и отменил обрезание. Более того, прибыл сам, чтобы лично наблюдать, как хорошо проходят реформы.

Едва он уехал, Иудея восстала.

Войну против Рима возглавил Шимон Бар-Козиба. Это был молодой смельчак, обладавший обаянием и волей, оратор и патриот. Чтобы попасть в его отряды, кандидат должен был сам откусить себе палец, и, как пишут историки, – «от желающих превратиться в девятипалого не было отбоя».

После долгих сомнений члены Санедрина выступили на стороне восставших, правда, при условии, что Бар-Козиба изменит критерий набора войска – «перестанет калечить сынов Израиля».

Рабби Акива, почти единственный из мудрецов, безоговорочно и сразу поддержал сопротивление. Он дал Шимону прозвище Бар-Кохба – «Сын Звезды», сопровождал его в поездках и даже «был его оруженосцем», по выражению РАМБАМа.

Но, самое главное, во время одного из своих уроков он объявил Шимона Бар-Кохбу – машиахом, и, как пишет Талмуд, громко добавил «Дин!», что означает – закон.

Война была поначалу очень успешной. Однако героизм иудеев был недостаточным доводом против военной мощи Рима. Через несколько лет восстание было жестоко подавлено. Бар-Кохба погиб от укуса змеи. Надежды рухнули. Приход машиаха, какой бы смысл ни вкладывали в эти слова, не состоялся.

Рабби Акива публично сам отменил объявленный им закон. Он даже переименовал «Сына Звезды» в «Сына Лжи». Один из величайших каббалистов истории, человек, видящий причины, корни вещей и явлений – ошибся.

Как это понять? И в чем, собственно, состояла эта ошибка?

Ответ, наверняка, есть, и наверняка не лежит в плоскости простых объяснений.

Например, может быть, мудрец, как и в эпизоде с лисицей, увидел не зримые факты, а неотвратимую логику духовных явлений? То, что было разрушено, будет восстановлено. Вслед за ростом эгоистических желаний неизбежно придет их исправленье, машиах. И не важно, случится это через 60 или 2000 лет, если в духовном мире нет понятия «время».

Впрочем, это тоже не ответ, просто версия.

9 ава 135 года, то есть спустя 65 лет (ровно день в день) после взятия Иерусалима, пал Бейтар, последний оплот восставших. Легионеры поэта-императора разрывали на части детей, заживо сжигали младенцев, обернув их свитками Торы.

Рабби Акива в эти дни находился в Тверии, в доме учения. Изучать Тору было запрещено римским законом. Рабби Акива делал это, не скрываясь.

Мудреца схватили, привезли в Кейсарию, в переполненный зрителями римский амфитеатр, привязали на сцене и, на глазах у всех, содрали со старика кожу крючьями.

«Возлюби ближнего как самого себя, в этом все Тора», учит рабби Акива. Это формула выражает высочайшую ступень духовного постижения. Но заслуга мудреца не только в том, что он ее вывел. Еще важнее, что он вырастил учеников, которые сохранили ее и донесли нам ее смысл.

Вот эпизод, о котором рассказывает Вавилонский Талмуд.

Между арестом в Тверии и казнью в Кейсарии в тюрьму, в которой содержался рабби Акива, тайно пробрался его ученик.

«Рабби, учи меня Торе», – потребовал он...

В ближайшие полтора десятка лет ему предстояло голодать и скрываться в пещере. Его учителя ждала зверская мучительная казнь. Возможно, оба догадывались об этом. Возможно, они об этом вообще не задумывались.

О чем говорили эти двое, величие которых нам не измерить?

После бесконечных часов учебы, в эти считанные минуты, что нового мог передать один другому? Стоило ли это новое того, чтобы рисковать жизнью ученика?

Сегодня нам известно, что они стояли на пороге тьмы, длиной в две тысячи лет.

Возможно, именно в тот день они нашли способ, как через бездну ненависти, лжи и пустых ритуалов передать свет, заключенный в книгах каббалы. Из поколения в поколение, из уст в уста, от одного к другому, должен быть передан этот свет – в то будущее, когда, по пророчеству пророка Захарии, снова отстроят Иерусалим, и тысячи сядут за парты, чтобы познавать древнюю мудрость.

И, конечно, ученику было очень страшно. Но боялся он не римской стражи, – он боялся не выполнить то, что возлагал на него учитель.

Ученика звали рабби Шимон Бар Йохай, или РАШБИ. В будущем он напишет главную книгу по каббале, Книгу Книг – «Зоар».

мы больны

Инфекционные заболевания распространяются по земному шару все быстрее и их все сложнее лечить. Начиная с семидесятых годов, новые заболевания появляются с беспрецедентной частотой... Сегодня существует более сорока видов болезней, которые не были известны еще двадцать пять лет назад.

Всемирная организация здравоохранения

* * *

Исторические факты свидетельствуют о том, что человечество болеет столько времени, сколько существует, и воюет с болезнями столько времени, сколько болеет.

Вообще-то воевать мы привыкли: то друг с другом, то с голодом, то со стихиями, но война против болезней стоит у нас на особом месте. За всю историю человечества все войны и стихийные бедствия не унесли столько жизней, сколько болезни и эпидемии, неоднократно грозившие человечеству полным уничтожением.

В отличие от природных катаклизмов, сопротивляться которым у человечества не было ни сил, ни возможностей, болезни вели себя несколько иначе – с ними можно было воевать и, зачастую, побеждать. И поэтому совершенно естественным было появление целителей, а затем врачей, которые встали между нами и болезнями.

Вначале методика восстановления здоровья была проста и близка к природе, но со становлением медицины, как науки, человечество объявило болезням настоящую войну и вмешательство в организм приняло тотальный характер.

К середине XX века медицина была на подъеме и обещала избавить нас от многих болезней, а открытие антибиотиков сделало эту мечту настолько реальной, что ее воплощение виделось делом нескольких лет.

Эйфория длилась недолго. Время очень быстро принесло вначале сомнения, а затем и разочарования – оказалось, что вирусы имеют защитный механизм, который преподнес ученым неприятный сюрприз. Так, например, под воздействием антибиотиков, мутировали вирусы гриппа, которые стали менее уязвимыми, но более смертоносными. Дальнейшая борьба с мутантами порождала новые полчища еще более агрессивных наследников. Видам новых вирусов не было конца, а проблеме не было решения.

И уже совсем полной насмешкой над усилиями медиков явилось открытие, что вследствие мутаций вирусы «научились» за очень короткое время перестраиваться под новое лекарство. Таким образом, антибиотик, введенный в тело больного, становился не ядом, а пищей для нового поколения вирусов.

Потерпев поражение на фронте инфекционных заболеваний, мы обнаружили, что не лучше обстоят дела с наследственными, раковыми, сердечно-сосудистыми и прочими «болезнями века». Эта статистика может означать только одно – мы обречены болеть.

Так почему мы болеем?

Свойство человека болеть и возбудители болезней созданы природой и одинаково охраняются ее законами. Поэтому любая наша попытка уничтожить возбудителей заболеваний или изменить свои свойства, чтобы улучшить наследственность, наталкивается на все возрастающее сопротивление со стороны сил природы и неизбежно приводит нас к неудаче.

У природы с человеком особые счеты. Природа воюет с нами постоянно, используя в качестве оружия не только болезни, но также экологию, экономику; она сталкивает нас в непрекращающихся войнах друг против друга.

Почему же отношение природы к нам так враждебно, может, мы в чем-то не соответствуем ей?

Вся природа создана и существует по законам отдачи. Это означает, что каждый элемент, каждое творение природы берет только то, что необходимо ему для существования, но, в то же время, питает собою другие части природы. Это подобно единому организму, где каждый орган и каждая клеточка взаимодействуют между собой обмениваясь питательными веществами и информацией в точном соответствии с законами, по которым этот организм создан и существует.

Человек же, в отличие от остальных частей природы, наделен самостоятельной силой, позволяющей ему видеть себя «главным» в царстве природы – это сила нашего эгоизма. Наш эгоизм дает ощущение, что все создано и существует только для удовлетворения наших сиюминутных ненасытных желаний.

Занятые погоней за наслаждениями, мы вдруг обнаруживаем усиливающееся сопротивление со стороны природы и видим, что все наши усилия победить болезни, предотвратить войны, сделать нашу жизнь более комфортной и спокойной оборачиваются неудачей.

Каббалисты объясняют, что все наши войны против природы никогда не принесут ожидаемых плодов только по одной-единственной причине: мы не понимаем, что силы природы противостоят не нашим действиям относительно нее, а нашим мыслям и желаниям относительно друг друга. Ведь только на уровне человеческих взаимоотношений проявляется максимальная сила нашего эгоизма. Зависть, желание властвовать над себе подобными, ненависть — эти чувства являются источником мыслей, которые обладают настоящей разрушительной силой по отношению к природе.

Силы природы нацелены на поддержание равновесия всей системы и используют каждый элемент в режиме полной отдачи.

Мы же, подобно раковой клетке в теле природы, вместо того, чтобы питать соседние клетки и поддерживать этим жизнь всего организма, желаем использовать все, что может дать нам природа, только для своего наслаждения. Мы замыкаем свои мысли на своих желаниях, выделяя вместо жизненных соков смертельный яд. В результате этого гибнут сначала соседние клетки, а затем весь организм.

Значит, изменив свои мысли и желания, мы изменим этим отношение природы к нам и избавимся от угрозы болезней и катаклизмов?

Да. И для этого существует специальная методика исправления наших эгоистических желаний, разработанная поколениями каббалистов. Благодаря ей, мы все сможем подняться на совершенно другой уровень взаимоотношений между нами, а значит, и на новый уровень взаимоотношения с природой. Используя эту методику, мы достигнем состояния, которое называется «любовь к ближнему».

Человечество, осознанно или интуитивно, всегда стремилось именно к этому состоянию – ведь оно подразумевает полную гармонию с природой и исчезновение причин конфликтов между нами. Этот переход не состоялся до сих пор по многим причинам, и одна из них – незнание правильной методики.

Сегодня мы живем в особенное время, когда сложились все условия для подъема человечества на новый уровень существования и раскрыта методика каббалы.

Если мы немедленно начнем наше исправление, то удары, посылаемые нам природой, ослабнут и постепенно прекратятся. Мы станем тем, кем и должны быть изначально – самой важной частью в общем организме природы. Тогда те силы, которые природа использует против нас, обернутся силами поддержки и защиты.

на танке в школу

БРОНИРОВАННЫЙ УЧЕБНИК

В последнее время в прессе все чаще появляются сообщения о преступлениях, совершенных в стенах школ. Панические настроения, охватившие учеников и родителей, усугубляются незнанием способов борьбы с этим явлением. А судорожные попытки решить эту проблему без понимания ее сути приводят, порой, к совершенно невообразимым результатам.

Например, с явлением поножовщины в школах Англии «справились» просто: продажей «бронированной» школьной формы, сшитой из не пробиваемой ножом ткани. В США, в свою очередь, после ряда недавних трагедий в школах, когда ученики открывали огонь по одноклассникам и учителям, были изобретены пуленепробиваемые книги, которыми, по мнению изобретателей, можно защититься от пуль психопатов. В дальнейшем, по-видимому, нас ожидает массовая раздача школьникам личных танков.

ЭФФЕКТ МАУГЛИ

Однако не будем уподобляться тем, кто борется со следствиями, закрывая глаза на причины, и попытаемся проанализировать сложившуюся ситуацию.

Начнем с фактора, который, несомненно, является важнейшим в нашем анализе. Речь идет о факторе воспитания. Сразу же возникает вопрос к родителям и педагогам: «Что является главным в процессе воспитания?» Судя по тому, что происходит, ответа они не знают. А ведь эта истина известна всем – сознание человека формируется под влиянием окружающей среды. Особенно ярко это подтверждается широко известным «эффектом Маугли». Ребенок, попавший в лес на «воспитание» к волкам, становится волком и более того – этот процесс необратим.

Отсюда вывод: если мы хотим, чтобы маленький человек вырос с определенными, желательными нам качествами, мы сами должны показывать пример, а все СМИ, с интернетом впридачу, должны рекламировать именно эти качества. В жизни же, как мы знаем, происходит с точностью наоборот. Поэтому нечего обвинять в невоспитанности подрастающее поколение – они наша копия, только более «продвинутая».

В ОЧЕРЕДИ ЗА БРОНЕЖИЛЕТАМИ

Значит, сделать ничего нельзя, и придется покупать детям бронежилеты и бронированные книги? А что мы тогда будем делать с гиперактивностью, наркоманией, депрессией? На них бронежилет не наденешь. Но не надо торопиться с выводами – выход все-таки есть. Однако об этом чуть позже, а пока зададимся таким вопросом: чему мы должны учить своих детей?

Если провести тщательный анализ всего, чему мы учим и не учим своих детей, и взвесить как следует все за и против, выяснится, что детей, как, впрочем, и взрослых, нужно обучать лишь тому, что заключено в словах: «Возлюби ближнего как самого себя».

Стоп, – скажет искушенный читатель, – ведь это утопия. Всем известно, что эта идея, используемая в качестве программы к действию практически всеми религиями и коммунистами – неосуществима! Сколько крови пролило человечество, пытаясь ее реализовать! Известна и причина неудач – эта идея абсолютно не стыкуется с человеческой природой. И, тем не менее, несмотря ни на что, она каждый раз упрямо всплывает на поверхность.

Может быть, в ней действительно что-то есть, и человек подспудно чувствует ее необходимость?

И вот не так давно эта загадка начала наконец-то проясняться. Дело в том, что формула «Возлюби ближнего как самого себя» является следствием главного закона природы – гомеостазиса. Об этом законе и вытекающих из него следствиях уже во весь голос говорят многие научные и общественные круги. Уже первые результаты, полученные в результате исследования этого закона, выглядят просто революционными.

КОНФЛИКТ НЕИЗБЕЖЕН

Суть гомеостазиса в том, что существует единство, природная гармония и взаимодействие между всеми элементами природы: неживой, растительной и животной. Человек же, как высший элемент природы, обязан прийти к гармонии с ней самостоятельно. И более того, в этом, по сути, и состоит цель человеческой жизни. Именно поэтому, несмотря на постоянные неудачи, человек упрямо возвращается к идее всеобщей любви.

В основе гомеостазиса (в дальнейшем – Закона) – альтруизм, а человеческой природы – эгоизм. Поскольку они противоположны между собой, их взаимодействие очень образно иллюстрирует третий закон Ньютона: «сила действия равна по модулю и противоположна по направлению силе противодействия».

В нашей обычной жизни это выражается в появлении всевозможных проблем, с которыми сталкивается каждый человек в частности и все человечество в целом. Причем любые попытки действовать против Закона вызывают немедленную негативную реакцию, равную по силе воздействию нарушителя.

Поскольку мы всегда действуем против – ведь иначе просто не умеем – конфликт неизбежен. Для того чтобы решить все наши проблемы, мы должны, несмотря на наш природный эгоизм, постараться идти рука об руку с Законом. Для человека это начинается и заканчивается в одном единственном действии: «Возлюби ближнего как самого себя».

НАСТОЯЩЕЕ ВОСПИТАНИЕ

Эгоистами мы быть не хотим, поскольку все сильнее страдаем от этого. Альтруистами, не смотря на все попытки, стать не получается. Что же делать? Обо всем этом очень подробно пишут ученый-каббалист, проф. Михаэль Лайтман и проф. Эрвин Ласло в своей книге «Вавилонская башня – последний ярус»:

«Очень важно проникнуться данной идеей, не допуская, чтобы она выветривалась из головы, как это, конечно же, будет происходить. Необходимо придавать значимость подобным мыслям, ведь от них зависит наше счастье и благополучие, с их помощью мы избавимся от всех проблем. Хотя поначалу такой настрой кажется несколько нелепым, однако им и только им обусловлено наше доброе будущее.

Помимо внутреннего альтруистического отношения к другим, в наших силах также совершать для них реальные альтруистические поступки, а именно: делиться знаниями о цели жизни и о способе ее осуществления. Если мы передаем другим это осознание, если в результате они почувствуют хотя бы общую причастность к проблеме, размышляя и продвигаясь в поисках ее решения, тем самым мы вызываем положительные сдвиги в единой системе, частями которой являемся. В итоге, наше собственное осознание также будет неуклонно повышаться, и мы сразу ощутим позитивные перемены в своей жизни.

Один человек, исправляющий свое отношение к ближнему, меняет лик всего человечества. Взаимоотношения между индивидом и человечеством можно охарактеризовать так: ты вместе со всеми находишься в единой системе, однако другие полностью зависят от того, как ты ими управляешь. Весь мир в твоих руках. Так выстроена реальность каждого из людей».

Именно этому мы должны начать обучать своих детей и именно в этом подавать пример. Если мы сумеем создать соответствующую среду понимания, тогда все проблемы, связанные с воспитанием, решатся сами собой.

секрет счастья

«Подумайте, что сделало бы вас счастливыми? По-настоящему счастливыми?» Так начинается передовица журнала «Ньюсуик» (News-week), который посвятил целый выпуск этой животрепещущей теме.

Ведущие психологи, социологи, биологи и экономисты попытались ответить на вопрос стоимостью миллион долларов: «В чем секрет счастья?»

ДОЛЛАР СОСЕДА ЗЕЛЕНЕЕ
Возможно, все дело в деньгах? «Был бы я богат, летал бы себе по миру, покупал бы что хочется и жил бы припеваючи». Верно?

Нет!

В последние годы многочисленные исследования выявили неожиданную закономерность: когда доходы покрывают основные потребности человека, деньги больше не доставляют ему радость. Ощупывая в кармане распухший кошелек, он начинает тревожно озираться по сторонам: а как обстоят дела у соседей? Грех повторяться, но жизнь сама напоминает нам об этом: доллар в кошельке соседа всегда зеленее.

ПОЙДИ ПОЙМАЙ
Может быть, нам просто нужен покой? Будем меньше работать, больше отдыхать – и станем счастливыми?

Подобные гипотезы отметаются учеными «с порога». Недавно Школа Психологии при Лестерском университете в Британии опубликовала всемирный индекс счастья. В этом списке «трудолюбивая» Америка занимает 23-е место, намного опережая «пляжную» Францию, которая сиротливо хандрит на 62-й строке. К слову сказать, Израиль удерживает 58-ю позицию.

Исследователи счастья отвергают одно за другим все устоявшиеся представления. В долгосрочной перспективе, заявляют они, нам не помогут ни повышения по службе, ни прелести семейной жизни, ни отменное здоровье.

– Но что же все-таки сделает нас счастливыми? – спрашиваем мы.

В ответ профессора почему-то мнутся. Некоторые пытаются что-нибудь сказать, но их слова звучат неубедительно. Видимо, легче распознать то, что не принесет нам счастья, нежели предложить практическое решение наболевшей проблемы.

«Спрос рождает предложение: в мире все больше ученых, развивающих молодую науку – экономику счастья... Счастье везде: в списках бестселлеров, в умах тех, кто творит политику, в центре внимания экономистов – и все равно оно остается неуловимым». Так описывает ситуацию Рана Форухар, главный экономический обозреватель «Ньюсуика».

Есть ли у нас хоть какой-то шанс расшифровать таинственную матрицу счастья? Может, лучше дождаться, пока кости сами выпадут как надо? А как надо?

МЕХАНИКА ФОРТУНЫ

Чтобы решить это уравнение, говорит каббала, нам необходимо сначала понять суть своей природы: все мы хотим наслаждаться. На первый взгляд, звучит довольно просто и даже банально. Но дело в том, что желание наслаждений действует намного изощреннее, чем мы думаем. Дергая за невидимые ниточки, оно заставляет нас неустанно искать удовлетворения. Все наши действия и помыслы направлены только на это, и мы не в силах успокоиться, пока не достигнем желаемого.

Секс, деньги, слава, власть, знания – таковы лишь некоторые ингредиенты того топлива, которого требует этот, находящийся внутри нас, раскаленный реактор. Желание наслаждений определяет весь ход нашей жизни, все радости и страдания. Не удалось достигнуть желаемого – мы расстраиваемся, а удачная попытка, наоборот, повышает наш жизненный тонус.

БЕЗ ДНА

Вершина счастья – это чувство, переполняющее нас в момент встречи желания и его наполнения. «Остановись, мгновенье!» – в восторге кричим мы, но не тут-то было. Каждый раз та же история: не успеешь оглянуться, а счастья уже нет – улетучилось, как дым.

«В нашей жизни возможны только две трагедии. Одна – это когда не получаешь того, что хочешь, другая – когда получаешь. Вторая хуже, это поистине трагедия». Автор сентенции – Оскар Уайльд. Как он был прав!

Мы годами можем мечтать о роскошном автомобиле, но стоит осуществить мечту, и удовольствие начинает рассеиваться прямо пропорционально километражу. Такова участь каждого исполнившегося желания. Поистине, человек – бездонная бочка.

Ричард Истерлин из Университета Южной Калифорнии говорит о «гедоническом цикле»: «Мы очень быстро привыкаем к счастью и принимаем его как само собой разумеющееся или сравниваем с тем, что есть у других, а не с тем, что было у нас раньше». В результате, счастливыми мы не бываем практически никогда. Наслаждения этого мира только распаляют нас, оставляя в итоге ни с чем. Сегодня это уже ни для кого не секрет.

Какой же выход? Беспрестанно менять источники наслаждения? Или измениться самим?

ПРЕОБРАЖЕНИЕ

Каббалисты объясняют, что природа целенаправленно ведет людей к совершенству, к счастью без конца. Секрет счастья заложен во внутреннем преображении: «Наслаждение ради себя» сменяется «наслаждением ради ближнего». Не пугайтесь, это не схоластика и не нотация. Сама природа подает нам замечательный пример: взгляните, как мать наслаждается счастьем своих детей. Только любовь позволяет людям переносить все свои чаяния на любимых.

КОРОТЕНЬКОЕ РЕЗЮМЕ

– Что такое счастье?

– Наслаждение, которое наполняет наше желание.

– В чем проблема?

– Наше желание невозможно удовлетворить, по крайней мере, на длительный срок. Как только оно наполняется, наслаждение исчезает.

– Каково решение?

– Наслаждаться наполнением не своих собственных желаний, а желаний ближнего. Если мы захотим наполнить друг друга наслаждением, каждый будет чувствовать себя счастливым.

– Как это работает?

– Точно так же, как у любящей матери или у страстно влюбленных. Я хочу наполнить другого наслаждением, и он готов принять это наслаждение, зная, что тем самым насладит меня. Вместе мы создаем бесконечную систему отдачи-получения, и счастье больше не ускользает из наших рук. Именно это и объясняет наука каббала. Она учит нас получать наслаждение, которому нет ни конца, ни края.

Итак, счастье не играет с нами в прятки. Оно стоит на самом виду и внимательно поглядывает на часы. Свидание назначено. Опаздывать просто неприлично.

ЙОМ КИПУР

Йом Кипур (День искупления) – это не траур и не скорбь, а очень высокий духовный уровень. Именно поэтому, несмотря на то, что молящиеся повторяют такие слова как «искупление», «грозные дни», «суд», «грехи», «прощения» и так далее, этот день считается праздничным.

Чтобы достигнуть такого уровня, необходимо пройти определенные состояния, о которых в аллегорической форме подробно рассказывается в «Книге пророка Йоны», которую читают в Йом Кипур. Речь идет о человеке, которому Творец поручил отправиться в город грешников – Нинвей, чтобы убедить жителей города исправиться.

Йона не верит, что в состоянии исполнить волю Творца, и решает бежать. Он поднимется на корабль и отплывает в море. Во время плавания поднимается ураганный ветер и начинается сильный шторм. Кораблю и команде грозит неминуемая гибель. Моряки узнают, что во всем виноват Йона, и выбрасывают его за борт. В ту же минуту шторм утихает, к кораблю подплывает огромный кит, проглатывает Йону и вскоре доставляет его на берег. Творец вновь поручает Йоне идти в Нинзей, и на этот раз он отправляется в путь.

Йона входит в город, и после его проповедей жители отказались от вражды и достигли взаимной любви. Так, поневоле, Йона выполнил указ Творца. Йона, взошедший на борт корабля, – это, так называемая, «точка в сердце» или, иными словами, первое желание к духовным ценностям, пробудившееся у человека. Вначале оно очень маленькое и слабое, подобно человеку, находящемуся в бушующем море.

Желание «Йона» приходит для того, чтобы исправить и присоединить к себе все остальные желания, и это возможно в том случае, если человек с такой «точкой» помогает другим людям исправить свои эгоистические желания.

Поэтому Творец и направляет Йону в город грешников. Человек не верит, что он способен это сделать, но Творец, с помощью особых сил (матросы, капитан), направляет его к достижению цели.

Состояние «Йом Кипур» противоположно и, вместе с этим, предшествует состоянию максимального наполнения, которое олицетворяет праздник радости и веселья – Пурим. Слово «кипур» состоит из двух слов «ки-пур» – как Пурим.

глава 6 >>>
рашби

каббалисты
уполномочены
сообщить

рашби
рабби шимон бар йохай
(около 110 г. – вероятно, около 190 г.)

ДО «ЗОАР»

«В ту ночь, когда Йохай твердо решил развестись со своей женой Сарой, ему привиделся сон: "Он находится в саду. Его окружают цветущие деревья, а прямо перед ним стоит сухой изогнутый ствол, без единого листика. Каким-то образом в руке у Йохая оказывается кувшин с водой. Йохаю нестерпимо захотелось полить этот сухой ствол. И вот, что это? – На дереве висит прекрасный, огромный, неизвестный ему плод.

Йохай вместе с Сарой обратились к рабби Акиве, чтобы тот растолковал им его сон. И сказал рабби Акива Саре: "В этом году родишь ты сына, который осветит Израиль мудростью и делами". И возликовали Йохай и жена его Сара от речей рабби Акивы, и с миром вернулись домой».

Так мидраш связывает еще не родившегося автора книги «Зоар» с рабби Акивой. И, кроме того, питает народную веру, что такой гений, как РАШБИ, не мог родиться без примеси чуда.

* * *

Рабби Шимон, сын Йохая, родился, как утверждают источники, «через сорок лет после падения Второго Храма», то есть в 110 году.

В дом учения он поступил в 122-м году, то есть двенадцатилетним подростком, по нашим понятиям – почти мальчишкой. Предположительно, на этот момент он уже был женат и женат на девушке родовитой. Его тестем стал известный законоучитель Пинхас Бен Яир, тот самый, который в будущем станет его учеником.

Интересно, чем обусловлен такой ранний брак? Может быть, бедность? Ничуть не бывало. Пишут, что отец Шимона был человек влиятельный, при деньгах. Тогда почему такая спешка?

Ответ напрашивается очень простой. Рабби Акива не принимал неженатых учеников, а именно к нему, в его школу, должен был поступить сын Йохая.

И это дело не терпело отлагательств, ибо то, что этот подросток одарен невероятно, было известно всем, включая его самого.

«Если Израиль забудет Тору, я напишу ее снова», – говорил он о себе в юности.

«Я и Творец знаем твою силу», – подтверждал это рабби Акива.

Таким образом, вскоре после свадьбы молодого супруга собрали в путь. Путь предстоял дальний. Сначала четыре или пять дней нужно было спускаться с холмов на севере, где он вырос, в равнинный городок Бней Брак. А потом вверх, неуклонно вверх, по лестнице постижений, начало которой, как известно, стоит на земле, а вершина там, куда поднимется он.

(из учебника каббалы)
СУЛАМ
*Уровни духовного постижения имеют свою иерархию,
которая называется «сулам» – «лестница».
При этом, сами эти уровни принято называть «ступенями».
Число этих ступеней известно – 125.*

Дом учения, куда поступил Шимон, как любой другой, именовался по традиции «виноградник». Предполагают, что одна из причин – его форма. Ученики сидели в несколько рядов полукругом, похожим на виноградник, висящий на склоне. Каждый видел каждого, и все вместе – учителя. Самый маленький из «виноградников» насчитывал четыреста человек.

Обучение было демократичным и бесплатным, но от этого ничуть не более доступным, ибо требовало полной самоотдачи.

Нам трудно представить себе эту жизнь в доме учения 20 веков назад. Наш современный опыт не знает примеров настолько полного, ничем не разбавленного погружения в предмет. Что, кроме книг? Простая еда и минимум сна в каменной тесной комнате... А чуть забрезжил свет: «Давайте рано вставать, виноградники, – как призывала песня. – Хвала тому, кто первым пришел в дом учения и последним его покинул».

И при всем этом в Иудее не было для юноши карьеры более почетной и поприща более желанного. И не было дома учения более авторитетного, чем «виноградник» рабби Акивы в Бней Браке.

А как же обязательные семья и дом? Увы, тот, чей взор всегда устремлен к небесам, обречен порой спотыкаться о землю. Характерную историю приводит Талмуд. Речь идет об однокашнике Шимона, некоем Хананании.

«Рабби Ханания, сын Хакиная, сидел двенадцать лет и учил Тору в доме рабби Акивы. Когда настало время его дочери выходить замуж, его жена прислала ему письмо и известила об этом. Вернулся рабби Ханания в свой город и не нашел своего дома. Что сделал? Пошел и сидел возле колодца, пока не пришли женщины. И он услышал, как сказала одна: "Набирай воду, дочь Ханании". И он узнал, что это его дочь. Он последовал за ней и так вошел в свой дом». Пишут, что завидев его, жена от удивления лишилась чувств.

О РАШБИ, в период его учения, известно немного, например, то, что однажды он умудрился переспорить двух членов Санедрина, дотошно задавая им один и тот же вопрос. Конфликт разгорелся из-за одной молитвы. Не нужно думать, что юношу волновали детали религиозной церемонии. Религия – то, как мы понимаем ее сегодня, – зародилась немного позднее.

Вопрос, которым школяр Шимон поднял бурю среди мудрецов, относился к внутренней духовной работе – самой сути каббалы. Мидраш не разъясняет подробностей того, что именно волновало юношу, однако упоминает его редкостное пытливое упорство и добавляет, что самому главе Санедрина, раббану Гамлиэлю, пришлось вмешаться, чтобы утихомирить спорящих.

(из учебника каббалы)
МОЛИТВА
Молитва – это просьба, обращенная от низшего к высшему, реплика в диалоге с Творцом. Она должна быть полной и исходить из глубины сердца. Словесная «упаковка» при этом не играет никакой роли.

В этом, возможно, вся суть его характера – всегда, во всяком деле, добираться до сути и при этом не считаться с ценой.

Это все, что мы знаем о личности РАШБИ, все, что возможно вычленить из почти 2300 упоминаний о нем в Талмуде (даже больше, чем о рабби Акиве). Законы Пути, которые он перенял у своего учителя, стали законами его жизни. В этом – и в юности, и в зрелые годы – он был не дипломатичен, не толерантен, не гибок, безжалостен и, вероятно, невыносим, одинаково беспощаден к себе и другим.

Прежде всего – к себе. Когда, годы спустя после смерти рабби Акивы, он отозвался о нем недостаточно уважительно, то – как свидетельствует Талмуд – он истязал себя постами, пока даже зубы его не почернели.

Именно эти два его качества – прямота и поиск во всем глубинной причины – обрушат на него в будущем гнев римских властей.

* * *

136, 137 и 138 годы – последние годы правления императора Адриана. Для Иудеи – это время тотального отчаянья. Восстание Бар Кохбы раздавлено. Погибших – десятки тысяч. Сотни тысяч проданы в рабство. Рабби Акива зверски казнен в Кесарийском амфитеатре при полном аншлаге. Поля, виноградники, сады, маслобойни, мастерские и промыслы – все разорено, все в упадке.

А самое главное: наложен полный запрет на главную национальную ценность иудеев – изучение Торы, и, заодно, на многовековую традицию рукоположения в рабби – «смиху».

Талмуд приводит распоряжение римских властей:

«...Каждый, возлагающий смиху, будет убит. Каждый, получающий смиху, будет убит. Город, где возлагают смиху, будет разрушен. Место, где возлагали смиху, будет перепахано...»

Император Адриан мстил Иудее за невосприимчивость к римской культуре. Мудрость каббалы, полтора тысячелетия передаваемая от учителя к ученику, из широкой дороги превратилась в узкую, грозящую оборваться тропу.

Это не только метафора. Нам в точности известно местоположение этой тропы. Она разделяла два города – Ушу и Шфарам. Именно сюда, на нейтральную полосу, дабы не навредить никому, старый рабби Йегуда бен Бава привел пять молодых мудрецов, чтобы возложить на них «смиху». В этой пятерке была вся надежда Израиля. Это были ученики рабби Акивы – все, кто уцелел в эпидемии, – будущие члены Санедрина, учителя, составители Мишны. Среди них – будущий автор книги «Зоар» Шимон сын Йохая.

Только чудом не прервалась тогда цепь посвящений.

Теперь на месте этой тропы возведен перекресток Самхут – многоуровневая транспортная развязка во всех направлениях...

* * *

Случай, из-за которого у рабби Шимона произошел конфликт с властями, начался с безобидной беседы. Трое, из числа учеников рабби Акивы, и некий Йегуда бен Герим рассуждали о римлянах.

Один из собеседников заметил: «Это хорошо, что римляне возводят города и мосты».

Второй был не согласен с ним, но смолчал.

А рабби Шимон бар Йохай, чьим желанием было всегда докопаться до корней, возразил. «Все объясняет эгоизм римлян, – сказал он. – В городах они строят себе дома терпимости, а за пользование мостами взимают плату».

По тем временам это была крамола, которая тянула на смертный приговор.

Йегуда бен Герим, четвертый участник этой беседы, донес или, может быть, рассказал тому, кто потом донес обо всем властям.

Как это ни парадоксально, он оказал человечеству услугу ничуть не меньше, чем героический рабби Бава, потому что РАШБИ, скрываясь от римлян, вынужден был бежать в горы, жить в пещере и, таким образом, помимо воли оказался в тех идеальных обстоятельствах, когда практические заботы уже не ограничивали его духовный взлет.

Все те 13 лет, которые рабби Шимон и его сын, рабби Эльазар, провели в пещере в горах Галилеи, они «беседовали» с пророком Элиягу.

Возможно, слово «беседы» здесь не совсем уместно. Согласно каббале, «пророк Элиягу» – это духовное состояние, ступень. И, тем не менее, как пишет Талмуд, благодаря этим «беседам», рабби Шимон сумел подняться на самый верх по лестнице постижения, сравняться с Творцом.

Беглецы жили в пещере, возле деревни Пкиин. Питались керобами – плодами рожкового дерева, по вкусу напоминающими какао, и запивали водой из ручья. В дневное время, чтобы не страдать от зноя, они зарывались в песок. Они не говорили ни с кем посторонним. Ни один человек в мире не знал о месте их укрытия.

Одинокие, гонимые, долгие годы не имеющие ни человеческого общения, ни быта, они должны были бы одичать, превратиться в полузверей. Однако всего этого не произошло. Напротив, «беседы с пророком», эта привычка к духовной работе невероятной интенсивности, породила другую странность – странность, конечно, на наш взгляд. Все земное, все практическое, все, что не имело целью связь с Высшим миром, стало вызывать в них резкую неприязнь.

Через двенадцать лет жизни в пещере им стало известно о смерти императора Адриана. Их больше не искали. Можно было покинуть убежище.

Как пишет мидраш, первым человеком, которого увидели бывшие затворники, оказался пахарь. Вид человека, занятого таким «низменным» делом, поверг рабби Эльазара в шок. Об этом сказано: «Все, что рабби Эльазар уничтожал, рабби Шимон исцелял». Нам неизвестно, что в точности «уничтожал» один и «исцелял» другой, однако мы знаем, что мудрецы тотчас вернулись в своею пещеру и провели в ней еще один, тринадцатый, год, чтобы подняться на ту ступень духовного постижения, где уже нет ничего низменного и всему видна причина.

* * *

Иудея конца 140-х годов отличалась от той, которую когда-то оставили рабби Шимон и его сын, и отличалась в лучшую сторону. В Риме правил император Антонин. В отличие от Адриана, он не считал себя поэтом, был не кровожаден и носил прозвище Пий, что означало «Благочестивый». Этот Благочестивый отменил гонения на иудеев – открылись школы, вернулись традиции, был избран Санедрин.

В эту «новую» Иудею из галилейской пещеры спустились два заросших бородами мудреца.

Первое время они жили в Тверии, где, судя по всему, рабби Шимон был центром внимания. Во всяком случае, грязевые источники, где он лечил свои кожные язвы, следы от «песчаных ванн», стали популярны. И, кстати, такими остаются по сей день.

Однако в Тверии рабби Шимон, похоже, оставался недолго. Он переехал обратно в горы, открыл в городке Ткуа свою школу и приступил к труду, который не имеет аналогов в человеческой истории ни до, ни после него.

«ЗОАР»

«Изгнание», как учит нас каббала, означает, что человек лишается осознания Высшего, духовного, мира. В результате, люди изгоняются в чужбину себялюбия, где и пребывает с тех пор и до наших дней народ Израиля. «Изгнание» – это не вынужденное бегство из земли Израиля под тяжелым давлением обстоятельств. Изгнание, прежде всего, происходит внутри.

Рабби Шимон, заставший начальный период изгнания, еще находился на высоте Храма. Речь идет не о Храме, как таковом, – это всего лишь строение. Речь идет о духовном уровне, называемом «Храм». Он жил в двух мирах, которые уже обрели черты взаимной противоположности, и обладал очень редким и важным свойством – умением выразить ощущение Высшего мира.

Со своего уровня, с высоты всех 125-ти духовных ступеней, он мог спуститься на уровень падения народа Израиля, и потому ему дано было раскрыть методику, при помощи которой можно проделать обратный путь – из изгнания к избавлению.

Рабби Шимон осуществил это раскрытие не в одиночку. Являясь очень высокой душой, он не мог писать сам, ведь книга предназначалась для людей, находящихся на ступени изгнания. Книга была им задумана, как расширенный каббалистический комментарий на ТАНАХ.

Кроме самого рабби Шимона и его сына рабби Эльазара, в эту группу вошли рабби Йоси, рабби Хизкия, рабби Йоси, сын Яакова, рабби Йегуда, рабби Аба, рабби Ицхак, рабби Хия и рабби Иса. Каждый был каббалистом очень высокой ступени.

Они собирались в пещере Идра раба, возле горы Мерон.

Дело происходило так: рабби Шимон говорил, его сын Эльазар истолковывал сказанное, а другой его ученик, рабби Аба, облекал это в такие формы, в такие внешние облачения, чтобы книга была понятной для людей, осознающих свое изгнание – не для тех, кто опустился тогда с духовной высоты на материальный уровень, а для нас. Достигнув конца изгнания, мы почувствуем, что эгоистически развиваться больше некуда, что мы обязаны выйти из изгнания и прийти к избавлению. Вот тогда книга эта и будет поджидать нас.

Итак, книга «Зоар» была сокрыта. И действительно, насколько мы понимаем, рабби Шимон считал, что она останется в сокрытии до начала избавления.

До нас дошла только небольшая часть оригинального текста – как считается, в районе пяти процентов. Существует предание, что «книга эта была столь велика в своем объеме, что, собрав ее вместе, можно было целиком нагрузить верблюда».

Вообразите себе этот труд. Сколько потребовалось дней, ночей, часов? Сколько коровьих шкур ушло на выделку пергамента? Сколько горшков чернил?

Написанный на арамейском, герметично закрытый, абсолютно не постигаемый для непосвященных текст «Зоара», где соседствуют ангелы, животные, «случайные» персонажи и даже сами авторы книги – это и есть то скрытие, которое сделал рабби Аба на рабби Шимона. И это то, что помогает нам приблизиться к его тайне.

Тайна – это тоже необходимое условие. «Зоар» был предназначен не для современников и не для их ближайших потомков. Этот текст, обрывочный, темный, должен был оставаться не понятым около двух тысячелетий. Только избранные, отдельные носители передавали из поколения в поколение его свет, чтобы доставить его к предсказанному РАШБИ рубежу – через 2000 лет, в наши дни. «По мере приближения к окончательному исправлению даже новорожденные познают тайны мудрости и средство освобождения. В те времена это раскроется каждому» – говорит рабби Шимон.

«Силой этой книги выйдут сыны Израиля из изгнания» – тоже его слова.

(из учебника каббалы)

ИСТОРИЯ КНИГИ «ЗОАР»

По поручению рабби Шимона бар Йохая пергаментные листы с текстом книги были спрятаны в пещере, в окрестностях горы Мерон. Книга появилась только через 800 лет. Нашел ее арабский мальчик. Нашел и тут же продал на рынке, как оберточный материал. Часть разрозненных листов попала в руки человека, который сумел оценить написанное. Бросившись на поиски, он обнаружил много страниц в мусорных ящиках, а часть перекупил у торговцев, продававших пряности. Из найденных страниц и была собрана та книга, которая известна нам сегодня.

Ее дальнейший путь прослеживается нечетко, как пунктир. В XIII веке она возникает в Испании. Каббалист Моше из Лиона держит ее, вероятно, в виде копии, в своей библиотеке. Разумеется, запрет на публикацию этой книги был ему известен. Ему, но не его жене. Овдовев, она оказывается в затруднительном материальном положении и публикует фрагменты книги. Кстати, это обстоятельство породило слух, что автором «Зоар» является сам Моше де Лион.

Как бы то ни было, книга получила известность. Ей приписывались всевозможные мистические свойства, ее толковали, искажали, вокруг нее строили философские и теологические теории. За ней укрепилась репутация главной книги в каббале.

До наших дней, как уже упоминалось, дошла лишь ее мизерная часть, да и то собранная по кусочкам в течение прошедших двух тысячелетий. Возможно, найдутся и другие части. Кто знает...

В 1953 году рав Йегуда Лейб Алеви Ашлаг заканчивает свой комментарий к книге. Свой труд он называет «Сулам» – «Лестница». Он содержит полный перевод «Зоар» с арамейского языка на иврит. Это научное современное толкование «Зоар», изданное в 22 томах, является той лестницей, которая позволяет совершить восхождение к вершинам книги. Оно специально предназначено для нашего поколения.

«Зоар», с комментариями «Сулам», сегодня изучают на всех пяти континентах.

ПОСЛЕ «ЗОАР»

Школа РАШБИ в Ткуа располагалась по соседству с фабрикой по обработке оливок. Это говорит о том, что труд ради пропитания уже не вызывал у мудреца прежнего гнева.

Он прожил длинную жизнь, пользуясь огромным уважением. Но не был избран в Санедрин.

Школу, где он учил каббале, или «искусству», как было принято говорить, знали повсюду. Однако мало кто следовал его методе. Как видно, слишком высоки были ступени.

Все признавали, что его суждения всегда отличала рациональная логика, трактовки просты, решения понятны, но при этом слава мистика, чудотворца никогда не оставляла его. Рассказывали, что однажды по молитве РАШБИ целая долина наполнилась золотыми монетами. Еще говорили, что он вымолил у неба ребенка для бездетной пары из Цидона, а в другой раз вылечил от безумия римскую принцессу.

* * *

Рабби Шимон бар Йохай умер, как и родился, во время праздника Лаг ба Омер. Он похоронен неподалеку от места, где жил – на горе Мерон.

Существует традиция: в ночь на Лаг ба Омер на гору Мерон съезжаются тысячи израильтян – жечь костры.

Почему так сложилось? По-ему изо всех мудрецов Израиля традиция выбрала самого таинственного из них? И что общего между костром из разломанных ящиков и подъемом по ступеням духовного исправления, которые прочертил нам РАШБИ?

Может быть, мы заранее празднуем день, когда наши негодные качества сгорят в этих кострах, и мы сумеем прочесть все ответы?

Мы знаем из каббалы, что Лаг ба Омер – это имя ступени, после которой уже невозможно вернуться назад. После нее лестница ведет только вверх – до сиянья, до «Зоар».

лаг ба омер – или тонкая настройка

НЕИЗВЕСТНЫЙ ПРАЗДНИК

За неделю до его начала на улицах появляется множество чумазых детей с решетчатыми тележками из супермаркетов. Их действия лихорадочны, но очень целенаправленны: они озабочены поисками бесхозных деревяшек и других горючих материалов.

За один день до начала, паломники со всех уголков страны вереницами автобусов устремляются к горе Мирон, на которой находится могила каббалиста, автора книги «Зоар», Шимона Бар Йохая.

И, наконец, заключительный аккорд: тысячи костров рвут на части опустившиеся сумерки. Начинается Лаг ба Омер – удивительный всенародный праздник, учрежденный неизвестно кем, в честь непонятно каких событий, нашедший, несмотря на это, постоянное место в официальном календаре.

ГЕНИАЛЬНОЕ РЕШЕНИЕ

Допустим, у нас есть знания, которые мы хотим переправить людям далекого будущего. Вопрос: «Как это сделать, если эти знания не воспринимаются даже современниками, а мы хотим, чтобы к ним отнеслись серьезно, чтобы они не затерялись в непроходимых лабиринтах истории и в итоге были правильно поняты и использованы по назначению потомками?»

Не знаю, как сегодня решили бы такую задачу, но две тысячи лет тому назад каббалисты справились с ней блестяще и гениально просто. Они взяли, да учредили ежегодный праздник с обычаем объявлять заранее о его приближении, зачитывая публично вслух ту самую, предназначенную для будущих поколений, информацию. Что касается сути праздника, то ее они зашифровали в самом названии: «Лаг ба Омер».

К этому мы вернемся чуть позднее, а пока...

БЕЗ СЕКРЕТОВ

В наступившей тишине синагоги гремит голос: «Пусть благодаря подсчету омера, который я сделал сегодня, исправится то, что я повредил в сфире Хесед...» Странные слова, истинный смысл которых, как правило, скрыт от всех присутствующих, включая самого чтеца.

Какой же все-таки посыл несет в себе текст, отправленный каббалистами из глубины веков в обычном сборнике молитв (сидуре)? Ответ может показаться невероятным: они передали то, что так не хватает современному человеку, – уверенность в завтрашнем дне! Возможно ли это? Надо разобраться.

ЧТОБ НЕ БЫЛО ХУЖЕ

Мы знаем, что завтра будет землетрясение? Нет, не знаем. Через неделю на кого-то свалится кирпич? Понятия не имеем. Доллар упадет окончательно или (и) начнется война? Откуда? Как же мы живем? Стараемся не думать. А зачем? Все равно не поможет. Лучше помечтаем о повышении зарплаты, посмотрим футбол и попьем пива.

Еще недавно человек верил в счастливое завтра. Сегодня мы живем по другому принципу: «Чтобы не было еще хуже». Наша беда в одном: мы не знаем, как на самом деле устроен мир. Естественные науки исследуют лишь небольшой фрагмент реальности, заключенный в рамки нашего восприятия. Наука каббала позволяет исследовать то, что находится за этими рамками.

БЛОКАДА

Дело в том, что наше мироощущение складывается из того, что соприкасается с пятью органами чувств и вызывает в них ответную реакцию. Что действительно происходит вне наших органов чувств – неизвестно по определению. Каббала называет такой ограниченный способ восприятия – эгоизмом.

Методика, которую предлагают каббалисты, позволяет приобрести дополнительный способ восприятия, который называется – альтруизмом. Прорвав эгоистическую блокаду, человек вдруг с удивлением обнаруживает, что весь, кажущийся таким огромным, мир – всего лишь песчинка на фоне того, что на самом деле существует. Там, внутри бесконечного альтруистического мира, находится и управляется абсолютными законами наш замкнутый, эгоистический мирок.

О ШИФРЕ

Каббалистический праздник Лаг ба Омер включает в себя целый пласт информации о состояниях человека, постигшего альтруистический, бесконечный мир. Этапы постижения каббалисты описывают особым каббалистическим языком.

Например, каждое отдельное состояние называется сфира (мн. ч. – сфирот). Особый комплекс из тридцати трех сфирот называется «лаг». Это аббревиатура букв ламед и гимел, гематрия (числовое значение) которых 33. Вместе со словом «омер» все название «Лаг ба Омер» можно перевести с иврита как «тридцать три дня отсчета». Речь идет о тонкой настройке ощущений человека на восприятие скрытой сегодня от нас реальности.

Кроме письменной информации, каббалисты привили еще и дополнительные обычаи, которые сопровождают праздник и несут особый смысл. Так, яркий, несущий чувство уверенности и тепла свет костров, пылающих в густой темноте, косвенно сообщает об ощущениях человека, постигающего одновременно два столь противоположных друг другу мира.

ПОСЫЛ

Почему знания, столь необходимые человеку, каббалисты таким замысловатым способом переправили в далекое будущее, вместо того чтобы передать современникам? Дело в том, что в те давние времена эти знания людям были просто не нужны. Методика каббалы предназначена для людей, уже осознавших взаимосвязь между природной ограниченностью эгоизма и всем отрицательным, что проявляется в мире.

Современный мир находится на таком этапе развития, когда о пагубности эгоизма говорят не только философы и религиозные деятели, но ученые и политики. Эпидемия разводов, невиданные природные бедствия, надвигающийся глобальный голод, угроза мировой войны, наркомания, депрессия, террор – все говорит о том, что время применения методики, подготовленной нам каббалистами, уже наступило.

лаг ба омер – лестница к свету

ОПЕРЕДИВШАЯ ВРЕМЯ
Две тысячи лет назад в мире раскрылся источник огромного света – книга «Зоар». Написал ее великий каббалист, рабби Шимон Бар Йохай (РАШБИ). Достигнув высочайших духовных ступеней, он в аллегорической форме описал в этой книге тот путь, следуя которому все люди смогут наполниться Высшим светом.

Однако «Зоар» опередил свое время. Глубочайшие тайны этой загадочной книги были предназначены не для поколения РАШБИ, а для тех, кто придет двумя тысячелетиями позже. Именно мы достойны того сияния, которое каббалисты старательно сохранили для человечества.

Праздник Лаг ба Омер олицетворяет раскрытие этого сияния. Мы отмечаем приход в мир книги «Зоар», разъясняющей, как наполниться нашим душам непреходящим светом и испытать радость высшего постижения. Вот почему Лаг ба Омер называется «праздник света».

(из учебника каббалы)
ЛАГ БА ОМЕР
Важная поворотная точка на духовном пути – состояние, когда человек завершил составление плана исправления души. После чего наступает следующий этап – реализация программы в действии.
В результате человек приходит к состоянию, которое называется «окончательное исправление души». Символом завершения исправления души является праздник получения Торы, или света, – Шавуот.

Мы живем в самый удивительный период истории. Лишь мгновение отделяет нас от подъема в новое, высшее измерение. Для этого нашему поколению и дан ключ от сокровенных тайн.

Ключом является комментарий Бааль Сулама на книгу «Зоар». Он называется «Сулам» (лестница) и позволяет каждому из нас достичь обещанного совершенства. Нам нужно лишь вместе подняться по ней навстречу свету.

ВЫСШЕЕ СОСТОЯНИЕ

Наука каббала позволяет нам понять причину любого явления природы, каждой мысли и ощущения, переживаемого нами. Эта наука основывается на представлении, что у жизни есть цель, которую мы можем и обязаны достичь.

Каббалисты в процессе исследования мироздания открыли, что существует необычайное, не сравнимое ни с чем состояние – состояние абсолютной гармонии и совершенства. Они выяснили, что оно достигается с помощью особой силы – Высшего света.

В дальнейшем, в результате исследований, удалось создать методику развития особого органа чувств, способного улавливать Высший свет. Этот орган называется душа. Настройка души на Высший свет определяется каббалистами как исправление. Этапы исправления, которые должна пройти душа до наполнения ее Высшим светом, символизируют праздники и торжественные даты, которые учредили каббалисты.

(из учебника каббалы)

КОСТЕР

Костры, разжигаемые в Лаг ба Омер, олицетворяют тот большой свет, который раскрывается при нашем объединении между собой в любви к ближнему. В каждом из нас сокрыта искра желания к духовному. Когда мы объединимся друг с другом, все наши искры сольются в единое желание - пламя, символизирующее Высшую силу.

УСТРОЙСТВО ДУШИ

Душа состоит из десяти частей, или сфирот, называемых: Кетер, Хохма, Бина, Хесед, Гвура, Тиферет, Нецах, Ход, Есод, Малхут. Первые три сфиры – Кетер, Хохма, Бина – не нуждаются в исправлении. Семь остальных сфирот – Хесед, Гвура, Тиферет, Нецах, Ход, Есод, Малхут – необходимо исправить и это должен сделать сам человек.

Каждая из этих семи сфирот, в свою очередь, состоит тоже из семи сфирот, требующих исправления. К примеру, в сфире Хесед находятся семь сфирот: Хесед, Гвура и так далее, до Малхут. В следующей по порядку сфире – Гвура – тоже есть: Хесед, Гвура и так далее, до Малхут. Таким образом, всего получается 49 сфирот, которые мы должны исправить, поднимаясь по духовной лестнице.

ОТ ПЕСАХА ДО ШАВУОТА
Праздник Песах символизирует состояние человека, когда ему абсолютно явно раскрывается устройство души. От Песаха до Шавуота человек проходит 49 ступеней или дней, в течение которых исправляются 49 сфирот. На 50-ой ступени (50-й день) происходит «Дарование Торы» или, другими словами, получение Высшего света. Этот долгожданный момент символизирует праздник Шавуот.

ПОРЯДОК ИСПРАВЛЕНИЯ
В молитвенник (ивр. – «сидур») каббалисты внесли информацию о методике исправления души. В том месте, где описывается порядок счета омера (меры), мы видим, что каждому дню соответствует определенная сфира. В первый день исправляют частную сфиру Хесед в общей сфире Хесед, и дальше по порядку, пока в последний день не исправляют Малхут в Малхут. В период от Песаха до Шавуота существует обычай зачитывать каждый день следующие слова: «Пусть благодаря подсчету омера, который я сделал сегодня, исправилось то, что я повредил в сфире…», и называется сфира, соответствующая этому дню.

(из учебника каббалы)
СВЕТ
Ощущение человеком Высшей силы называется «свет». Каббала объясняет, что «свет» присутствует в каждом месте, в каждом желании, которое не находится под властью эгоизма, себялюбия. Исправив себя и сменив себялюбие на любовь к ближнему, человек наполняется новым ощущением. Это и есть «свет».

33 СФИРЫ ИЗ 49
Каббалисты раскрыли, что душа исправляется по определенной программе: в исправлении первых 33 сфирот из 49-ти, от Хесед в Хесед до Ход в Ход, активно участвует сам человек; после этого программа завершает исправление оставшихся 16 сфирот автоматически. Поскольку на 33-й день счета омера завершается основная работа по исправлению души, мы отмечаем

это праздником под названием Лаг ба Омер. «Лаг» – это аббревиатура букв ламед и гимел, гематрия (числовое значение) которых 33.

как хорошо и приятно сидеть братьям вместе

Сказано в книге «Зоар»: «Как хорошо и приятно сидеть братьям также вместе. Речь идет о товарищах, когда они сидят вместе и неразлучны. Поначалу кажется, что они воюют и готовы истребить друг друга, но затем возвращаются к братской любви. Что же говорит о них Творец? – Как хорошо и приятно сидеть братьям также вместе. Слово "также" указывает на присутствие Шхины. Более того, Творец прислушивается к их речам и наслаждается, радуясь им».

КАК ХОРОШО И ПРИЯТНО...
«Как хорошо и приятно сидеть братьям также вместе» – одно из самых красивых и глубоких по смыслу изречений Псалмов царя Давида: «Ине ма тов у ма наим шевет ахим гам яхад». Эти слова, превратившиеся со временем в известную песню, говорят о любви, которую испытывают друг к другу люди, желающие подняться в духовный мир. При этом стоит напомнить, что «Зоар», как и все остальные каббалистические книги, рассказывает не о каких-то абстрактных силах, действующих неизвестно где, а о нас самих, о тех взаимоотношениях, которые мы должны выстроить, если хотим жить в любви и согласии, как единый народ.

...О ТОВАРИЩАХ, КОГДА ОНИ СИДЯТ ВМЕСТЕ...
Мы видим, что под братьями в книге «Зоар» подразумеваются товарищи. Это обычные люди, такие же, как и все мы, но решившие объединиться для достижения общей цели – выхода в духовный мир. Они понимают, что для ощущения того духовного состояния, когда «хорошо и приятно сидеть братьям», они должны будут подняться над своими эгоистическими расчетами и достичь любви друг к другу.

«Зоар» говорит нам, что такие товарищи неразлучны, так как связаны единственным и общим для всех желанием – стремлением ощутить Высшую реальность, в которой царят лишь любовь и единство. Товарищи вместе продвигаются по духовному пути, относясь друг к другу как самые близкие люди.

Ведь только вместе они смогут преодолеть собственное эго и подняться на уровень любви. И когда человек поднимается на эту высокую духовную ступень – любви к товарищам, в этой любви он раскрывает Творца.

...КАЖЕТСЯ, ЧТО ОНИ ВЫШЛИ НА ВОЙНУ...

«Зоар» говорит нам, что в начале духовного пути эти товарищи подобны людям, которые «воюют и готовы истребить друг друга». Ведь отказываясь приподняться над своими эгоистическими расчетами, человек лишает своего товарища духовной жизни. Он словно убивает его, не позволяя выйти в духовный мир.

Однако и такие состояния ведут, в итоге, к братским отношениям. Книга «Зоар» говорит, что они являются важным этапом духовного пути, когда люди еще не преодолели своего эгоизма, чувствуют себя несовершенными, но уже радуются тому, что «сидят вместе». Они объединены общей целью и надеются вместе вырваться из плена личных расчетов, обретя любовь и духовное единение.

Это и означают слова: «хорошо и приятно сидеть вместе».

...НО ЗАТЕМ ВОЗВРАЩАЮТСЯ К БРАТСКОЙ ЛЮБВИ

Во фразе «как хорошо и приятно сидеть братьям также вместе» слово «также» символизирует Шхину – совокупность душ, стремящихся вместе, во взаимной любви подняться к ощущению Высшего мира. Кроме того, слово «также» намекает на то, что как только мы действительно захотим обрести любовь и объединимся, разделяющее нас сегодня эго также присоединится к этому новому, всеохватывающему чувству. Другими словами, личные расчеты больше не будут чинить нам препятствий на пути в духовный мир.

Однако для этого единство между нами должно строиться лишь на духовном намерении. В своих книгах все каббалисты особо подчеркивают, что наше объединение должно исходить только из намерения достичь связи с Творцом, то есть обрести Его свойства – любви и отдачи. Только тогда братья сидят вместе – вместе с Творцом.

С тем же намерением, говорят нам каббалисты, нужно изучать и науку каббала. Если же люди учатся не ради духовной цели, то в каббале они называются «собранием насмешников». Намерение при изучении каббалы настолько важно, что царь Давид говорит об этом в первой же строке своих Псалмов: «Счастлив человек, который не следовал совету нечестивых... и в собрании насмешников не сидел».

Предшествующие поколения каббалистов позаботились о нас и проложили путь, который приведет нас к тому состоянию, когда мы сможем «сидеть вместе, как братья». Воспользовавшись их советами объединившись любовью «как один человек с одним сердцем», мы достигнем предначертанного единства с Творцом.

(из учебника каббалы)
СВЯЗАНЫ ЛИ КНИГА «ЗОАР» И КАББАЛА С МИСТИКОЙ?
Каббала является научной методикой, предназначенной для того, чтобы привести человека к исправленному состоянию, в котором он ощущает себя вечным и совершенным, подобно Творцу.
Поскольку изначально состояние это скрыто от нас, каббала называется «тайной наукой», и для ее изучения необходимо руководство истинного каббалиста.
Шаг за шагом каббала ведет человека, объясняя все причины и следствия происходящего с ним и с миром. Этот процесс развития основан на реальных знаниях и постижениях и никак не связан с мистикой.

ПОГОНЩИК ОСЛОВ

Одним из самых интересных персонажей, встречающихся в книге «Зоар», является погонщик ослов. Он упоминается множество раз на протяжении повествования. Возьмем несколько строк из «Предисловия к книге "Зоар"», и попытаемся разобраться, о чем в них говорится.

«Рабби Эльазар, сын рабби Шимона, шел навестить своего тестя – рабби Йоси, сына Лакунии, и рабби Аба шел с ним. Один человек, погоняя их ослов, следовал за ними...»

Это дословный перевод. А что же это на самом деле означает?

Когда говорится, что один рабби пошел навестить другого, имеется в виду переход с одной духовной ступени, называемой, к примеру, «рабби Эльазар», на другую духовную ступень, называемую, в данном случае, «рабби Йоси».

Осел (на иврите хамор) – слово, означающее также материю, (на иврите хомер). Каббала говорит, что в основе материи, из которой создан весь наш мир, находится желание наслаждаться. Как бы это ни казалось странным, бесконечное разнообразие форм материи зависит от одного-единственного параметра – желания, изменяющегося по силе, глубине и уровням развития.

Речная галька, расцветающий полевой цветок, хищное животное на охоте и даже композитор в творческом процессе написания оперы – это всего лишь проявление желания наслаждаться на различных уровнях.

Книга «Зоар» обращается к самым высшим желаниям – духовным. Эти желания описываются в «Зоар» богатым аллегорическим языком, а наиболее низкие и грубые из них называются «ослом».

Тот, кто умеет управлять своим ослом, или своим телом, стоит выше материи. «Телом» в каббале называются любые желания человека, то есть его суть, его основа, материал, из которого он создан. А человек, управляющий «ослом», – это уже человек, ощущающий духовные миры.

Так же, как в нашем мире на одном осле могут путешествовать разные люди, так и в одном человеке над основными инстинктивными желаниями могут доминировать желания преуспеть в различных сферах, имеющих ценность в глазах общества. Они меняются, как наездники на осле, и управляют им как вздумается. Но только в процессе осознания собственной природы человек, направляя своего «осла» по дороге к духовной цели, перестает метаться по сторонам и крутиться на одном месте.

Переводя книгу «Зоар» на русский язык и пытаясь сохранить внутренний смысл оригинала, мы неизбежно сталкиваемся с двумя типами проблем. Ее текст полон сложных языковых связей и не поддается буквальному переводу; к тому же, каждое ее слово указывает на свой духовный корень, не зная которого, невозможно понять текст во всей его полноте – как в нашем примере: «осел – материя – грубые желания».

В арамейском языке, на котором написана книга «Зоар», слово «погонщик» означает «колющий». Действие погонщика сводится к тому, что он, покалывая ослов острием палки, заставляет их двигаться вперед.

«Погонщик» играет значительную роль в духовном развитии человека. Задача погонщика – направлять ослов, на которых восседают ездоки, как в нашем случае, рабби Эльазар и рабби Йоси. Сам же он идет пешком и проводит их по духовным ступеням. Это гораздо больше, чем просто выдающаяся личность, наставник или учитель в нашем мире. Это особая духовная сила, указывающая путь, направляющая, подталкивающая и, вместе с тем, оставляющая свободу воли. Без этой, посылаемой Творцом, помощи невозможно взойти на следующую ступень. Творец посылает каждому, желающему подняться, более высокую душу, согласно его ступени, свойствам и назначению.

В принципе, книга «Зоар» объясняет путь праведников – тех, кто переходит через махсом – барьер, отделяющий наш мир от духовного. После этого человек начинает подниматься по ступеням духовной лестницы. Книга «Зоар» рисует нам яркую картину – как путеводитель для тех, кто окажется на месте этих путников. Продвигаясь в духовных мирах с помощью «погонщика», вы сами увидите, что подразумевается под понятиями «гера», «дерево», «голос», а книга «Зоар» тогда станет для вас истинным проводником!

глава 7 >>>
ари

**каббалисты
уполномочены
сообщить**

ари
рабби ицхак лурия ашкенази
(1534–1572)

ПЕРВЫЕ ЛЕГЕНДЫ

Образ Ицхака Лурии Ашкенази, основателя лурианской школы каббалы, окутан множеством легенд. Одна из них гласит, что к рабби Шломо, будущему отцу АРИ, явился пророк Элияу и сказал: «Жена родит тебе сына, и назовешь его именем Ицхак, и освободит он Израиль из-под власти тьмы... и благодаря ему в мире раскроется учение каббалы».

СТАНОВЛЕНИЕ

В 1534 году в Иерусалиме, на улице Ор а-Хаим 6, родился мальчик, которого назвали Ицхак бен Шломо. Очень рано в нем обнаружились необычные задатки. Уже в семилетнем возрасте он поражал учителей своими способностями, и ему прочили большое будущее.

Смерть отца вынудила его семью переехать в Египет к брату матери. Мордехай Франсис, богатый откупщик налогов, радушно встретил сестру и племянника. Маленького Ицхака он полюбил всем сердцем и взял на себя дальнейшую заботу о его образовании. Благодаря стараниям дяди, у Ицхака были лучшие, по тем временам, учителя: рав Давид бен Шломо ибн Замра, главный раввин Египта, и рав Бецалель Ашкенази, автор многих трудов.

Учеба шла успешно – вместе с рабби Бецалелем он написал комментарий к одному из трактатов Гмары.

ВСТРЕЧА С КНИГОЙ «ЗОАР»

В возрасте 15 лет АРИ женился на дочери своего дяди. Тот был счастлив иметь такого зятя и с удовольствием оказывал материальную поддержку молодой семье.

Чтобы полностью сосредоточиться на учебе, АРИ поселился на маленьком острове посреди Нила. Там он вскоре приходит к выводу о необходимости изучения каббалы. Занятия не прекращались ни на минуту. Народная молва гласит, что АРИ «даже во сне изучал тайны каббалы с душами праведников в Ган Эден (райский сад)». Огромное желание и умение сконцентрироваться на изучаемом материале позволили АРИ проникнуть в глубь мудрости книги «Зоар» – величайшей книги по каббале, написанной во втором веке н.э.

Именно с этого времени начинает формироваться его методика изучения каббалы.

БЛЕСТЯЩИЙ ПОЭТ

При удивительной скромности и уважении ко всем без исключения, АРИ блистал во всем, что делал, включая торговлю, которой зарабатывал на жизнь, и даже в поэзии. Широко известны три его гимна к субботним трапезам. Они включены в большинство молитвенников. Написанные языком книги «Зоар», его стихи полны глубокого смысла. Они раскрывают значение субботы и связь человека с мирозданием в этот день. А в стихотворении «Древо жизни» удивительно поэтично описан процесс сотворения нашего мира.

Интересно, что почти пять веков спустя современная наука пришла к теории возникновения Вселенной в результате «большого взрыва», которая, по мнению многих, и описывается в стихотворении АРИ:

«...И сжался свет, и удалился,
Оставив свободное, ничем не заполненное пространство.
И равномерным было сжатие света вокруг центральной точки,
Так, что место пустое форму окружности приобрело,
Поскольку таковым было сокращение света...

И вот, протянулся от бесконечного света луч прямой,
Сверху вниз спустился, внутрь пространства пустого того.
Протянулся, спускаясь по лучу, свет бесконечный вниз,
И в пространстве пустом том сотворил все совершенно миры...»

ЦФАТ

Конец XVI века. Начинается новая эра, кардинально изменившая мировоззрение человечества. Открыта Америка, проводятся радикальные реформы государственности в России. В Англии, Франции, Германии созревают условия грядущих революций. Вся Западная Европа переживает удивительную эпоху Ренессанса.

В 1570 году АРИ переезжает с семьей в древний город Цфат – центр изучения каббалы того времени. Молва о его мудрости быстро распространяется среди старейших каббалистов Цфата, которые готовы учиться у него, 36-летнего. Сам Моше Кордоверо (РАМАК), о котором АРИ говорил: «Учитель наш, да не иссякнет свет его», приходит к нему учиться. Вот что сказал об АРИ этот выдающийся каббалист незадолго до своей смерти: «Знайте, есть среди вас один, который поднимется после меня, и проникнутся поколения мудростью каббалы».

ВЕЛИКИЙ УЧИТЕЛЬ

АРИ преподает каббалу по своей новой методике. Он постиг все тайны мироздания и готов открыть их всем желающим. Народная молва приписывает ему даже понимание языка зверей и птиц, шуршания листьев и голосов ангелов. Люди говорили, что он «знал все, что происходит с душами людей, и видел пути их исправления».

Одним из 33 учеников АРИ был молодой человек Хаим Виталь. Особые свойства души позволяли ему правильно понимать сказанное его великим учителем, а уникальная память давала возможность запоминать и безошибочно записывать все услышанное во время урока. Именно Хаиму Виталю было дано воспринять всю глубину величайшего знания.

(цитата)

> Наше время отличается от предыдущих поколений тем, что раньше врата каббалы были закрыты, и поэтому было мало каббалистов. После выхода трудов АРИ, открывающих нам врата света, закрытые со дня сотворения мира, нет никакого страха заниматься каббалой.
> -Рабби Йосеф Кимхи, «Сэфер а-Брит»-

СМЕРТЬ АРИ И РОЖДЕНИЕ КНИГИ «ДРЕВО ЖИЗНИ»

АРИ покинул этот мир в 1572 году в возрасте 38 лет. Перед своей смертью он завещал продолжить занятия каббалой только Хаиму Виталю. Остальные ученики не были способны понять суть его методики.

После смерти учителя Хаим Виталь систематизирует свои записи уроков, но категорически отказывается опубликовать эти материалы, зная о преждевременности их раскрытия массам. Часть бумаг он спрятал, часть завещал похоронить с собой, а часть оставил в наследство своему сыну.

Только после его смерти, в 1620 году, эти материалы стали издаваться. Процесс растянулся на пятьдесят лет. Из спрятанных страниц ученик Хаима Виталя, рав Цемах, собрал книгу «Древо жизни». В ней содержится вся мудрость книги «Зоар», адаптированная для последующих поколений. Листы, извлеченные из могилы, легли в основу книги «Восемь врат».

АРИ оставил нам новую уникальную методику постижения духовных миров. Он создал ее для грядущих поколений. Сегодня, пользуясь этой методикой, любой человек, изучающий каббалу, независимо от национальности, возраста и пола, может прийти к цели творения.

Так через книги «Зоар» и «Древо жизни» осуществилась связь времен.

праздник жизни

Вот и отшумели зимние дожди. Оживив пересохшие за лето реки, они наполнили землю силой плодородия. Воспряли духом сады и виноградники. Деревья ожили почками на ветках, и даже в скалистых горах ощущается пробуждение к жизни. Умывшись, природа приготовилась к празднику Ту би Шват.

Когда этот праздник начали отмечать впервые, никто точно не знает, но заслуга в его повсеместном распространении принадлежит каббалистам Цфата. Следуя за своим великим учителем АРИ, именно они стали устраивать в этот день торжественные трапезы. Несмотря на вековой консерватизм, праздник был принят всем народом.

Что же скрывает в себе этот «новый год деревьев»? И почему его называют еще праздником жизни?

Жизнь, как плодовое дерево, должна радовать нас своими плодами, и дается она нам не только ради процесса. Поэтому в Торе сказано, что «человек – это дерево в поле». Ведь как дереву необходима плодородная почва, так и человек должен быть связан со своими истоками, и как дерево должно плодоносить, так и человек должен видеть плоды в своей жизни. Какими они будут – зависит от человека, от целей, которые он ставит перед собой.

Обычно мы хотим, чтобы жизнь приносила не беды и разочарования, а радость и наслаждение.

Следуя спонтанно возникающим в нас желаниям, мы покупаем множество, по сути, ненужных нам вещей. Нам кажется, что мы стремимся «не отстать от жизни», а на самом деле просто бродим по своим желаниям... Остановившись на мгновение, вдруг понимаем, что последнее приобретение, на которое было потрачено столько денег и сил, уже не доставляет прежнего удовольствия.

Мы еще не осознаем, что все состояния, которые проходим в своей жизни, целенаправленны – они помогают нам развиваться. И однажды, когда нам до смерти надоедает эта бессмысленная погоня за постоянно ускользающим наслаждением, в нас возникает новое желание – постичь Творца – желание к духовному. С этого момента для нас начинается свобода выбора.

Мы перестаем развиваться согласно произвольно раскрывающимся желаниям. Перебрав в своей жизни множество целей, мы наконец, добираемся до главной.

Это и есть плод всего нашего предшествующего развития.

А впереди нас уже ожидает новая ступень. Подобно дереву, нам предоставляют плодоносную землю. Ее поливают дождями и сажают в нее зернышко-зародыш новой жизни. Теперь только от нас зависит, насколько быстро мы сможем ее вырастить, и какие плоды она нам принесет. Этот процесс и символизирует собой праздник Ту би Шват. Поэтому его называют также праздником жизни – жизни, приносящей плоды.

Сегодня мы еще не имеем плодов, но знаем, что ждать остается недолго – мы вскоре непременно их получим. Нужно лишь приложить небольшие усилия и сделать, наконец, правильный выбор.

человек как плодовое дерево

Человек отличается от всей живой и неживой природы только одним – он развивается, и развивается всегда. Даже тогда, когда он сделал карьеру или вышел на пенсию – это неважно – внутренне, духовно он продолжает развиваться.

Человека ведет Высшая сила, хотя сам человек об этом даже не догадывается. Момент выхода на финишную прямую духовного развития символизируется праздником Ту би Шват. С этого момента духовная работа становиться активной, то есть теперь человек сам, осознанно включается в нее. Этот путь необычен, но зато очень интересен и увлекателен.

Вырасти духовно, как вырастает дерево – это непросто. Почему? Потому что я должен приложить большие усилия – сродни тем, которые мы вкладываем, когда из обычного саженца выращиваем садовое дерево. В чем, по сути, заключается наша духовная работа? Только в одном – в правильном ухаживании за «саженцем», чтобы в итоге он стал «плодоносящим деревом».

Плод – это результат наших усилий. Иными словами, высшее наслаждение, которое хочет передать нам Творец, облачается в альтруистическую работу, которую выполняет человек. Эта работа – работа человека со своими желаниями – и соответствует садовым работам, необходимым для выращивания плодового дерева.

Существуют следующие виды работ:

ВНЕСЕНИЕ УДОБРЕНИЙ.
Удобрение – вещь, кажущаяся нам неприглядной, но без нее дерево не плодоносит. Так же и в человеке – мысли о духовном пути иногда выглядят чем-то неважным и ненужным, но именно с добавления, умножения таких «неприглядных» мыслей и начинается движение человека к совершенному и вечному.
Разве не удивительно?

ВСКАПЫВАНИЕ.
Рост дерева зависит, в первую очередь, от состояния почвы, на которой оно растет. Поэтому ее вскапывают, раскрывают.
Точно так же духовный рост человека зависит от вопросов: «Для чего я живу?», «Зачем я пришел в этот мир?», которые он должен найти и раскрыть в себе.

УДАЛЕНИЕ НАРОСТОВ И ПОВРЕЖДЕННЫХ ЧАСТЕЙ.
Духовная работа связана с сугубо личными, внутренними переживаниями, направленными на связь с Творцом. Поэтому человек совершенно естественным образом прячет от посторонних свои мысли и чувства, как бы удаляет их.

УДАЛЕНИЕ ЛИСТЬЕВ.
Листья символизируют эгоистические желания. Плоды, которые растут на месте удаленных листьев – это эгоистические желания, исправленные на желания альтруистические. Таким образом, только там, где был раньше эгоизм, может проявиться альтруизм.

УКРЫВАНИЕ КОРНЕЙ (ОКУЧИВАНИЕ).
Корни – это мысли человека. До тех пор, пока человек не исправлен, его мысли эгоистические. Для того чтобы это исправить, нужно пользоваться мыслями каббалистов – людей исправленных. Это значит – накрыть свои мысли мыслями учителей.

ОКУРИВАНИЕ.
По мере духовного подъема человека, позади него остаются пройденные ступени. Как ни странно, для дальнейшего продвижения они не только не помогают, но даже мешают, как мешают вредные насекомые дереву. Поэтому человек должен от них избавиться, как избавляются от вредных насекомых с помощью огня, то есть, предыдущие ступени как бы сжигают.

ОСВОБОЖДЕНИЕ ОТ КАМНЕЙ.
Духовный путь противоположен пути эгоистическому. Поэтому логика и обычные знания, основанные на эгоистическом восприятии, человеку помочь не могут. Как правило, они только мешают. И еще. Они тяжелы и тверды, как камни.

Требуются большие усилия, чтобы их убрать.

УДАЛЕНИЕ СУХИХ ВЕТОК.
Отдельные мысли и желания могут казаться, на первый взгляд, полезными для продвижения. Но это только на первый взгляд. Если присмотреться, выясняется, что они являются помехами на пути, как сухие ветви. Поэтому их удаляют.

УКОРАЧИВАНИЕ ВЕТВЕЙ.
Человек во время учебы приобретает множество каббалистических знаний. И тут очень важно, чтобы они не стали самоцелью. Каббалистические знания должны быть направлены на постижение цели творения через любовь к ближнему, а не на удовлетворение эгоизма.

Не используя знания ради себя, мы как бы ограничиваем, обрезаем их.

гармония природы

Наблюдая окружающий нас мир, мы можем подумать, что имеем дело с множеством хаотических и противоборствующих сил природы: вода и ветер разрушают горы, пшеничное поле зарастает сорняками, лев ест ягненка. Так думали древние греки, поместившие у себя на Олимпе множество богов, каждый из которых отвечал за определенный аспект этих сил.

Более широкий и глубокий взгляд на вещи позволяет видеть, что в природе все взаимосвязано. Окружающий нас мир представляет собой набор взаимозависимых, самонастраивающихся систем. Неживая природа, растения, животные и даже человек, как биологический организм, склонны самостоятельно находить ту точку равновесия, которую в науке принято называть гомеостазом.

Процессы адаптации и поддержания динамического равновесия работают все время, но становятся особенно заметными при вмешательстве человека. Многие помнят об экологических катастрофах, к которым в свое время привели уничтожение комаров в России или воробьев в Китае. Комары –

маленький и, как казалось, вредный элемент природы, но без них погибли рыбы и лягушки, которые питались их личинками, заболотились реки и озера, стала изменяться почва и гибнуть лес.

Примеров равновесия и самоадаптации природных систем великое множество, но что же является той основой, которая объединяет природу и поддерживает ее гармоничное равновесие?

(цитата)

Человек! Не ищи иного виновника зла. Этот виновник – ты сам.
-Жан Жак Руссо-

аннушка разлила масло

Каждого из нас интересует, что будет завтра, а особенно послезавтра. В этой статье мы рассмотрим одну версию развития событий, которые ожидаются в ближайшем будущем и касаются всех без исключения. Речь идет о конце света.

Время от времени пресса наполняется предсказаниями и прогнозами последних дней человечества. В них, зачастую, подробно расписаны сценарии печального финала и даже фигурируют точные даты. Грозные дни ожидаются после падения астероида, таяния ледников и даже в результате гиперпространственного перехода в четвертое измерение. Некоторые пророчества подкреплены авторитетными источниками, например Нострадамусом или Ньютоном, но чаще авторы или группы авторов неизвестны широкой публике. Но дело не в авторах. Просто жизненный опыт и здравый смысл говорят, что прогнозировать будущее – дело неблагодарное.

> «Да, мне хотелось бы спросить вас, что вы будете делать сегодня вечером, если это не секрет?
> – Секрета нет. Сейчас я зайду к себе на Садовую, а потом в десять часов вечера в МАССОЛИТе состоится заседание, и я буду на нем председательствовать.
> – Нет, этого быть никак не может, – твердо возразил иностранец.
> – Это почему?
> – Потому, – ответил иностранец и прищуренными глазами поглядел в небо, где, предчувствуя вечернюю прохладу, бесшумно чертили черные птицы, – что Аннушка уже купила подсолнечное масло, и не только

купила, но даже разлила. Так что заседание не состоится».

М. Булгаков, «Мастер и Маргарита»

Некоторые предсказания глобальных «ужастиков», которыми пугают честной народ, сделаны в виде точного плана развития событий, полученного в результате авторитетных научных исследований. И это без понимания цели мироздания, его устройства и систем управления! А ведь классик, казалось, закрыл тему.

«Виноват, – мягко отозвался неизвестный, – для того, чтобы управлять, нужно, как-никак, иметь точный план на некоторый, хоть сколько-нибудь приличный срок. Позвольте же вас спросить, как же может управлять человек, если он не только лишен возможности составить какой-нибудь план хотя бы на смехотворно короткий срок, ну, лет, скажем, в тысячу, но не может ручаться даже за свой собственный завтрашний день?»

М. Булгаков, «Мастер и Маргарита»

Таким образом, напрашивается вывод, что предсказывать и тем более планировать будущее без знания всей картины мироздания просто глупо. А если бы мы знали?

«Знай, до начала творения был лишь Высший,
Все собой заполняющий свет,
И не было свободного, незаполненного пространства –
Лишь бесконечный, ровный свет все собой заливал».

Перед нами описание мироздания, которое приводит в своем стихотворении один из самых известных каббалистов в истории – АРИ. Много суеверий и мифов тянется нескончаемым шлейфом за каббалой и каббалистами. В этой статье мы не будем заниматься рассеиванием домыслов и предубеждений. Мы просто предлагаем ознакомиться с тем, что пишет каббалист о прошлом, и, возможно, это поможет понять нам настоящее, а, может быть, и будущее.

Процесс, описанный АРИ, требует пояснений. Когда каббалист говорит о свете, имеется в виду не тот свет, который описывают физики в квантово-волновой теории. Говорится о чем-то, не имеющем ограничений времени, места и пространства. Образно его иногда называют полем любви, иногда наслаждением или альтруизмом. Именно оно несет созданиям наполнение, ощущение жизни, бесконечности и совершенства. Все зависит от того, насколько создания способны войти в контакт с этим полем.

Далее в стихотворении указывается причина творения:

«И когда решил Он сотворить миры и создания, их населяющие,
Этим раскрыв совершенство Свое...»

Итак, цель творения – раскрытие совершенства Творца. Но как это связано с нашим настоящим и будущим? Однако не будем торопиться.

«Сократил себя Он в точке центральной своей –
И сжался свет, и удалился...
... Пока не находим мир материи наш в точке центральной,
Внутри всех окружностей, в центре зияющей пустоты».

АРИ сравнивает материальный мир с точкой, находящейся внутри некой пустоты без света. Что это значит? Поскольку свет по природе своей бесконечен и совершенен, выходит, что пустота – это нечто противоположное, а точка внутри вообще нечто бесконечно малое. Эта точка – ощущение только самого себя. Такое состояние выражается одним словом – эгоизм. Именно это характеризует наш мир, и поэтому все в нашем мире ограничено и конечно. Такое состояние не плохое и не хорошее. Это просто факт. Свет, несущий альтруистическое наполнение, эгоистический объект воспринять не может по определению.

Теперь пришло время еще раз спросить, а какое отношение это имеет к нам, обычным людям, живущим своими заботами? Зачем нам все эти высокие материи? Дело в том, что там наши корни и там наше будущее.

В первый раз человек захотел все это узнать 5772 года тому назад. Его имя – Адам.

В тот нулевой год у него, первого среди людей, возникло неосознанное ощущение света. В результате, у него возникли вопросы: «В чем смысл жизни? Откуда я? Куда мы идем?». С этого момента появляется возможность выйти из ощущения ограниченной, конечной реальности и ощутить все мироздание. Для этого необходимо было развить начальное альтруистическое желание и поднять его над желаниями эгоистическими. И Адам делает это!

Нам, пришедшим после него, Адам оставил методику перехода. Она называется «каббала» (получение). Методика получения света.

А теперь самое время делать выводы относительного нашего с вами будущего. Предсказания о конце света, а, по сути, боязнь смерти, берут свое происхождение из природы нашего ограниченного эгоистического восприятия. С другой стороны, в нас есть интуитивное ощущение бессмертия, природа которого – высший свет. Два этих противоположных ощущения и подталкивают человека к новым и новым поискам и желанию к счастью и вечности.

И в заключение приводим каббалистическое предсказание будущего, естественным образом вытекающее из знания цели и устройства мироздания. Конец мира неотвратимо приближается. В каббале под понятием «конец мира» подразумевается – конец эгоизма.

на грани света

«Всю жизнь я пытался понять природу света», – сказал Альберт Эйнштейн. В письме своему другу Мишелю Бессо он признался: «Пятьдесят лет размышлений так и не приблизили меня к ответу на вопрос: что такое световые кванты?»

* * *

В 16 лет его воображение захватила странная, но многообещающая картина: оседлав луч чистого света, он с головокружительной скоростью мчится по бесконечной Вселенной. Однако, едва очнувшись, он столкнулся с множеством вопросов. Можно ли достичь такой энергетики и таких скоростей? Что происходит при этом с временем и пространством? Какая реальность открывается на острие светового луча?

Эти вопросы не оставляли Эйнштейна до самых последних дней. Юношеская фантазия превратилась в неисчерпаемый источник революционных идей и удивительных открытий, которые в корне изменили наше мировосприятие.

ГОД ЧУДЕС

«Я хочу знать помыслы Бога. Остальное – детали».

В 1905 году, который стал для него чем-то вроде «Болдинской осени», Эйнштейн издал серию статей, открывших новые сферы научного познания. Он интуитивно догадывался, что ключ к пониманию Вселенной заложен в явлении под названием «свет».

Эйнштейн постулировал скорость света как абсолютную величину, относительно которой измеряются прочие физические явления. Он предположил, что свет состоит из неделимых частиц – квантов. В последующие десятилетия эта теория была подтверждена экспериментально и принесла Эйнштейну славу наряду с другими открытиями.

Однако световой луч, запавший ему в душу, был не просто квантовым потоком. Продолжая научные традиции нового времени, Эйнштейн надеялся проникнуть в самую суть материи и найти фундаментальные закономерности, определяющие все явления природы. Он не был религиозным в прямом смысле этого слова и, конечно же, не верил в «доброго дядю» на небесах, однако полагал, что «свет разума» сумеет сделать мир лучше.

Казалось, наука вот-вот представит человечеству нового бога-детерминиста в ореоле точных формул с греческими символами. Однако спустя столетие мы стоим всё там же – на сцене, залитой ярким светом, который так и не выдал нам своей главной тайны...

УДИВЛЕНИЯ ДОСТОЙНО

В Швейцарии много лет гремит канонада пушек, стреляющих элементарными частицами высоких энергий, и возможно, благодаря этому наше понимание микромира станет чуть менее частичным. Однако вопросов у ученых не убавится – скорее, наоборот.

Миллиарды лет просуществовала Вселенная, пока человечество не вложило миллиарды долларов, чтобы вернуться к ее истокам. Каббала предлагает более простой и экономный способ прокатиться на световом луче.

В каббале термином свет обозначается универсальная сила, действующая над материей и обеспечивающая течение всех процессов в природе. Традиционная наука пытается исследовать эту силу «внешними средствами», однако каббала рассматривает свет как исключительно внутреннее явление, раскрывающееся в самом человеке. Чтобы изучить его, нужно разработать несколько иные измерительные инструменты – внутренние, духовные.

Что удивительно, современная наука сама проложила для нас этот путь. Одна из наиболее поразительных особенностей квантовой теории состоит в том, что наблюдатель воздействует на наблюдаемое явление. Иными словами, без наблюдателя нет реальности. Более того, исследуя объект, мы влияем на его поведение. Например, свет может демонстрировать свойства волны или частицы – в зависимости от условий измерения.

Отсюда следует простой вывод: не в силах определить абсолютную реальность, мы лишь просчитываем и наблюдаем вероятности. Какова же истинная картина мира? Чтобы узнать это, каббала предлагает сделать следующий шаг в наших исследованиях.

Взаимосвязь наблюдателя с наблюдаемым объектом была сформулирована каббалистами уже тысячи лет назад. «Нет света без сосуда» – иными словами, внешние методы изучения не помогут проникнуть в суть вещей. Чтобы добраться до внутренних пластов, нам нужно измениться самим.

Основополагающее свойство «света» – безграничная отдача. В науке каббала «отдача» и «воздействие» обозначаются одинаково, ведь любые воздействия универсальной силы преследуют одну цель – отдать максимум на пользу другим. Если мы воспроизведем в себе это свойство, то станем «сосудом», в который войдет свет. Говоря иначе, его воздействие, его **отдача** проявится в нашей реальности.

Но в чем же все-таки связь между фотонами и отдачей? И есть ли у нас шанс прокатиться на световом луче?

АБСОЛЮТНЫЙ ПОКОЙ
Наука каббала – физика Высшего мира. Она описывает, как Высшие силы постепенно нисходят со ступени абсолютной отдачи, пока не создают материальную реальность.

Свойство отдачи, так же как и свет в нашем мире, является эталоном, относительно которого измеряются все духовные процессы. Это свойство, как белый свет, заливает всё вокруг, а наши внутренние желания и свойства рисуют на этом фоне картины «внешней» действительности. Они проецируют в сознание кадр за кадром, и чем сильнее их отличие от света, тем мрачнее выглядит наш мир.

Так же как мы исследуем «квантовые потоки», мы можем исследовать свет отдачи, фундаментальный закон мироздания. Только раскрывается он внутри нас, в «сосуде» – в желании, которое подобно ему по свойствам. Мы создаем в себе новый инструмент восприятия, «прибор ночного видения», который позволяет рассеять мрак. Этот прибор и есть «душа» – то, что реагирует на свет, откликается на отдачу.

Сформировать в себе «светочувствительный элемент» – это целая наука со своими формулами, расчетами и экспериментальной частью. Ее опыты тем более увлекательны, что человек проводит их в своем «сосуде» и там же наблюдает результаты. Именно так мы приподнимаем завесу над сутью явлений, с которыми столкнулась квантовая механика – авангард научного прогресса.

БОЛЬШОЙ ПРЫЖОК
Эйнштейн, более чем кто-либо, олицетворял тягу к абсолютному познанию, к пониманию глубинной сути вещей. Он не переставал удивляться чудесам мироздания и его совершенству, которое просвечивает сквозь любые покровы.

Всю жизнь великий ученый искал универсальную формулу, которая свяжет воедино все законы Вселенной. Этот поиск вывел современную науку на порог новой ступени и почти позволил совершить прыжок в неведомое... Однако, как известно, «почти» не считается.

Остался последний отрезок пути, финишная прямая, на которой потоки частиц оборачиваются желаниями, и мы ускоряем их до таких скоростей, что они воплощаются в жизнь. «Размытые» явления микромира с их вечной неопределенностью оказываются частями великой картины, которая вся пронизана светом – отдачей.

Чтобы «оседлать» этот свет, нужно впустить его внутрь, стать как он. Роль наблюдателя сменяется полноценным участием, которое позволяет человеку вникнуть в суть, прочувствовать, раскрыть ее в себе. «Свет в сосуде» – это и есть ответ на вопрос, решение уравнения, а если не по-научному – просто исполнение желаний.

«ДРЕВО ЖИЗНИ»

Обладая абсолютным знанием о происхождении мироздания, каббалисты разных времен оставили «свидетельские» описания процесса творения. Наиболее подробным и понятным, а не аллегорическим, иносказательным, как это принято у большинства каббалистов, языком об этом пишет АРИ – один из величайших каббалистов в истории человечества.

Знай, до начала творения был лишь Высший,
Все собой заполняющий свет,
И не было свободного, незаполненного пространства –
Лишь бесконечный, ровный свет все собой заливал.

И когда решил Он сотворить миры и создания, их населяющие,
Этим раскрыв совершенство Свое,
Что явилось причиной творения миров.

Сократил себя Он в точке центральной своей –
И сжался свет, и удалился,
Оставив свободное, ничем не заполненное пространство,
И равномерным было сжатие света вокруг центральной точки,
Так, что место пустое форму окружности приобрело,
Поскольку таковым было сокращение света.

*И вот, после сжатия этого
В центре заполненного светом пространства
Образовалась круглая пустота, лишь тогда
Появилось место, где могут создания и творения существовать.*

*И вот, протянулся от бесконечного света луч прямой,
Сверху вниз спустился, внутрь пространства пустого того,
Протянулся, спускаясь по лучу, свет бесконечный вниз,
И в пространстве пустом том сотворил все совершенно миры.*

*Прежде этих миров был Бесконечный.
В совершенстве настолько прекрасном своем,
Что нет сил у созданий постичь совершенство Его –
Ведь не может созданный разум достигнуть Его.
Ведь нет Ему места, границы и времени.*

*И лучом спустился свет
К мирам, в черном пространстве пустом находящимся,
И круг каждый от каждого мира,
И близкие к свету – важны,
Пока не находим мир материи наш в точке центральной,
Внутри всех окружностей, в центре зияющей пустоты.*

*И так удален от Бесконечного – далее всех миров,
Потому материально так окончательно низок –
Ведь внутри окружностей всех находится он –
В самом центре зияющей пустоты.*

С сокрытия Творца началось создание творения. Сократившись, свет создал все миры, и в их центре – мир, в котором мы живем. Всего лишь маленькая искра бесконечного духовного света проникла в материальное пространство, создав Вселенную и нас с вами. Этот процесс и описывал АРИ в своем стихотворении.

глава 8 >>>
хаим виталь

каббалисты
уполномочены
сообщить

хаим виталь
(1543–1620)

Хаим Виталь – выдающийся ученик и преемник величайшего каббалиста всех времен, Ицхака Лурии Ашкенази, известного под именем АРИ. Все каббалистические источники, принадлежащие учению АРИ (они объединены названием «лурианская каббала»), были записаны именно Хаимом Виталем.

ЛЮБИМЫЙ УЧЕНИК
Он родился и вырос в Цфате – этом знаменитом городе каббалистов.
Хаим Виталь не довольствовался занятиями открытой части Торы, а стремился постичь ее внутреннюю суть, испытывая непреодолимое желание раскрыть тайну жизни.

Он начал заниматься наукой каббала у известнейшего в то время в Цфате каббалиста, рабби Моше Кордоверо (РАМАК). Рассказывают, что когда в их городе поселился АРИ, именно РАМАК отправил Хаима Виталя к нему на учебу. С приездом АРИ Цфат становится духовным центром человечества, а наука каббала превращается из методики для избранных в методику исправления всего мира.

Между АРИ и Хаимом Виталем установилась особая, глубокая внутренняя связь. С самого начала своей учебы он тщательно записывал все, что говорил его учитель. Даже в последние мгновения своей жизни АРИ трогательно отзывается о своем любимом ученике. Об этом упоминается в книге «Врата перевоплощений»:

«К смертельно больному АРИ вошел один из его учеников, Ицхак Коэн, и, заплакав, сказал:

– На это ли мы надеялись, желая при Вашей жизни увидеть благо, учение и великую мудрость в мире?

Ответил ему АРИ:

– Скажи товарищам от моего имени, чтобы с этого дня не занимались вовсе той мудростью, которой я их обучал, ибо не поняли они ее, как должно. Пускай занимается ею лишь Хаим Виталь, в одиночку и скрытно.

Ученикам АРИ трудно было смириться с тем, что учитель собирается покинуть их. Отказываясь в это верить, Ицхак Коэн с волнением спросил:

– Неужели нет больше надежды?

Ответил ему АРИ:

– Если заслужите – я приду и буду учить вас.

Не поняв этого, Ицхак Коэн вновь обратился с вопросом:

– Как же вы придете и будете нас учить, если покидаете сейчас этот мир?

– Не в твоем ведении таинства, – ответил АРИ».

После смерти учителя Хаим Виталь сосредоточил свои усилия в работе над записями. АРИ вел занятия устно и никому, кроме Хаима Виталя, не разрешал записывать. Как говорил этот великий каббалист, среди его учеников не было ни одного, кто сумел бы, подобно Хаиму Виталю, до конца понять смысл вещей.

ТРУДЫ АРИ

Великим каббалистам во все времена необходим был ученик, обладающий особой душой, чтобы с его помощью можно было раскрывать миру свои духовные постижения. Рабби Аба записывал слова РАШБИ, и таким образом была составлена книга «Зоар». И Хаим Виталь записал со слов своего учителя всё его учение, известное нам сегодня как «каббала АРИ». Из его основных произведений можно выделить «Древо жизни» – книгу, которая научно описывает систему Высших миров, а также «Восемь врат» – серию книг, объясняющих, в числе прочего, кругообороты душ.

К словам АРИ Хаим Виталь не добавил от себя ничего. Он всегда указывал на те места, в понимании которых испытывал сомнения. Поэтому понятно, что написанные им книги являются трудами АРИ.

Книги на основании записей Хаима Виталя были составлены лишь спустя поколения после его смерти. Вообще, для каббалистических книг характерен таинственный процесс исчезновения и раскрытия.

Труды АРИ тоже окутаны тайной: еще при жизни Хаима Виталя из них было похищено шестьсот листов. Кроме того, перед смертью Хаим Виталь предписал своим ученикам положить вместе с собой в могилу часть записей, поскольку не был уверен, что правильно понял всё, услышанное им когда-то от АРИ. Спустя годы ученики извлекли из могилы треть записей, которые легли в основу книги «Древо жизни».

Хаим Виталь приложил множество стараний, чтобы передать миру духовное послание АРИ. Если в прежние времена каббала была уделом избранных, то с этого времени ее врата раскрылись перед всеми. Он считал, что каждый человек обязан изучать каббалу: «...и пускай не говорит теперь человек, что он освобожден от занятий этой наукой».

> (цитата)
> Нет у Творца большего удовольствия, чем видеть
> занимающихся каббалой. И более того,
> только для того создан человек, чтобы изучать каббалу.
> -Хаим Виталь, «Введение к Шаар Акдамот»-

Хаим Виталь – яркий пример бескомпромиссной преданности делу всей своей жизни – передаче людям внутреннего послания каббалы АРИ. Лурианская эпоха стала поворотной в духовной истории народа Израиля и науки каббала. Именно тогда был проложен путь для каждого, в чьем сердце пробуждается желание понять, для чего он живет.

РОДИТЬСЯ ДУХОВНО

РЕШИМО
(духовный ген)

Сегодня все знают, что есть такое понятие – ген. Говорят ребенку: «Нервный ты – в папу, а вот умный – в маму, деловой – в дедушку, хозяйственный – в бабушку». То есть все понимают, что в поведении ребенка большую, чуть ли не главную роль играют гены, которые он получил по наследству. Они помогают ему устраиваться, или не устраиваться в нашем мире.

Но мы поговорим сегодня о других генах – духовных. В каббале духовный ген называется «решимо» (мн.ч. – решимот), то есть запись, воспоминание о бывшем, исчезнувшем состоянии.

В решимо записан весь путь человека до его рождения и после, записан каждый его шаг, каждая мысль, которые ведут его к тому состоянию, что было в нем когда-то, было и исчезло.

А был он в состоянии полного слияния с Творцом, был он бесконечно наполнен светом, наслаждением. Тогда все человечество представляло собой единую душу. Но затем произошло разбиение этой единой души на многие частички, искорки. Высший свет исчез. И только благодаря записи, решимо, мы можем существовать сегодня в мире, в котором нет света Творца.

Решимот свернуты, как спираль, и они постоянно неотвратимо раскручиваются, раскрывая все новые и новые желания. Мы ощущаем их, как свои собственные, и тут же хотим реализовать, то есть наполнить наслаждением. Схема известная и очень простая: есть желание, а это значит, есть для чего жить, и мы торопимся наполнить его. Наполняем, наслаждаемся и нам уже срочно необходимо следующее желание, которое запускается с помощью решимо.

Вот так мы и бежим от одного решимо к другому. Смена решимот дает нам ощущение движения, времени, жизни.

Когда решимот медленно сменяют друг друга, мы начинаем испытывать депрессивные состояния, а если новые решимо не проявляются совсем, то человек умирает.

Получается, что мы абсолютно лишены свободы воли и вся наша жизнь – это ответ на требования решимот?

Да, на нашем земном уровне так оно и есть. И это происходит до тех пор, пока в одном из кругооборотов спираль решимот не раскрывает в нас качественно новое желание – желание того, чего мы сами не знаем, чего-то такого, чего нет в нашем мире, что находится за пределами пяти органов чувств. Нас вдруг начинает куда-то тянуть, но куда?!..

Вот так в нас раскрывается желание к духовному, или, другими словами, в нас проявляется некая маленькая точка, которая еще называется точкой в сердце. Эта точка напрямую связана с Творцом. Она ощущает Его, находится с Ним в постоянном диалоге, и вся задача человека состоит только в том, чтобы начать развивать эту точку, то есть начать «питать» ее, выращивать своими мыслями, направленными к духовному.

С этого момента мы перестаем существовать только в объеме нашего мира, то есть наших земных желаний. Мы как бы становимся на первую духовную ступень и начинаем свое истинное возвращение «домой», к тому великому, бесконечному наслаждению, которое было когда-то в нас, и запись о котором осталась в нашей духовной памяти.

Вот тогда-то в нас и возникает настоящая свобода воли. Мы уже не ждем, что решимот потянут нас за собой, мы не бежим за ними, лишенные воли и разума, а самостоятельно вызываем их в себе. Это становится возможным, потому что, контактируя с духовным, мы как бы приподнимаемся над решимот.

Как сделать так, чтобы ускорить движение решимот? Есть только один способ это сделать: надо начать читать книги, написанные каббалистами – теми, кто уже постиг духовные миры. Они описывают нам наши будущие духовные состояния, ведь они уже прошли весь этот путь сами.

Читая их книги, мы как бы подтягиваемся к этим своим совершенным состояниям и тем самым вызываем на себя свет наших будущих ступеней. Этот свет возбуждает в нас решимо, которое тут же раскрывает нашу новую духовную ступень.

Вот так, читая книги, возбуждая в себе все новые и новые духовные желания, мы и двигаемся от решимо к решимо, со ступени на ступень, самостоятельно поднимаемся вверх, к Творцу.

Это ощущение несравнимо ни с какими наслаждениями нашего мира. Как проверить, что это правда? Очень просто – начать читать каббалистические книги.

ИЗ ПРОЧИТАННОГО

РАЙ И АД.
Наука каббала изучает только желания человека. Рай и ад – это различные состояния человека, которые он проходит, поднимаясь по духовным ступеням. Раем называется ощущение подобия свойствам Творца; адом – состояние противоположности этим свойствам.

ЧТО ТАКОЕ ДУША?
Душа – это желание к тому, что находится выше нашего, земного, существования, возникающее в человеке на определенном этапе его развития. Поначалу это желание пробуждает глубинные вопросы о жизни, ее смысле и цели. В итоге своего развития это желание приводит человека к встрече с наукой о постижении Высшего мира – каббалой.

ЧТО ПРОИСХОДИТ С НАМИ ПОСЛЕ СМЕРТИ?
В момент смерти прерывается существование нашего физического тела. Если за время жизни нам удалось развить в себе душу, то мы продолжаем в ней свое существование. Если же мы не развили душу, то снова окажемся в этом мире, в новом теле, в новом жизненном цикле.

У КОГО ЕСТЬ ДУША?
Вопреки общепринятому мнению, душа есть не у всех. Душа – это особый орган чувств, в котором каббалист ощущает высшую совершенную управляющую силу – Творца, Его свойство абсолютной отдачи. Рождение души в человеке происходит под воздействием этой силы в результате занятий наукой каббала – методикой постижения Творца.

ЧТО ТАКОЕ ПЕРЕВОПЛОЩЕНИЕ ДУШИ?
Перевоплощением души называются этапы осознанного ее развития под воздействием Высшей развивающей силы, воздействующей на душу в процессе

изучения науки каббала. Каждое перевоплощение - это новое, более высокое состояние, которого достигает душа.

ЧТО ПРОИСХОДИТ С ДУШОЙ, КОТОРАЯ НЕ УСПЕЛА ЗАВЕРШИТЬ ИСПРАВЛЕНИЕ?
Если человек уже обрел душу и вывел ее на одну из духовных ступеней, то на следующем жизненном витке он не должен все начинать заново. Его душа продолжит свое духовное развитие с того уровня, которого она достигла в предыдущем воплощении.

МОЖЕТ ЛИ ЧЕЛОВЕК ПЕРЕВОПЛОТИТЬСЯ В ЖИВОТНОЕ?
Наперекор всем суевериям, душа никогда не облачается в неживые, растительные или животные объекты. Душа рождается только в человеке и только под воздействием Высшего света.

ЖИВЕТ ЛИ КАББАЛИСТ ВЕЧНО?
Каббалист живет в нашем мире, пока может приносить пользу своему поколению. Он ощущает в телесных органах чувств наш мир, а в душе – Высший мир. Когда его миссия в нашем мире завершается, тело умирает. А поскольку он обладает вечной и совершенной душой, подобной Творцу, в ней каббалист и продолжает существовать в мире духовном.

КТО МОЖЕТ РАССКАЗАТЬ, КЕМ Я БЫЛ В ПРОШЛОМ ПЕРЕВОПЛОЩЕНИИ?
Ни гадалки на кофейной гуще, ни мистики и хироманты не могут знать о том, что происходило с вами в прошлых перевоплощениях. Многие убеждены, что были когда-то сиятельными монархами или прекрасными принцессами, однако, как правило, дело ограничивается пустыми фантазиями. Только подъем в духовный мир, осуществленный посредством каббалистической методики, позволяет человеку «окинуть взглядом» свои прошлые кругообороты и понять те причины, по которым он прожил каждый из них.

КАК МНЕ НАЙТИ БЛИЗКУЮ ДУШУ, КОТОРАЯ СТАНЕТ ВЕРНЫМ СПУТНИКОМ ЖИЗНИ?
Выбирая спутника жизни, не стоит витать в облаках фантазий и заблуждений. Прислушиваясь к сердцу и трезво глядя на вещи, нужно выбирать партнера по жизни просто и здраво, стараясь найти как можно более похожего на себя.

И напоследок три вопроса:
ПЕРЕДАЕТСЯ ЛИ ДУХОВНОСТЬ ПО НАСЛЕДСТВУ?
ВЫБИРАЕТ ЛИ НАША ДУША СВОИХ БУДУЩИХ РОДИТЕЛЕЙ В ЭТОМ МИРЕ?
МОЖНО ЛИ УСТАНОВИТЬ СВЯЗЬ С ДУШАМИ УМЕРШИХ ЛЮДЕЙ?
И один короткий ответ – Нет!

право на существование

Лакмусовой бумажкой нашего времени можно без преувеличения назвать средства массовой информации или, попросту, СМИ. На одних и тех же информационных пространствах мирно соседствуют апокалипсические прогнозы с прогнозами прямо противоположными.

Наступает глобальное потепление, тают ледники Антарктиды, грядет всемирная катастрофа – кричат заголовки статей в газетах и интернет-сайтах. Ерунда, все нормально, все идет по плану, как может букашка-человек нарушить экологический баланс огромной Земли – не соглашаются другие.

Вот-вот наступит мировой экономический кризис, Китай перекачал к себе всю долларовую массу, Америка включила печатный станок – надрываются эксперты. Все заранее спланировано, доллар силен, как никогда, – успокаивают их оппоненты.

Точно также обстоят дела и с другими глобальными проблемами. Пессимисты настаивают на том, что все идет в тартарары, а оптимисты с не меньшей убежденностью доказывают, что все тип-топ. Россыпи ссылок на официальные источники, громкие имена ученых, доклады авторитетных комиссий и даже кинофильмы нобелевских лауреатов – все идет в ход.

Куда податься простому гражданину и человеку? Кому верить!?

Наука каббала в этом смысле очень категорична – верить нельзя никому. Все нужно и можно проверить на основании знания абсолютных законов природы. Каббала предлагает каждому эти знания, поскольку именно в этом ее предназначение. И еще – только знание этих законов может дать человеку уверенность в завтрашнем дне, вместе с пониманием, что и как можно делать, а что лучше и не пытаться начинать.

Как ни странно, но действия большинства этих законов разворачиваются прямо перед нашими глазами, они просты и понятны, однако мы, подобно упрямцу Паниковскому, предпочитаем не расставаться с ролью мнимого слепого.

В качестве примера можно привести закон, который очень подробно объясняет каббала – «закон развития». Он формулируется так: «все оценивается не в процессе развития, а в его конце». Действие этого закона мы можем наблюдать повсеместно.

Маленький горький плод, пройдя множество промежуточных состояний, в итоге превращается в красное наливное яблоко. Невзрачный птенец, «гадкий утенок», становится прекрасным лебедем. А сколько «маленьких трагедий» происходит с беспомощным кричащим комочком, пока он вырастает и становится венцом природы – человеком!

Можно ли было предвидеть счастливое окончание этих событий, не зная заранее результата? Конечно же, нет!

Мы видим действие этого закона, но в расчет его не берем, и брать не собираемся. Как говорил селекционер Мичурин: «Мы не можем ждать милостей от природы, взять их у нее – наша задача». Поэтому мы вмешиваемся во все, что только можем, действуя по своим, чуждым природе, правилам, разрушая и уничтожая все на своем пути. А ведь из «закона развития» вытекает следствие: «поскольку конечный результат развития нам неизвестен, все в мире имеет право на существование». В свою очередь, это значит: «исправлять и уничтожать ничего нельзя!»

Но мы не можем остановиться. Мы видим в мире массу вредных и мешающих человеку вещей и явлений. Так что же, нам с ними не бороться и не пытаться исправить? Не уничтожать микробов, вредных насекомых и даже террористов? Не бороться за всеобщее равноправие и демократию? С озоновыми дырами и наркоманией? Оставить все, как есть, и ничего не делать? А в чем же тогда заключается наша роль, как единственного разумного элемента природы?

Каббала объясняет: мы, люди, – это единственный оставшийся в природе элемент, находящийся в процессе развития. В конце пути нам гарантировано идеальное совершенное состояние в общей природной системе, поскольку для этого мы и были созданы. Но, в отличие от неживой, растительной и животной частей природы, нам дана возможность выбирать. Мы можем быть активной частью природы и участвовать в процессе развития, а можем оставаться, как сегодня – пассивной частью. В этом случае мы попадаем под влияние «закона развития», который управляет нами против нашей воли, то есть давя на нас со всех сторон, ведя через промежуточные неисправленные состояния к конечной цели.

Человек может и должен взять под свой контроль «закон развития». Для этого он должен сам изучать и выявлять свои неисправленные промежуточные состояния.

Мы не можем и не должны прекращать бороться с больной экологией, с недостатками образования, с голодом и тысячами других проблем. Но, одновременно с этим, мы не должны забывать – мы боремся со следствиями, а не с причиной. Причина всех проблем в мире лишь одна – мы пассивные наблюдатели процесса развития. Но не зря нам даны разум, чтобы понять, и сердце, чтобы почувствовать, – мы можем вмешаться в этот процесс и ускорить его завершение.

прозак для кошек и собак

(справка)

> Правительство Великобритании обнародовало план борьбы с депрессией. Предполагается затратить 170 млн. фунтов на подготовку 3600 врачей-психиатров. Причина: на территории Великобритании было выписано более 31 млн. рецептов на антидепрессанты.
> В США 14% населения пользуются антидепрессантами.

Симптоматично, что многие из нас сегодня потеряли вкус к жизни. Даже у обеспеченных и вроде бы состоявшихся людей возникает ощущение неуверенности в завтрашнем дне, ощущение бессмысленности происходящего. Опустошенность, горечь и отчаяние – эти безрадостные чувства нередко приводят к тому, что человек прибегает к помощи транквилизаторов, к наркотикам или пускается «во все тяжкие». Но все это лишь временные успокоения и суррогатные наполнения.

В начале прошлого века выдающийся русский ученый, академик В. И. Вернадский, отмечал негативные последствия научно-технического прогресса и предупреждал, что, в случае неправильного использования достижений науки, они могут грозить человечеству самоуничтожением. Однако он был убежден, что природа не может создать силу, враждебную самой себе.

Очень даже может! Издевательство человека над природой достигло таких масштабов, что природа начала принимать ответные меры, как на макро-уровне (изменение климата, стихийные бедствия), так и на микро-уровне (опасные мутации микроорганизмов). В этот конфликт вовлечены все ступени природы: животная, растительная, неживая, и на это уже невозможно закрыть глаза.

(справка)
Крупные фармацевтические компании мира уже несколько лет производят антидепрессанты для животных. Компания Eli Lilly поставляет на американский рынок антидепрессант для собак, Reconcile, в виде корма со вкусом говядины.

Представитель Британского Королевского колледжа ветеринарных хирургов, Ромейн Пицци, заявляет (газета Telegraph), что регулярно прописывает животным антидепрессант «Прозак», изначально предназначенный для лечения человека.

На конференциях ветеринарной медицины обсуждается насущная сегодня проблема – как лечить депрессивные состояния у животных. Большинство врачей сходятся во мнении: сегодня, чтобы вылечить собаку, необходимо выяснить, чем страдает ее хозяин. Да и препараты животному лучше назначать те, которые хорошо помогают ее владельцу.

Поэтому доктор Мэрисол Перес, практикующий в Сантьяго, назначает страдающим от душевных расстройств животным «человеческую» микстуру собственного приготовления. Она изготовлена на основе целебных трав и обычного бренди. Он отмечает, что «таким образом вылечил кошек, собак и множество других животных, среди которых кролики, птицы, черепахи, курицы и даже лошади». Доктор, опять-таки, подчеркивает, что микстура помогает особенно хорошо, когда люди и их питомцы принимают лекарство одновременно.

Еще лет десять назад о таком подходе к лечению животных не могло быть и речи.

В последнее время ни игры, ни пища, ни общение не спасают животных от депрессии (как и у людей!). При развивающейся депрессии они выклевывают себе перья, наносят разные увечья (у людей – терроризм, насилие, наркотики и пр.). Пушистый баловень располагает гарантированным диваном для лежбища и миской, полной лакомых кусочков, которые не надо добывать самостоятельно. Казалось бы, чего ему не хватает? Кто-то улыбнется: «Подумаешь, киска плачет!» Она не плачет, она сигнализирует.

И пока мы страдаем лишь от пониженной способности воспринимать положительные стороны бытия, самое время задуматься и не доводить до настоящей клинической депрессии – melancholia gravis, melancholia grandiosa – меланхолия тяжелая и жестокая, меланхолия грандиозная, черная меланхолия, как ее называют психиатры.

То, что мы наблюдаем сегодня, что наиболее ярко проявляется во взаимоотношениях «человек – животное», подводит к пониманию того, что как только мы нравственно, эгоистически опускаемся, с нами «опускается» весь мир: неживой, растительный и животный.

Великие каббалисты в своих книгах писали, что к концу XX века человечество достигнет состояния максимально развитого эгоизма и максимальной разочарованности. Тогда, как утверждается в книге «Зоар», настанет время раскрыть человечеству каббалу как научную методику достижения подобия природе.

Профессора старой закалки учили нас, что мудрец не тот, кто способен первым разглядеть и понять происходящее, а тот, кто может вовремя принять меры. Существует невеселая врачебная шутка, что лучший диагност – патологоанатом, но есть и главный принцип медицины – профилактика. Если человек уже понимает, каков источник его бед, ему предоставляется возможность взять власть над законом развития и перестать страдать.

Эгоизм стал фактором дисбаланса, но это не значит, что он подлежит упразднению, – нужно лишь внести коррективы в способ его применения. Сила эгоизма – это замечательная сила. Благодаря ей мы развивались до сих пор и благодаря ей мы достигнем совершенства. Именно она толкает нас вперед и делает возможным развитие, которому нет предела. Без него мы не приняли бы форму человеческого общества и не отделились бы качественно от животного мира.

«Сказано Творцом: "Я создал эгоизм, специально, как зло, и вам дал каббалу, как методику его исправления светом, действующим на изучающего. Он поднимет вас, и с вами весь мир, с эгоистического уровня – до Моего уровня отдачи, любви, совершенства!"»

Пожалеем животных, себя, наше потомство… или?

экономика в призме каббалы

«Эффект бабочки», «эффект потребителя», головокружительный успех и обвальное крушение – все это следствия невидимых взаимодействий между экономическими и природными механизмами. Перед нами картина, достойная кисти живописца: четкая зависимость и хрупкий баланс.

ПРЕЛЮДИЯ
У Майрона Шоулза и Роберта Мертона было все, о чем только может мечтать ученый: Нобелевская премия по экономике, лекторские ставки в престижнейших университетах мира и слава выдающихся аналитиков финансового рынка. Однако даже слава померкла перед новым шансом, который выпал им в середине девяностых. Один бывалый и небезызвестный брокер предложил ученым на деле применить свои познания и заработать деньги – много денег.
Как именно?
Шоулз и Мертон были уверены, что статистическое исследование позволит им в точности предсказывать колебания и тенденции биржи. «Экономические рынки на удивление пунктуальны, – повторяли они неоднократно. – Это все равно, что бросать кости. Шансы на ту или иную комбинацию легко поддаются вычислению».
Собрав ударную группу из профессоров математики и экономики, вместе с уже упомянутым брокером они основали частный хедж-фонд (компанию по инвестициям, применяющую стратегию прибыли при любых условиях) под названием Long-Term Capital Management (LTCM). Компания базировала свою инвестиционную политику на математических моделях. Ее офисы расположились в модном пригороде, на расстоянии каких-то 60 км от Уолл-стрит, и дело пошло в гору.
За считанные годы фонд превратился в объект неукротимой зависти любого банкира и биржевого брокера. Матерые акулы бизнеса не верили своим глазам: LTCM добился 40-процентных годовых прибылей, его вкладчики не ведали ни убытков, ни колебаний, ни риска. Казалось, ученые расшифровали секретный код, отыскали закономерность в хаотичных движениях капитала и научились, что называется, «делать деньги» – простите, очень много денег.
Инвестиционные банки, эти неумолимые скептики, размякли под напором столь очевидной гениальности и выдали фонду кредиты на сто миллиардов долларов, даже не потребовав надлежащих гарантий. LTCM наладил экономические связи со всеми банками Уолл-стрит и создал разветвленную

финансовую систему, в которой каждое звено влияло на всю цепочку.

А затем, в одну из сентябрьских ночей 98-го года, пузырь лопнул. Россия, запутавшаяся в экономических проблемах, объявила дефолт (проще говоря, обанкротилась), и лавина понеслась вниз...

Фонд LTCM потерпел крах, вызвав этим лихорадочное сердцебиение во всей мировой экономике. В те дни казалось, что рынок галопом движется к непоправимым убыткам. Алан Гринспен, легендарный глава федеральной резервной системы США, собрал на экстренное заседание за закрытыми дверями директоров крупнейших банков Уолл-стрит и Европы. «Молитвами финансистов» было принято кардинальное и очень дорогостоящее решение спасти LTCM путем реструктуризации (долги были оплачены, и LTCM тихо закрылась). Это позволило вызволить мир из глубочайшего экономического кризиса.

ОБВАЛЬНОЕ КРУШЕНИЕ

Нынешние проблемы мировой кредитной системы напоминают те условия, которые привели LTCM к бесславному концу. Правда, в последние дни мировые биржи пошли на повышение, однако кризис субстандартного (Sub Prime) ипотечного кредитования в США (речь идет о ссудах на жилье для проблематичных заемщиков) уже распространился по всему миру и далек от завершения.

Краткая справка для тех, кто отлучался по делам.

После трагедии Башен-близнецов в 2001 году, вследствие «мягких» процентных ставок начался резкий подъем рыночного спроса. Так родились два гигантских пузыря: пузырь недвижимости и пузырь акций.

Пузырь недвижимости лопнул первым. Высокие учетные ставки 2007 года, с одной стороны, понизили цены (поскольку резко упал уровень продаж), а с другой стороны, ударили по должникам. Волна неплатежей привела к разорению банков и финансовых учреждений. Начавшийся в США обвал захлестнул биржи, банки, компании и хедж-фонды всего мира. От взрывных волн, прокатившихся по Европе, Азии, Канаде и Австралии, пошатнулись многочисленные корпорации, производители, компании по сбыту и даже фирмы высоких технологий.

Сегодня призрак глобального кризиса снова витает под сводами здания мировой экономики. Сколько времени оно сможет противостоять разрушительным порывам? Как предотвратить очередное крушение? Существует ли некое универсальное средство?

ЭТО ТОНКОЕ РАВНОВЕСИЕ

Ипотечный кризис и провал LTCM наглядно иллюстрируют неразрывную взаимозависимость всех систем. Даже самый маленький «прокол» – любой единичный фактор – перекидывается на самые разные сферы и подводит мировую экономику к краю пропасти. А любые попытки спрогнозировать развитие событий с помощью экономических моделей до сих пор оканчивались неудачей.

Чтобы найти всеобъемлющее решение проблем, стоящих на повестке дня, нужно внимательнее присмотреться к тому удивительному балансу, который царит в природе. Лишь поняв общую закономерность окружающей нас интегральной системы, мы сможем верно предсказывать грядущие события. Именно об этом и говорит наука каббала.

О какой же закономерности идет речь?

Нобелевский лауреат по физиологии и медицине, один из ведущих исследователей Рокфеллеровского университета медицинских исследований (Нью-Йорк), профессор Гюнтер Блобель, считает, что принцип обоюдности является ключевым для функционирования любой системы в природе. «Самый лучший пример тому – клетки живого тела. Они соединяются друг с другом посредством взаимной отдачи, направленной на нужды организма в целом. Каждая клетка получает необходимый ей минимум, а остальные силы отдает на благо всего тела».

Фактически, на всех уровнях природы любая особь действует на благо общности, к которой она принадлежит, и в этом ее совершенство. Тонкое взаимное равновесие создает условия для жизни, и именно на нем строятся все природные системы.

ВОПРЕКИ ПРИРОДЕ

Механизмы, созданные человеческим обществом, абсолютно противоположны естественной природной гармонии. В основе нашего поведения лежит эго, всегда предпочитающее узкие личные интересы. Оно не только игнорирует общее благо, но и действует за счет других в погоне за богатством, славой и властью.

На примере экономики мы видим, что интересы владельцев капитала и акций стоят во главе социальных приоритетов. Некоторые скажут: «Однако многие фирмы делают пожертвования на общие нужды, создавая страховочную сетку безопасности». Такие взносы, конечно, заслуживают похвалы, но разве не скрывается за ними стремление каждой фирмы сделать себе имя и извлечь выгоды из рекламы собственного имиджа?

Ситуация тупиковая: малейшее наше действие способно вызвать далеко идущие последствия в других частях мира и, одновременно с этим, мы заточены в замкнутом круге эгоизма, не позволяющего нам сделать ни одного свободного вдоха.

«Эффект бабочки» – это распространенная метафора математического хаоса. В эпоху глобализации аналогом ей служит «эффект потребителя»: каждый наш шаг в сфере потребления оказывает влияние на многочисленные механизмы, о которых мы не имеем ни малейшего представления.

Когда вы идете в ближайший торговый центр за покупками, то выши незамысловатые финансовые операции сказываются на жизни многих людей по всему миру. Купленный (или нет) вами товар может решить судьбу целого предприятия, привести к массовой миграции, спасти кого-то от голода, а кого-то, наоборот, загнать в тиски нищеты.

Переключая телеканалы у себя дома, вы можете ненароком встряхнуть весь рекламный рынок. Одно нажатие кнопки отражается на зарплате и карьере сотен людей…

В последние годы наш мир превратился в своего рода хрустальный шар, который может погубить любая трещина, даже если она незаметна на глаз. Отдельные события, такие как экономический кризис в США, стихийное бедствие, террористическое нападение или нагнетание напряженности в Персидском заливе, напрямую влияют на стоимость товаров и угрожают мировой экономической стабильности.

Как же мы умудрились дойти до того, что почва ежесекундно угрожает уйти у нас из-под ног? И что делать дальше?

Решить проблему не так уж сложно – говорит каббала – и для этого не нужно быть блестящим экономистом. Вместо того чтобы адаптировать механизм наших взаимоотношений к естественным природным системам, мы создали систему искусственных связей, которая целиком пронизана эгоистическим подходом. Мы даже не понимаем, что тем самым вступили в конфронтацию с законами природы.

Однако человечество, как общность, неотделимо от природы и, естественно, обязано выполнять ее законы. Временные и точечные решения здесь не помогут. Пока мы не доберемся до сути проблемы, нас ждут постоянные потрясения и весьма туманные виды на будущее.

ОБУЧЕНИЕ ЗАКОНАМ ПРИРОДЫ

Сама основа системы человеческого общежития ведет к дисбалансу с природой. Исправив этот изъян, мы решим свои проблемы.

Такое исправление можно осуществить лишь с помощью воспитания. Когда рулевые мировой экономики разочаруются в анальгетиках и решат заняться лечением болезни, им придется предпринять несколько шагов:

– сначала надо будет воспользоваться всевозможными системами пропаганды и агитации, чтобы донести до людей простое послание: мы представляем собой многоклеточное тело и взаимосвязаны друг с другом; каждая клетка человечества должна будет понять, что наиболее прибыльная для нее экономическая модель, – это счастье других людей; только так человек сможет гарантировать себе стабильность.

– одновременно нужно объяснить людям причину кризиса – вся природа живет по четким законам, противостояние которым и привело нас к нынешней тревожной ситуации; в объяснениях можно использовать многочисленные примеры функционирования и взаимодействия систем в природе;

– наряду с этими шагами, люди, принимающие решения, должны будут изучить фундаментальные принципы природной гармонии и сделать вывод о переменах, которые необходимо произвести в социальных механизмах, чтобы привести их в равновесие; методика, дающая знание о природных законах, уже существует – это наука каббала.

Только если люди, имеющие влияние на нашу жизнь, в силу создавшихся условий, начнут действовать именно в этом направлении, нам удастся вывести человечество из болота, в которое оно погрузилось по горло, и поставить его на твердую почву. Когда мир устремится к равновесию с природой, результаты превзойдут все наши ожидания.

Глава 9 >>>
бешт

**каббалисты
уполномочены
сообщить**

бешт
бааль шем тов
исраэль бен элиэзер
(около 1700 – 1760 г.г.)

На исходе субботы, когда рабби Исраэль обычно выкуривал трубку, один из старших учеников, реб Зеев Кицес, садился рядом и задавал вопросы.

На этот раз он спросил:

– Учитель, а почему вы так долго и так громко смеялись?

От этих слов рабби Исраэль вдруг воспламенился и воскликнул:

– Сейчас вы увидите, почему я смеялся... Эй, Алексей, закладывай лошадей! В путь!

Юные праведники никогда не спрашивали, куда собрался рабби Исраэль. Приедем – увидим...

Так повествует притча.

Притч десятки, возможно, сотни. Они о веселом волшебнике, который в сопровождении ватаги учеников разъезжает по приднестровским равнинам и карпатским кручам. Он учит. Он исцеляет. Он пророчествует. Он отводит погромы. Своего имени у волшебника нет. Все называют его «Владелец Доброго Имени» – Бааль Шем Тов, или кратко – БЕШТ.

Его учеников не сосчитать. Сам он не написал ни строчки. Портретов его не осталось. Иногда кажется, что речь идет о сказочном персонаже.

* * *

Все предания утверждают, что Бааль Шем Тов родился в праздник Шавуот. Однако год называют разный: иногда 1698, иногда 1700, и почему-то никогда 1699.

Зато все в один голос говорят, что он родился в деревеньке Окуп. Она, в свою очередь, тоже имеет склонность перемещаться. У одних исследователей она располагается недалеко от Каменца, у других – на Днепре, у третьих – на Буковине, у четвертых – в Галиции.

Похоже, что знаменитая телега, ведомая кучером Алексеем, уже тогда была в пути.

О родителях мальчика существуют разнообразные легенды. Согласно одной из них, они были пожилыми, бедными и безвестными, и умерли рано, оставив сироту Исраэля на попечение нищей общины. Парнишку определили помощником учителя при синагоге. Чем он занимался? Должно быть, тем же, чем Иеошуа Бен Нун задолго до него и РАШАШ немного после, а именно – мел полы и расставлял стулья перед уроком. Со временем грохот этих стульев разбудит целое поколение.

А пока попытаемся представить, что такое жить в украинско-еврейском захолустье в начале XVIII века.

После десятилетия погромов Хмельницкого, местечки и деревушки, городки и хутора затаились так, словно боялись дышать. «В обстановке полнейшего бесправия евреям приходилось покупать покровительство», – пишет историк. –Свобода и жизнь зависели от капризов местных помещиков. Если корчмарь или управляющий в конце недели являлся с тощим кошельком, его жестоко избивали и сажали в тюрьму. И некому было взять его на поруки».

В разоренных общинах не было средств, чтобы содержать ешивы. Как правило, собранных денег хватало только на хедер – начальную школу. Стоит ли удивляться, что БЕШТу было просто негде получить классическое еврейское образование. Возможно, поэтому он – как пишут – «любил прикидываться безграмотным невеждой, который неохотно и вымученно бормочет несколько основных молитв».

Общине Окупа, наконец, стало в тягость содержать великовозрастного сторожа. Как только представилась возможность, «простоватого неуча» женили. Однако вскоре он овдовел, и после этого всякие внятные сведения о нем исчезают на долгие годы. По одним слухам, он вернулся к своему прежнему замкнутому существованию, по другим – подрабатывал где-то моэлем.

Еще пишут, что он присоединился к сообществу каббалистов, и что их руководитель, «знаменитый чудотворец» Адам Шем Тов, с которым Исраэль исходил всю Европу и дошел до Лондона, учил его, передал ему свои записи и велел ждать знаменья. Нам неизвестно, пришло ли оно.

Однако в хрониках значится такой эпизод. Однажды в доме судьи города Броды, почтенного рабби Гершона Кутовера, появился гость. Пришедший был одет так, что рабби Гершон вознамерился, было, наделить его милостыней. Однако гость остановил его, и, как пишет историк, «извлек из кармана своей крестьянской рубашки брачный контракт». Там, где следовало указать имя жениха, стояло: Исраэль, сын Элиэзера, а невестой была записана Хана Кутовер, сестра рабби Гершона. Контракт был подписан отцом рабби Гершона и Ханы, покойным рабби Эфраимом.

Сегодня нам даже трудно вообразить ту пропасть, которая разделяла образованного судью из Брод и бродягу, которым прикидывался мудрец.

И, тем не менее, свадьба состоялась. Перед церемонией, как утверждает источник, «Бааль Шем Тов открылся Хане». Что означает эта фраза? Очевидно, что знамение все же пришло, только не к Исраэлю, а к Хане, и оно означало, что ее ожидает все, что угодно, кроме покоя.

Заполучив в родственники «неграмотного мужлана», рабби Гершон, кажется, решил откупиться. Молодоженам был куплен постоялый двор с корчмой, телега и лошадь. Все это – подальше от Брод, в Карпатах. Ах, знал бы рабби, что ждет его, что будет он у шурина одним из преданнейших учеников и услышит его слова: "Творец бодрствует, Творец следит. Это Он решает, сколько раз листок перевернется в пыли, прежде чем ветер унесет его."

...Следующие семь лет будущий отец хасидизма добывал глину в горах. Впоследствии, едва взглянув на глиняный кувшин, он мог рассказать все о том, кто его сделал. Он говорил ученикам, что душа человека отражается в изделии, как и дело его рук отражается в душе.

Однако добывать глину – это страшный труд. Где он спал? Чем питался? Земляникой, которой растет на склонах в таком количестве, что собирают ее не поштучно, а совком? Не знаем. Нет ответа.

Зато достоверно, что дни свои он проводил в одиночестве. Точно так же, те же семь лет, провел в одиночестве в своем «домике на Ниле» его предшественник, рав Лурия Ашкенази, АРИ. За полтора века до БЕШТа он точно так же возвращался домой только на шаббат. Причина, кстати, очевидна. В шаббат запрещен любой труд, а то, чем они занимались – исправлением души, – именно в этом и была их работа.

Однако, почему это одиночество, для чего оно?

«Не следует смотреть в лица людям, – предупреждает БЕШТ, – если их мысли не направлены к Творцу постоянно ...»

Это предостережение пишется уже не для одиночек – оно для учеников, которые сами основали каббалистические школы. Это означает, что даже для них, высоких душ, вдобавок, защищенных работой в группе, существует эта опасность – изъян в диалоге с Творцом, «дырка в днище лодки».

Может быть, это и есть причина уединения таких, как Бааль Шем Тов?

Он открылся как учитель в возрасте 36 лет. Конечно, и это событие не укрылось от легенд.

Рассказывают, что один из учеников рабби Гершона заночевал в доме Исраэля и Ханы. «В полночь он проснулся, дрожа от ужаса: огромное пламя вырывалось из очага. Он бросился гасить огонь и увидел спокойно стоящего в пламени хозяина дома. Едва дождавшись утра, он помчался в ешиву и ворвался в нее, выкрикивая великое известие: "Рядом, совсем рядом, новый источник света!"

Ученики поспешили на опушку леса и построили там трон из веток и листьев. Бешт занял свое место.

– Я открою новый путь, – провозгласил он».

И он его открыл. Уж в этом легенда точно не лжет. Бааль Шем Тов начал учить каббале.

Если великий АРИ открыл каббалу для современного мира, то Бааль Шем Тов пришел для того, чтобы воплотить каббалу АРИ в действие. Он обращается к затравленному, измученному народу, к каждому человеку, и придает его жалкому существованию надежду и смысл. Он закладывает новые основы каждодневного бытия, объясняя, что к обычной жизни можно присоединить духовное, и что сделать это можно напрямую, при своей жизни и в своем поколении, перешагнув через казуистику и пустой ритуал.

Не удивительно, что слава о БЕШТе распространилась по Восточной Европе со скоростью лесного пожара. Закостенелые раввинские институты сдались, так и не успев оказать сопротивления. В короткое время он набрал учеников и открыл школу для каббалистов в городке Меджибож.

Эта школа, вернее сказать, эта постройка, похожая на два сросшихся деревенских дома, долгое время была самым значительным зданием в мире – уже просто потому, что там изучали, как этот мир устроен.

Куда подевался этот угрюмый недотепа, обуза для Окупа? Где эта, «деревенщина», нежелательный шурин для «аристократа» из Брод? Теперь страницы воспоминаний занимает мудрец, гигант колоссальной душевной силы.

Пишут, что перед победительным обаянием его личности не мог устоять никто. Например, знаменитый рабби Нахман из Косова. Долгое время он отказывался даже просто встретиться с БЕШТом. Наконец, снизошел. Их диалог запечатлен в хрониках.

«Говорят, ты можешь читать мысли. Скажи, о чем я сейчас думаю? – спросил рабби Нахман.

– Это просто, – ответил БЕШТ, – о Боге, конечно. Все люди думают о Боге, но все – по-разному. Хочешь, я расскажу, как это делаешь ты?»

Мы никогда не узнаем, что в точности рассказал БЕШТ, и какая революция произошла в голове почтенного раввина. Рабби Нахман ни с кем не поделился услышанным. Известно лишь одно – он навсегда запретил своим ученикам ругать БЕШТа.

А телега мудреца продолжала свой путь и прирастала учениками. Что и говорить, удачное приданое выделил для него бродский судья. Теперь Гершон Кутовер сам сидел возле учителя, поменяв тесные комнаты на дорогу, а лабиринты закона – на путь.

И слушал, а иногда читал в адресованных ему письмах, то, что, не таясь, рассказывал ему БЕШТ. Он узнавал, в какие выси, бывало, поднималась душа его шурина, когда открывалось такое, о чем «невозможно ни поведать, ни толковать». А однажды «...он посетил чертог Машиаха на небесах, и обратился к Нему с вопросом: "Когда же следует ожидать Твоего пришествия?" – На что получил ответ: "Когда твои источники (то есть учение) пробьются наружу и распространятся по миру"».

Поэтому – кучер Алексей, телега, полная учеников – и марш от села к селу, собирать души, как землянику в горах. Приближать приход Машиаха, дарить науку единства с Творцом, каббалу, – вот и вся его теория. В сущности, никакой теории. Все, что необходимо, осмыслят и запишут другие – они, сидящие сзади, в его телеге.

«Творец не нейтрален, – говорит их голосами Бааль Шем Тов. – Он, одновременно, и союзник твой, и судья. Между вами ничем неразрывные узы, их имя – любовь. Но кто любит только Творца, Его одного, исключая при этом человека, тот прилепился к абстракции».

Любовь к Творцу через любовь к ближнему – это его основная мысль. Все остальное о нем – притчи и домыслы. В них нет ни слова лжи. Только голая правда, просто другая, – правда веры.

Пишут, что он был чудотворец и врач.

Всякий, кто видел его лицо, запомнил навек.

Вступал в разговор с любым. Никого не осуждал.

Слушать других считал добродетелью.

Говорил с небесами.

Был беззаботен и бесстрашен. Разбойники искали его, чтобы он рассудил их. Воры испрашивали его благословения. Пьяницы исповедовались ему.

Для него не было расстояний. Он всегда находился в пути.

И последнее, и это известно о нем доподлинно: все, что заставляло людей собраться вместе, осознать свою общность, представлялось БЕШТу благом; все, что разъединяло их, – злом.

День его смерти не известен, но год установлен твердо – 1760. Миллионы последователей БЕШТа, порою извращая его методику до неузнаваемости, свято чтят его имя. Он признан миром, как величайший учитель, высокий каббалист, бессмертная душа.

записки практикующего врача

Мы трепетно относимся к своему телу – ведь его состояние во многом определяет комфорт нашего существования. Медицина разработала системный подход к изучению болезней и борьбе с ними. Она определила причины: вирусы и бактерии, радиационные, химические факторы, нарушения в питании, гиподинамия и стрессы, снижение иммунитета... Кто может с этим спорить? Но факт остается фактом – несмотря на развитие медицины, мы продолжаем болеть!

Именно поэтому во всем мире на полную мощность запущен печатный станок, тиражирующий «литературу» на тему здоровья. Спрос опережает предложение. Мы с великим интересом читаем научно-популярные статьи о современной медицине и о чудесах ее нетрадиционной части. Даже полный бред неизвестного происхождения на тему здоровья мы тоже читаем. Мало того, мы готовы применять и применяем этот бред на себе. Иногда доходим в этом до абсурда, нанося огромный вред своему здоровью.

Вместе с этим, страдания, а порой и безысходность, которые несут болезни, толкают человека в «сферу духовную». Любой практикующий врач подтвердит, что чем серьезней заболевание у пациента, тем вероятнее на тумбочке увидеть Библию, Тору, Коран. Больной пытается ответить на вопросы: «За что меня так? Кто или что может мне помочь?» Ведь когда нам хорошо, нас не заботит вопрос: кто я, зачем живу?

Однако жизнь неизбежно заканчивается смертью. Так что же там, за чертой? С телом все ясно – предали земле (воде, огню), и дело с концом. А с моим «я» что? Куда оно девается? Инстинктивное ощущение человека, что он не исчезает со смертью, было всегда. Но как проверить?

Итак, есть тело, которое болеет и умирает, и это самый точный медицинский факт; и есть «я», которое появляется неизвестно откуда и исчезает неизвестно куда. Медицина духовные аспекты учитывать не способна, даже психиатрия.

Сегодня, в начале XXI века, все больше ученых приходит к выводу, что причина болезней, как и всех остальных проблем человека, находится не в окружающем нас мире и даже не в биологическом теле, а внутри его «я». Отсюда вывод – только изменив себя, свое «я», мы сможем решить наши проблемы, в том числе и болезни.

Недаром сказано мудрецами: «Не пытайся изменить мир – это невозможно. Измени себя, и мир изменится!»

гарри поттер: секрет волшебства

ОСТАНОВИСЬ, МГНОВЕНЬЕ...
Они возникли из тьмы. Некоторые в черных капюшонах, другие в заостренных шапках и с жезлами в руках. Ровно в 2:01 утра настало долгожданное мгновение, и тишину прорезал мощный рев.

Нет, это не тайное сборище уличных банд и не собрание экстремистского подполья. Наоборот, речь идет о людях серьезных, культурных, образованных и начитанных. Да-да, все они любители книги – седьмой книги сериала о Гарри Поттере, которая той ночью увидела свет.

Поттериана – явление беспрецедентное. Книги расходятся сотнями миллионов, они переведены на 65 языков, включая такие экзотические, как латынь и зулу. За каких-то две недели после выхода последней книги кассовые автоматы всего мира отбили ее более восьми миллионов раз.

Серия завоевала почетный титул новой мифологии XXI века и гордо вступила в список лучших бестселлеров всех времен и народов.

ЗА ЧТО МЫ ЕГО ЛЮБИМ?
Юный волшебник в круглых очках, сражающийся с монстрами и колдунами за спасение человеческого рода, не одинок. В последние годы наша тяга к фантазиям набирает силу. Хотя Гарри сегодня непревзойден, ему предшествовали герои известнейших произведений: «Властелин колец», «Матрица», «Звездные войны». Есть и другие примеры, но тенденция уже ясна – воображаемый мир пленяет массы людей и завоевывает даже те территории человеческого социума, где раньше к нему не проявляли интереса.

Чем гипнотизируют нас эти книги и фильмы? Какую потаенную дверцу они открывают?

МАГИЯ ИСКУССТВА
Глубоко внутри нас таится желание раскрыть другой мир, совершенный и свободный. Подсознательно мы тянемся к более глубокому пласту реальности и хотим понять силы, действующие за видимой глазу картиной.

В некоторой степени жанр фэнтези удовлетворяет эти запросы. Приглашая нас в сказочные страны, полные тайн и волшебства, авторы старательно обрисовывают события несбыточной жизни, в которой могучие силы способны чудесным образом изменять ход вещей.

Можно назвать это инфантильностью, но она создает в человеке плодородную почву для самых важных вопросов его жизни. Не раз мы с детской наивностью пытались «заглянуть за горизонт» собственного бытия: кто мы? Откуда и куда идем?

Фильмы о Гарри Поттере предлагают свои немудреные ответы, строящиеся на традиционном понимании борьбы добра и зла. Дети всех возрастов выходят с сеансов завороженными, но будни очень быстро отвоевывают сданные позиции, и с каждым годом чары рассеиваются все быстрее. Не успевает человек подрасти или просто доехать из кино домой, как любые вопросы о глубинном смысле происходящего затухают в нем под лавиной нескончаемых проблем.

Вот и кидает нас из крайности в крайность. Нелегкая проза современности сама толкает людей к поэзии заветной мечты.

СКВОЗЬ СТЕНУ МАТЕРИАЛЬНЫХ ИЛЛЮЗИЙ
Помните, как на лондонском вокзале Гарри спешит к платформе девять и три четверти? В послании из школы Волшебства сказано, что оттуда он отправится в волшебный мир – нужно лишь пройти сквозь барьер, разделяющий девятую и десятую платформы. Однако знают об этом только посвященные.

Вход в духовное измерение тоже завуалирован барьерами этого мира, и чтобы найти его, нужна инструкция. Каббала – это и есть такая инструкция, путеводитель по маршруту «этот мир – Бесконечность».

Величайшие каббалисты написали книги, которые прокладывают для нас дорогу к желанной цели. С их помощью мы формируем правильное намерение и начинаем замечать вокруг себя то, что раньше ускользало от нашего восприятия, – необъятные просторы Высшего мира.

ВОЛШЕБНОЕ СЛОВО: ЛЮБОВЬ
Билеты на этот поезд рассылаются бесплатно всем желающим. Каббалисты приведут нас прямиком на перрон и покажут «портал» – ту точку внутри каждого, через которую он сможет соединиться со всеми остальными, поднявшись над собственным эгоизмом.

Тогда невозможное станет возможным, и любовь к ближнему перестанет казаться абстрактной формулой, лишенной практической ценности. Нет, это истина, дошедшая до нас из глубины веков, не заклинание, а сама сила, которая исполняет наши желания, если только они устремлены к совершенству.

дети индиго – дар или наказание?

Во Франции таких детей называют «тефлоновыми», на Британских островах – «детьми тысячелетия», в России они – «дети света». Но чаще всего их называют «дети индиго».

КАКИЕ ОНИ?

По словам доктора психологии Дорин Верче (США), их легко отличить от сверстников. Это дети, обладающие творческой натурой, высоким интеллектом, решительным и настойчивым характером. Они часто видят более рациональный способ сделать что-то, однако окружающие воспринимают это как нарушение правил. Прежние приемы воспитания на таких детей не действуют – они совершенно не реагируют на строгие воспитательные меры, наказания, угрозы или унижение.

Дети индиго имеют систему взглядов, которую невозможно изменить влиянием извне. Попытка хоть как-то воздействовать на взгляды такого ребенка приводит либо к агрессии, либо к замыканию в себе.

В отличие от обычных детей, у них нет абсолютных авторитетов, они не считают нужным объяснять свои поступки, признают свободу выбора. При этом они способны принимать верные решения, полагаясь лишь на интуицию.

Помимо этого дети индиго:

– часто испытывают привязанность к растениям или животным, они просто влюблены в природу;

– в высшей степени обладают способностью к сопереживанию;

– остро нуждаются в безусловной любви близких, требуют к себе много внимания, ищут настоящей, крепкой и искренней дружбы;

– альтруистичны, горят желанием помочь миру в каком-то великом деле;

– производят впечатление необщительных, если не находятся в компании себе подобных;

– склонны к вредным привычкам;

– ощущают себя старше своих лет (как будто ему не 13, а уже 43);

– отличаются высокой самооценкой, очень самоуверенны, независимы и горды, даже в унизительных ситуациях;

– в подростковом возрасте подвержены депрессивным состояниям, вплоть до самоубийства;

– способны на жестокие поступки, если натыкаются на непреодолимую стену непонимания и равнодушия;

– глубоко духовны, хотя и не принимают религиозные догмы;

– терпеть не могут, когда их заставляют делать что-то просто потому, что «так надо» или «все так делают».

«ИНЫМ» – ОСОБЫЕ УСЛОВИЯ

Во многих развитых странах мира детьми индиго занимаются на государственном уровне. И это не напрасная трата времени и сил. Возможно, как раз именно это «иное» поколение в будущем спасет нашу цивилизацию от нарастающего кризиса.

ОТКУДА ОНИ К НАМ ПРИХОДЯТ?

Какой бы ни была аура наших чад, они действительно совсем не такие, как мы. На наших глазах появляются ростки будущего, для которых необходимо создать плодородную почву.

Раньше потомство неукоснительно следовало по стопам родителей: сын ремесленника становился ремесленником, сын крестьянина – крестьянином, а сын юриста – юристом. Однако дети нового времени мало чем похожи на своих предков. Человечество движется вперед, и каждое последующее поколение оказывается более развитым, оно обладает бо́льшими желаниями и стремлениями, бо́льшим эгоизмом, чем у предшественников.

Сегодня многочисленные специалисты – от воспитателей в детских садах до профессоров в университетах – с трудом могут обеспечить детей информацией, которая им нужна для обустройства в жизни. Это естественный закон развития человечества – сама природа с каждым поколением толкает нас вперед, увеличивая наш эгоизм, совершенствуя способности.

КАК ИХ ВОСПИТЫВАТЬ?

Суть воспитания ребенка заключается не в том, чтобы «накачать» его мозги знаниями, а в том, чтобы связать его с процессом, называемым жизнью, помочь найти ответы на вопросы: что является источником жизни? почему все происходит так, как происходит? ради чего мы живем? где находится возможность свободного выбора человека и чего требует от нас эта Высшая сила, сила природы?

Важнейшим элементом воспитания ребенка является пример взрослых. Только в том случае, если мы обучим наших детей законам, по которым действует природа, разъясним, куда она ведет нас и какую цель преследует, мы сможем дать им в руки практические инструменты, которые позволят им обустроиться в той реальности, в которой мы живем.

Поэтому сегодня, когда в стенах школы говорят об альтруистических ценностях – человеколюбии, взаимной поддержке, а за ее пределами ребенок видит обратное – господство личных, эгоистических интересов над общими, у ребенка происходит внутренний конфликт. О последствиях этого конфликта мы можем прочитать в статистических сводках о преступности и депрессии у школьников.

Таким образом, мы видим, что воспитание – это процесс двусторонний. Мы сможем воспитать детей, если воспитаемся сами. Это возможно, если то, что мы передаем детям, столь же важно и для нас. То есть это должны быть непреходящие, вечные ценности.

КАК И ЧЕМУ ИХ ОБУЧАТЬ?

Процесс обучения для маленького человека сродни необыкновенным приключениям и путешествиям. Не нужно думать, что абстрактные и не воспринимаемые взрослым человеком понятия являются такими же и для ребенка. Мы видим, как прекрасно справляются наши дети с такими «хитроумными» приборами, как компьютер и мобильный телефон, в отличие от своих родителей.

Главным в обучении является то, что у человека выстраивается правильное, истинное восприятие реальности. Наши дети отличаются от нас с вами тем, что они уже готовы воспринимать наш материальный мир как мир следствий, мир причин. Таким образом, современный ребенок видит, ощущает все мироздание как цельную картину. И это, конечно, отражается на его отношении не только к своим учителям, к своему ближайшему окружению, но и вообще ко всему миру.

Только изменив свои внутренние свойства в подобии свойствам природы, – говорит наука каббала, – человек сможет находиться в равновесии с ней, а значит, в безопасности и совершенстве. Более того, ребенок в процессе своего развития обязан получить знания о природе мироздания, потому что только таким образом он может наполнить свои внутренние устремления.

Ненаполнение этой естественной потребности приводит к внутреннему кризису и, как следствие этого, к пренебрежительному отношению к учителям, бессмысленной жестокости и употреблению «наполнителя» другого рода – наркотиков. Поэтому обучение законам природы необходимо начинать с самого раннего возраста, так как усвоенное в детстве человек проносит через всю жизнь.

Приобретенные знания делают его интегральной частью природы, и потому для обеспечения собственной безопасности ему не нужно больше изучать приемы карате и дзюдо. Если же человек не получил этих знаний, то сама природа восстает против него, а не «злые враги» и судьба. Воспитав подрастающее поколение на этих принципах, мы дадим ему самое лучшее из того, что только могут дать родители своим детям.

по ту сторону чуда

Живя в XXI веке, современный человек все еще ожидает чуда. Чудесное избавление от смертельной опасности, неожиданное излечение тяжелого недуга – кто из нас не слышал подобных рассказов? Операции без ножа, запуск давно остановившихся часов по телевидению, сгибание ложек, – каких чудес мы только не видели!

МЫ ВСЕ СПЕШИМ ЗА ЧУДЕСАМИ
Когда речь идет о чуде, критически настроенные взрослые люди с хорошими аналитическими способностями почему-то вдруг превращаются в доверчивых детей. Создается впечатление, что являясь, с одной стороны, рудиментом далекого прошлого, а, с другой, – элементом детского сознания, чудо, тем не менее, представляет собой неотъемлемую часть нашей жизни. Почему же так происходит, и какова природа этого явления?

ЧУДО ОТНОСИТЕЛЬНО
Если мы на секунду задумаемся, что такое чудо, то увидим, что четкого понимания этого явления у нас нет. Если чудо – это то, чего не может быть согласно законам природы, как же тогда оно происходит? И почему мы все-таки ждем, что оно произойдет? А после того как оно уже реализовалось в нашем мире, можно ли его все еще называть чудом или оно уже переходит в разряд явлений природы?

Четкой и непротиворечивой концепции чуда у нас нет, и это не случайно. Чудо необходимо человеку, поскольку у него существует внутренняя потребность в поиске чего-то лучшего, чего-то выходящего за рамки обыденности, за рамки этого мира.

Сегодня мы способны объяснить многие явления, которые в прошлом объявлялись чудесами. Чудо оказалось явлением относительным, и чтобы это проиллюстрировать, не обязательно обращаться к истории. В дебрях Африки приземляется самолет – аборигены увидят огромную железную птицу. Мы щелкаем выключателем – и зажигается лампочка. Если не знать, что своим действием мы замкнули электрическую цепь, это безусловное чудо…

Таким образом, чудо относительно и зависит от нашего мировосприятия. То, что одним человеком и при одних обстоятельствах воспринимается как чудо, для другого человека или при других обстоятельствах будет выглядеть вполне закономерным явлением.

В ПЛЕНУ СВОИХ ОЩУЩЕНИЙ

На самом деле, чудес не бывает! По крайней мере, в нашем мире. Человек воспринимает лишь то, что ощущают пять его органов чувств, пять сенсоров, щупальцев, которыми он как бы ощупывает мир. Мы считываем информацию этих сенсоров и обрабатываем ее с помощью служебного инструмента, называемого нашим разумом. Так формируется наше представление об окружающей действительности, которое в нашем мире практически невозможно проверить.

Мы замкнуты в своей «коробочке», и то, что мы восприняли, переработали и упорядочили нашим разумом, нам кажется понятным. А та часть бесконечного мироздания, которая не укладывается в это прокрустово ложе, все еще остается «чудом».

Ученые говорят, что наше мировосприятие непосредственно связано со скоростью света, и чем ближе мы к ней подходим, тем менее понятными и знакомыми становятся явления природы. Время и пространство исчезают, масса стремится к бесконечности.

А то, что наблюдает квантовая физика, в наши рамки уже совсем не укладывается. Так, проведенные физиками эксперименты фиксируют появление одного фотона одновременно в двух разных местах. Осмыслить этот научный факт сами физики на сегодняшний момент затрудняются. А для обычного человека это просто чудо.

МИР НАОБОРОТ

Испокон веков каббалисты знали, что за границами материального мира, к которым уже вплотную подошла современная наука, начинается духовное существование. Как же обстоит дело с чудесами по ту сторону материального мира?

В духовном мире никаких чудес нет. Там все происходит согласно законам, описанным в каббалистических книгах, законам абсолютной любви и отдачи. Духовный мир бесконечен, как бесконечны и вечны отдача и любовь. Для того, кто эти законы постиг, кто живет по духовным принципам, обретя другую природу, чудес нет. Есть просто существование по другим законам, законам Высшей силы, которые стоят выше нашего эгоизма, выше получения ради себя, как это происходит в нашем мире.

Хотя духовный и материальный миры являются частью одной общей системы мироздания, они в корне отличаются по своей природе, и то, что в нашем мире нам может казаться чудом, в духовном является ощущаемой и осознаваемой реальностью.

А как же все-таки с теми чудесами, о которых нам сообщает Библия и другие древние источники, восходящие к каббале?

ОБЫКНОВЕННОЕ ЧУДО

Чудеса, которыми изобилует еврейская традиция, начиная с библейских чудес и кончая чудесным избавлением в Пурим и чудом Хануки, имеют глубокие духовные корни. Обыкновенно чудом мы называем явление, которому сегодня не находим логического объяснения. Однако в каббале понятие «чудо» имеет совсем другой смысл.

Чудом называется одно из центральных событий внутренней жизни человека, которое он проходит в процессе своего духовного роста. Наступает момент, когда человек страстно желает изменить свою природу, желает уподобиться по свойствам Высшей силе, хочет стать альтруистом, «дающим» подобно Творцу.

Творцом – относительно человека – всегда называется та духовная ступень, на которую он должен сейчас взойти. Если человек страстно желает уподобиться Высшей силе, но не видит, как он может сделать это своими собственными силами, подъем на высшую ступень является для него чудом. Законы Высшей духовной ступени всегда противоположны нынешнему состоянию человека, и существование согласно им для него недоступно.

Переход на более высокую ступень может произойти только под воздействием Высшей силы, которая меняет природу человека на противоположную. А взойдя на высшую ступень, человек уже начинает жить согласно ее законам. И снова никаких чудес. И так на каждой ступени.

Мы все ждем чуда. А настоящее чудо произойдет только тогда, когда мы по-настоящему захотим этого – захотим выйти за рамки этого мира, изменить свою эгоистическую природу на природу Творца, на отдачу, духовный альтруизм. Тогда изменится и тот мир, который мы ощущаем сегодня. Жизнь превратится в свершившееся чудо. Мы начнем ощущать вечность, совершенство, добро и любовь, которые были уготованы нам изначально и от которых мы так долго отворачивались.

ИДИ И СМОТРИ
(краткая история божественной идеи)

Все мы о Нем знаем. Нет в мире человека, не поминавшего Его имя в молитве, сгоряча или просто к слову. Вокруг Него толпятся противники и сторонники, ненавистники и поклонники. Популярность Он завоевал огромную, но и освистывают Его люто. Кроме того, многие заявляют, что встречались с Ним лично и даже вели беседы эксклюзивного содержания.

Тысячи лет люди составляют Его портрет, анализируют и толкуют Его действия, одобряют, осуждают, восхваляют, проклинают, а главное, неустанно молят, в уверенности, что Он может и хочет ответить на эти молитвы. И все же, несмотря ни на что, Он по-прежнему остается в тени – величайшая загадка истории.

ИДОЛОПОКЛОННИКИ

Еще в древние времена различные культуры формировались вокруг идеи о том, что за всеми явлениями природы скрыта божественная сила, которая дергает за ниточки. Ветер, дождь, земля, огонь – на все подобные понятия наклеивался ярлык с именем конкретного божества. В попытках задобрить идолов или смягчить их гнев приносились жертвы самых разных видов, включая человеческие.

В Древней Греции вокруг многобожия сложилась целая мифология с богатейшей галереей ярко обрисованных персонажей и захватывающих дух сюжетов. Обитатели Олимпа обладали сверхъестественными силами и жили вечно, но и человеческие слабости были им не чужды. Они любили и ненавидели, завидовали и симпатизировали – вполне как люди.

Как персонажи, так и сюжеты были заимствованы впоследствии римлянами (один из первых плагиатов) и вместе с традиционными италийскими божествами стали основой античной мифологии. Однако время шло, и постепенно в античном обществе зрели новые силы, предвещавшие закат пантеона богов.

БОГ ФИЛОСОФОВ

В V–IV веках до нашей эры на сцену истории выступили греческие мыслители. Они внесли некоторую рациональность и наукообразность в традиционное восприятие божественного. В своих трудах философы пытались опустить витающий в облаках идеал на твердую почву здравого смысла.

Платоновская теория идей оказала огромное влияние на западную мысль. Вместо духовной сущности Платон ввел более абстрактную концепцию под названием «идея» или «форма». По его мнению, за каждым предметом и явлением реальности скрывается соответствующая идея, которая-то и является первопричиной.

Аристотель, напротив, придерживался более материалистичного подхода к царству небес. Идея, полагал он, сплетена с материей. Это не отвлеченная субстанция, не эфир, эманации которого оживляют нашу действительность, а атрибут самой материи. Человек – часть природы, наделенная некоторой долей разума. Восприятие пяти органов чувств и есть весь мир.

Аристотелевский Бог искусственно выведен из логических умозаключений, а не рожден подлинно духовной необходимостью. Каждое движение в нашем «презренном» мире вытекает из определенной причины, а причину всех причин Аристотель назвал «неподвижным движителем» или «перводвигателем». Скажем прямо – «Бог», чего уж там...

РАЗБИЕНИЕ КУМИРОВ
Однако существование «причины всех причин», истинного «хозяина» нашего мира человечество упорно игнорирует.

Задолго до описываемых выше событий, во втором тысячелетии до нашей эры, центром идолопоклонства была древневавилонская цивилизация. Именно там, в славном городе Ур, родился Авраам, основатель монотеизма. Он провозгласил (уважаемый читатель, постарайся осознать – уже три с половиной тысячи лет(!) существует понимание, кто «правит бал»), что одна, единственная, высшая духовная сила, абстрагированная от материального «антуража» и человеческого восприятия, управляет миром.

Авраам обучал своих учеников, которые стали основой еврейского народа, методике познания этой единой силы – науке каббала. Смысл существования евреев – народа Израиля – передать это знание всем народам мира.

Впоследствии от иудаизма «отпочковались» христианство и ислам, а также различные верования и секты. Они переняли принципы учения Авраама, однако добавили к нему кое-какие «модификации», чтобы приспособить к своим нуждам.

ГВОЗДИ В ГРОБ
Со временем западные философы разорвали пуповину, соединявшую их с греческими прародителями. Начались новые философские «раскопки», а вернее, подкопы под идею о Всевышнем, который сидит на своем престоле где-то там, в высотах мироздания.

В XVI веке Коперник сделал пробный выстрел по Божественной концепции, доказав, что на земле и в небесах действуют одни и те же физические законы. Он поместил Солнце в центр мира, а рационализм – в центр человеческого мировоззрения.

Эстафету Коперника немедленно подхватили другие философы и ученые. Знаменитый Барух Спиноза – не только отлученный от еврейской общины, но и умудрившийся вызвать недовольство христианской церкви – развил имманентный пантеизм. Проще говоря, он отождествил Бога с природой и низвел загадочные высшие сферы в разряд вполне естественных законов, которые поддаются научному исследованию.

А затем, в XVIII веке, появился Кант – и молотом своей «Критики» вогнал первый большой гвоздь в крышку священного гроба. Божественность, по Канту, – это не более чем спекуляция, недоказуемая гипотеза, на справедливость которой мы можем только надеяться.

Карл Маркс не замедлил присоединиться к отпеванию Божественной идеи и с размаху забил второй гвоздь, заявив, что Бог – это всего лишь олицетворение человеческих свойств, наряду с капиталом способствующее порабощению и эксплуатации людей. «Опиум для народа» – подытожил основоположник коммунизма. Сказал, как отрезал.

И наконец, нокаутировать идеал смог Фридрих Ницше. Именно он вложил в уста своего героя Заратустры столь часто цитируемую фразу: «Возможно ли это? Этот святой старец в своем лесу еще не слыхал о том, что Бог мертв?»

ВОЗРОЖДЕНИЕ

В XX столетии новый-старый подход к Божественной идее привлек к себе многочисленных приверженцев. Люди стали все больше задаваться вопросом о том, что же скрывается за кулисами реальности. Понять смысл жизни или хотя бы «подключиться» к ее духовной составляющей – это желание стало катализатором целой волны учений и методик, пытавшихся дать ответ на назревшую внутри необходимость.

Движение нью-эйдж объединило целый спектр мистических направлений. Как правило, они опираются на древние верования, извлеченные из забытых склепов. Кроме того, сейчас в ходу всевозможные философские и религиозные «времянки». Человечество отчаянно старается собрать Божественную модель в стиле постмодерн.

После долгих лет изгнания образ Бога вновь занял центральное место на сцене западной культуры, и казалось даже, что Он наконец-то пробудился от спячки, навеянной холодным зимним ветром людского презрения и равнодушия...

Современный человек отверг жесткие религиозные каноны и в то же время разочаровался в науке с ее широкими возможностями в рамках узкой специализации. Новый всплеск мистицизма стал отдушиной на какое-то время, но разве мы получили от него реальные ответы? Скорее наоборот, весь он проникнут таинствами и туманными обещаниями.

Чем больше «пророков» вещает с самодельных трибун, тем гуще туман, окутывающий Божественную идею. Кому верить? В кого верить? Верить ли?

глава 10 >>>
агра

**каббалисты
уполномочены
сообщить**

агра
виленский гаон
(1720 – 1797)

Он был потомком знаменитых раввинов, – но сам никогда не занимал никаких постов.

Ему не нашлось достойного его учителя, – но его ученики и потомки основали ешивы и школы по всему миру.

Элиягу бен Шломо Залман – каждый знал это имя. Но векам остался его титул – Гаон, что на иврите XVIII века означало «достоинство» или «величие», а на современном иврите – «гений».

* * *

Однажды в Вильно появился прорицатель. Надо полагать, предсказания его были настолько точны, а популярность так велика, что горожане привели его к АГРА (АГРА – акроним имени а-Гаон рабби Элиягу).

– Вчера вы, рабби, разбирали отрывок из Торы, – скромно промолвил гость. – Вы, как обычно, сидели на вашем кресле, а в это время по правую руку от вас находился рабби Шимон Бар Йохай, а по левую – великий АРИ.

– Ты прав, так и было, – согласился рабби и приказал выпроводить ясновидца за пределы городских стен. Он объяснил это тем, что гадать о будущем не полезно для иудея.

Правдива ли эта история – узнать нелегко, да это и не важно. Замечательно другое: молва усадила Гаона не между мудрецами Гмары или Талмуда, что было бы, наверняка, и справедливо, и логично, но, как видно, – для современников рав Элиягу был, прежде всего, признанный каббалист. И потому рядом с Гаоном здесь упомянуты авторы «Зоар» и «Древа жизни», РАШБИ и АРИ, – авторы основополагающих трудов в науке каббала.

Тот, кто поднялся на уровень этих великих каббалистов, родился в первый день Песаха, в 1720 году, в маленьком польском городке Селец, Брестского воеводства. Каким образом его почтенная, высокообразованная семья оказалась в местечке, не знаменитом ничем, кроме первосортной рыбалки, источники не сообщают. Однако достоверно известно, что уже в шестилетнем возрасте Элиягу бен Шломо получил приглашение на трапезу к рабби Хешелю, главе раввинатского суда города Вильно. И еще известно, что именно с этого дня начался отсчет пути, который проделал провинциальный еврейский вундеркинд до вершины почета и еще дальше, до вершин, которые нам пока еще не дано оценить.

Но сначала надо объяснить, что представлял собой город Вильно, что принесло ему репутацию «столицы еврейского рассеяния».

Первое официальное упоминание о еврейской общине Вильно относится к 1568 году. Говорят, что в это время в Литве проживало 333 еврея, знавших Талмуд наизусть.

В 1633 году евреи получили ряд привилегий и – плюс к этому – право заниматься любыми ремеслами и торговлей. Это означало, что врастая корнями в экономику города, община обретала и независимость, и безопасность, что и предопределило ее грядущий расцвет. Евреи Европы – из Германии, охваченной Тридцатилетней войной, с Украины, опустошенной резнею хмельнитчины, из Польши, с ее непредсказуемым завтрашним днем, – стекались в Литву.

Вильно становилось центром раввинской учености. Общины были сплочены, ешивы переполнены. Лучших учеников приглашали на раввинские должности во многие города Европы. А самое главное – в иерархии местных ценностей наивысшую ступень занимал не банкир, не политик, не краснобай и даже не воин, а ученый.

«Богатство, физические преимущества и таланты всякого рода, – писал современник, – хотя и ценятся в Литве, не могут, однако, сравниться с достоинством хорошего талмудиста...» Не это ли причина того, что Вильно тех лет заслужил славу «литовского Иерусалима»?

Таким был этот город – многолюдный, кипящий, зажиточный, наверняка, по-столичному, высокомерный. Ему не хватало только одного – того, что стало бы символом, воплощением его высокого духа.

Стоя перед почтенным главой суда, Элиягу бен Шломо еще не догадывался об уготованной ему роли. Впрочем, кто рискнет это утверждать? Утром этого дня произошло событие, которое пересказывается тысячами людей вот уже почти три столетия.

Если попытаться очистить рассказ от стараний приукрасить происходящее, то это выглядело примерно так.

Была суббота. Элиягу привели в главную синагогу Вильно. Он должен был прочесть комментарий, который написал для него его отец. Выступление было подготовлено заранее. Это значит, что слух о невероятно одаренном ребенке уже будоражил город, и чтобы взглянуть на восходящее светило, собрался весь приход. «Там были старики, изучавшие Талмуд более шестидесяти лет; были и молодые, но уже весьма ученые люди», – говорит свидетель. Можно добавить от себя: не только ученые, но и опытные в «пильпулим» – этой своеобразной казуистике, процветавшей в ешивах Литвы. В основе методы лежали не просто знания, но и красноречие, и дидактика, и игра ума.

Перед собранием умников и знатоков стоял мальчик, чьи сверстники, дай Бог, только научились читать. Комментарий, сочиненный отцом, он, разумеется, сказал наизусть. Его феноменальную память потом опишут во всех биографиях.

Начались вопросы.

«На любой возникающий вопрос он давал правильный ответ», – говорит один комментатор. Стоит ли этому удивляться, если, как утверждает второй, Элиягу «уже в три с половиной года постиг всю Тору и труды Пророков». Поэтому-то любители «пильпулим», не подозревая, что будущий Гаон будет врагом их бесполезной и мелочной методы, поспешили доложить о нем рабби Хешелю.

Идти, кстати, было недалеко. Весь еврейский Вильно – от Ятковской улицы до Жидовской, и от Немецкой до Стеклянной – можно обогнуть за полчаса. Для великих событий истории не всегда потребны просторы.

Итак, на исходе субботы мальчика Элиягу бен Шломо привели к рабби Хишелю, где уже собрались несколько видных раввинов.

Далее – снова цитата из источника.

«Раввины увидели, что этот мальчик – необыкновенно знающий ребёнок, но решили преуменьшить его заслуги и его знание Торы. Они сказали ему: "Сегодня утром ты лишь повторял то, чему учил тебя твой отец. Это не так уж сложно. Посмотрим, на что способен ты сам". С этими словами его отвели в библиотеку и оставили там одного. Через час мальчик снова появился и прочел собственное сочинение...»

Комментарий шестилетнего автора был опубликован, и некоторые отрывки из него изучаются по сегодняшний день.

Но главным итогом этой субботы было не это. Мальчику определили учителя – такого учителя, который не направит его руку на вязь бесконечных «пильпулим» и не растратит его дар на жалкую борьбу амбиций. Ни один из раввинов, бывших на трапезе, не вызвался принять его в свой класс. Ни один не преступил правило «не можешь помочь – тогда не вреди». В наставники ему назначили того, кто наделил его даром и привел сюда, чтобы он сам учил учителей – Творца.

О последующих годах Элиягу бен Шломо Залмана известно только, что жил он очень скромно и занимался всегда в одиночестве. Вероятно, вследствие этого, и произошла эта досадная оплошность – запрет на занятия каббалой до сорокалетнего возраста как-то обошел его стороной. В девять лет он перешел, так называемый, «махсом», то есть приобрел ощущение окружающего нас духовного мира. Вскоре после этого он написал свои первые книги по каббале.

(из учебника каббалы)
ПЕРЕЙТИ МАХСОМ

Перейти махсом – означает возможность отрешиться от желания насладиться, от мыслей о себе, желаний ради себя...
Этому предшествует осознание своих естественных желаний, полных забот только о себе, как зла, от которого я хочу оторваться, но не могу! Но если «очень хочу», то проявляется некая особая сила, которая совершает надо мной это действие. Это действие во мне называется «Рассечение Красного моря» (на иврите «Конечное море»).
Переход происходит только при моем полном осознании и готовности. Вообще, любое духовное исправление происходит только с абсолютного согласия человека с действием, которое затем совершает с ним Творец или Свет.

Когда ему исполнилось 18, он женился. С этого времени его жизнь словно бы выходит из тени. Такое чувство, будто бы прошел какой-то период аккумуляции постижений, время тайного роста. Так РАШБИ таился 12 лет в пещере Пкиин, АРИ уединялся в своем «доме на Ниле»...

Вероятно, в жизни каждого каббалиста есть эти годы внутреннего созревания, после которых он выходит в мир.

Так и рав Элиягу. Вскоре после женитьбы он отправляется в путешествие по общинам Польши и Германии. Пять лет длится это странствие, в которое он отправляется как талантливый, но начинающий ученый, а возвращается, как прославленный в еврейском мире авторитет.

Об этом свидетельствует архивная запись о том, что некий рабби И. Эйбеншюц в своем споре с рабби Я. Эмденом апеллировал к авторитету Элиягу бен Шломо Залмана, «слава которого велика в Польше, Берлине, Лиссе и во всех местах, где он странствовал».

В 1745 году Элиягу бен Шломо Залман окончательно поселился в Вильно, в городе, который стал частью его титула – Гаон из Вильно, и на улицы которого он спустился из своей тихой комнаты считанное количество раз. Современники называют его «последним из поколения Талмуда». Они, без сомнения, правы, хотя трудно определить, - то именно они имеют в виду. Интеллектуальную мощь? Не прерывающуюся ни на минуту связь с Всевышним? Или, может быть, они отмечают одиночество его духовного подъема? Ведь ни учитель, ни поддержка товарищей, ничто не сопровождало его в пути. Только книги...

«Если бы ангел открыл мне все тайны Торы, – говорил он, – я не получил бы большой радости, так как изучение важнее знаний. Только то, чего человек достигает собственными усилиями, дорого ему». Сидя лицом к стене, поставив ноги в таз с холодной водой этот человек работал почти круглосуточно, оставляя для сна только два часа в день, да и то – не более получаса подряд. «Только муками, – говорил Гаон, – можно добиться истинного знания».

Им написаны комментарии к Торе, к Талмуду и к книге «Зоар». Ему приписывается авторство еще 70 сочинений, 50 из которых были изданы посмертно. И все это – не считая бесчисленных заметок, комментариев и развернутых записей на полях читаемых им книг.

Он был аскетичен и строг. Глубина и широта его познаний были бесподобны. Логика безупречна. В основе его мировоззрения лежала идея вечности Торы. В любом отклонении от заповедей он видел преступление против совершенства вселенной. Обо всем, что не имело отношения к его труду, он говорил: «Эта мирская жизнь подобна соленой воде – когда пьешь, кажется, что она утоляет жажду, но на самом деле только разжигает все внутри. Жизнь – череда мучений и боли, и бессонные ночи – обычное дело».

А город, чьи предложения занять любые должности он отвергал, жил, видя это вечно горящее окно его дома, и ощущал, что где-то рядом существует это величие, эта ледяная страсть. Даже если бы дом мудреца стоял на окраине, он был бы самым центром Вильно.

Таким рисует рабби Элиягу молва. Тем удивительней выглядит рассказ о его встрече с Яаковом бен Вольфом Кранцем, известном, как Магид из Дубно. Пишут, что он был знаменит, как наставник в «мусаре», еврейской этике, человек проникновенный и душевный.

(из учебника каббалы)

Рабби Яаков Кранц (1740 -1804) – «Магид из Дубно» (магид – рассказчик, сказитель) – был известен во многих местечках Литвы, Белоруссии, Польши. Свои знаменитые лекции он давал даже в синагогах Берлина. Магид обладал незаурядным юмором и умением заставить смеяться или плакать любую аудиторию. Однако своей исключительной популярностью он был обязан не только блестящему таланту оратора, но и проницательному уму, обширным знаниям Торы и Талмуда, а также огромному

> опыту и здравому смыслу. Любую сложную тему он мог объяснить просто, ясно и образно.
>
> Притчи и рассказы Магида, записанные его учениками и слушателями, составили сборник «Мишле Яаков».

Что побудило возвышенного и холодного Гаона попросить об этой встрече, неизвестно. Да кто осмелится гадать? Однако известно, что Гаон попросил о наставлении.

В источниках приводится пересказ того, что ответил ему Магид: «Сегодня в недельной главе Торы, «Ваэра», мы читали, что Всевышний сказал Аврааму: "Если в пределах Содома найдется хотя бы пятьдесят праведников, я спасу его". Почему в Торе говорится "в пределах города"? Всевышний говорит: "Мне не нравится, когда праведники живут в отдалении и изучают святое учение Мое в доме своем, не зная о заботах и нуждах ближних своих. Мне нужны выдающиеся люди, но чтобы присутствовали там не только телесно, но и духовно. Чтобы они могли оказать хорошее влияние на людей, с которыми живут"».

Рассказывают, что когда Гаон услышал эти слова, он зарыдал.

В 1760 году рав Элиягу бен Шломо набрал небольшую группу учеников. Нам неизвестно, было ли это событие связано с приездом Магида или нет. Зато имеется запись, что владелец дома, по соседству с домом Гаона, выделил комнату для занятий, так называемый, «клойз». Из стен этого клойза бесценные записи его уроков расходились по миру и складывались в книги.

Хотя в основе исследований Гаона лежали «Зоар» и Иерусалимский Талмуд, он проявлял интерес и к нерелигиозным наукам. Он не знал иностранных языков и понятия не имел об открытиях Ньютона и Лавуазье. Зато законы Высшего, духовного, мира, пронизывающие все мироздание, были ему открыты и, перенося их на материальные формы, он писал труды по астрономии, химии и математике. Не покидая Вильно, он даже начал писать книгу по географии Святой Земли, требовал перевести на иврит сочинения Иосифа Флавия.

И все это вовсе не потому, что испытывал какую-то недостаточность, неполноценность своего духовного пути. Напротив. Источники утверждают, что даже в нашем мире он находил черты верховного совершенства, и изучая его, как в лаборатории или на макете, искал новых постижений, которые еще скрывали от него «Зоар» и Талмуд.

В 60-е годы рав Элиягу бен Шломо Залман был уже безусловным авторитетом в европейском еврействе. И хотя он по-прежнему избегал общественных должностей и продолжал жизнь затворника, история сама пришла к нему в дом, и он очутился в ее водовороте и не где-то с краю, а – в согласии с масштабом его фигуры – в самом центре воронки.

Все началось с обращения общины города Шклова. У Виленского Гаона просили разъяснений, как его добродетельной пастве следует относиться к «новым сектантам»? Речь шла о хасидах.

К тому времени хасидизм уже широко распространился на Волыни, в Подолии, Галиции и Польше. Но в Литве и Белоруссии о нем, как ни странно, слышали немного. Было известно, что хасиды предпочитают молиться не в синагогах, а дома; как-то по особенному точат ножи для убоя скота, что по мнению «литовцев» делает мясо некошерным; по субботам одеваются в белое; табака курят неимоверно много; пьют водку; устраивают шумные застолья с песнопениями и кувырканиями на полу. И теперь молодые люди толпами покидают ешивы, где они прежде так старательно учились, а оправдание находят в изречении Бааль Шем Това, что «дух Божий не посещает того, кто живет в сокрушении и печали».

Реакция книжника и аскета, рабби Элиягу, мало кого удивила.

«Это шайка еретиков, которых следует всячески теснить», – так, согласно источникам, ответил шкловской общине Гаон. А в другом месте добавил: «Веселье и избыток пищи родят все дурное».

Все, что произошло в дальнейшем, – загадка. Нам только известно, что две ветви иудаизма, вернее сказать, последователи двух каббалистических школ сошлись в непримиримой вражде.

Хасидов преследовали, предавали проклятиям, сажали на цепь, обвиняли в эпидемиях. Их рукописи сжигали. По сыну, если он обращался к «хасидской ереси», родители справляли обряды, как по покойному.

Хасиды в ответ глумились над обрядами «благородных талмудистов», защищались, как могли. А если не могли, то бежали к своим, на юг. Пишут, что в день кончины Гаона, а это случилось в Суккот 1797 года, они заказали музыкантов и плясали на улицах.

В чем настоящая причина этой ненависти – теперь не установить, и подлинная роль Виленского Гаона от чьего имени велись эти преследования, неизвестна.

Во все еврейские общины Европы было разослано послание за его подписью: «Пусть везде преследуют и угнетают хасидов. Пусть рассеивают их сборища, чтобы истребить идолов с лица земли. Тот же, кто поспешит в этом добром деле, удостоится жизни вечной».

Писал ли он эти строки?

Известно, что каббалисты поднимаются по одним и тем же ступеням постижения. Это значит, что Гаон и Бааль Шем Тов прошли одним и тем же путем. Так почему же первый приказывает сжигать труды второго?

Писательская ревность, которая, как говорят, сохраняется и у высших?

Или это требовательность «до толщины волоска» одного праведника к другому?

Или воздержаться и не судить великих, а просто принять на веру, что существует такое место, такой подход, откуда вражда не кажется враждой, а противоречие не является противоречием, и двойственность пути оборачивается единством цели?

Два подхода, два взгляда, две линии...

ЭЛИКСИР ЖИЗНИ

> Сидел рабби Шимон и плакал. И сказал: «Горе, если раскрою, и горе, если не раскрою... Если не раскрою, пропадут сокровища Торы, а если раскрою, смогут услышать те, кто недостоин ее тайн».
> («Зоар»)

Испокон веков каббалисты искали возможность раскрыть методику достижения совершенства. Однако передача методики дело сложное. Для этого нужно преодолеть множество препятствий.

Книга «Зоар» рассказывает нам о тяжелых сомнениях рабби Шимона Бар Йохая. Он хочет рассказать миру о науке каббала, однако опасается превратного понимания. Чтобы осознать всю глубину этой дилеммы, нужно выявить истинный смысл понятия «Тора».

ПРИПРАВА К СВЕТУ

> Сказал рабби Шимон: «Горе тому, кто считает, что Тора – это простое повествование. Наоборот, все слова Торы описывают Высшие миры и Высшие тайны».
> («Зоар»)

Тора – это не сборник исторических рассказов или законов земной морали, хотя нас и приучили к такому пониманию. Во многих местах особо подчеркивается: «Я создал злое начало и создал Тору ему в приправу, потому что кроющийся в ней свет возвращает человека к Источнику».

Каббалисты объясняют нам, что Тора – это особая сила, «приправа», задача которой – помочь нам в реализации цели творения. Мы должны подняться над своим эго, над «злым началом», и сравняться по свойствам с универсальным законом мироздания, законом любви. Лишь для этого людям была дарована Тора.

ЯД СМЕРТИ ИЛИ ЭЛИКСИР ЖИЗНИ

> Тора обладает особыми свойствами, она может принести пользу или нанести вред. Если мы используем Тору в соответствии с ее предназначением, желая стать подобными Высшему закону, то она поднимает нас к новой жизни. Если же у нас иные намерения, то она наносит вред. Сказано об этом: «Если человек заслужил – Тора становится для него эликсиром жизни, а если не заслужил – она превращается для него в яд смерти».
>
> (трактат «Йома»)

Выражение «яд смерти» означает, что занятия Торой привносят в человека эгоистический довесок, и теперь, кроме материального эгоизма, он обременен также эгоизмом духовным. Добавка эго заставляет человека считать себя праведником, заслужившим награду и от Творца, и от людей, и в этом мире, и в будущем. Он полагает, что место в раю ему обеспечено. Об этом и плачет рабби Шимон Бар Йохай: «Горе!»

Цель рабби Шимона – преподнести науку каббала лишь тем, в ком созрела истинная потребность исправить себя и уподобиться Творцу. Однако он боится, как бы каббалу не постигла та же участь, что и Тору, из которой сделали средство достижения почестей, богатства и власти, выхолостив весь ее духовный смысл. Поэтому рабби Шимон написал книгу «Зоар» особым шифром, уже зная, что тысячелетиями она будет храниться в тайне, пока не родится достойное ее поколение.

НА СЧАСТЬЕ И НА ГОРЕ

> Рабби Шимон поднял руки, заплакал и сказал: «Горе тому, кому выпадет жить в то время, и счастье тому, кому выпадет жить в то время». Это значит: горе тому, кто будет жить в то время, поскольку, когда придет Творец навестить прекрасную лань, Он взглянет на все поступки каждого человека... Счастье тому, кому выпадет жить в то время, – поскольку он удостоится света царской радости».
>
> («Зоар»)

Образным языком книга «Зоар» рассказывает, как рабби Шимон смотрит в будущее и плачет о тех днях, когда возникнет необходимость раскрыть людям науку каббала, чтобы реализовать цель творения. Однако, зная, что некоторые воспользуются ею неверно, рабби Шимон сожалеет об этом.

Ему больно оттого, что люди привыкли неправильно относиться к Торе, и искаженное воспитание заглушило в них важнейшие вопросы. Неверным будет их подход и к науке каббала. Именно этим людям он предрекает горе, однако сразу же добавляет, что многие другие, благодаря его мудрости, придут к большому свету.

Счастье тем, в чьих сердцах пробудился вопрос о смысле жизни. Вопрос этот позволит им встретиться со светом, который заложен в каббалистических книгах, чтобы возвращать людей к Источнику. Когда «придет Творец навестить прекрасную лань» – когда Высший свет придет, чтобы наполнить души людей, – озарятся они «царской радостью».

ЛЕСТНИЦА В ЦАРСКИЕ ЧЕРТОГИ

Наше поколение получило комментарий «Сулам» на книгу «Зоар». «Сулам» – в переводе с иврита – лестница. Речь идет о первом и единственном комментарии, который позволяет человеку правильно настроиться на учебу. Благодаря этому мы имеем возможность получить те сокровища, которые рабби Шимон приготовил для нас в книге «Зоар». Отсюда и название – «Лестница», ведущая прямо к совершенству.

Комментарий «Сулам» неслучайно написан именно в наше время. Это ясное доказательство того, что мы близки к «свету царской радости». Нужно лишь всем вместе начать подниматься по этой лестнице в Высший мир, который ждет нас сегодня.

человеку плохо

Лет двадцать назад какой-то одинокий программист-изобретатель задумал создать себе друга. Неназойливого, виртуального, спокойного, тихого, полностью соответствующего всем его запросам. Так появился первый искусственный интеллект (ИИ), а потом – и маленькая, казалось бы, безопасная игрушка для детей – Тамагочи. Игрушка, которая, в отличие от всех остальных, умирала, если ее вовремя не покормишь или не развлечешь. В результате сотни детей во всем мире, счастливых обладателей Тамагочи, либо попадали в психбольницу, либо заканчивали жизнь самоубийством.

Тамагочи забыли. Разочарованных детей переориентировали на новые игрушки. Забылось. Но вот проходит несколько лет, и приходит новая волна – Тамагочи для взрослых, или, другими словами, Эмо.

Эмо – это уже не виртуальный зверек, которого надо поить, кормить, выводить, – это мини-бомба замедленного действия, потому что Эмо заменяет людям детей!

Ты получаешь в телефон или компьютер виртуального друга с неизмеримыми потребностями, на порядок повыше животных: Эмо жаждет знаний, общения, ласки, заботы. И как его опекун, ты должен ему это все обеспечить. Иначе малыш умрет от тоски…

И что будет тогда – очень больной вопрос. Где найдется столько мест в психбольницах? Непонятно. Но еще более интересно – что за всем этим стоит? Чем объясняется такой навязчивый интерес к виртуальному общению? Почему современный человек, несмотря на то, что на Земле проживает около семи миллиардов людей, загружает себе в телефон, в компьютер друга?

По-видимому, человеку плохо, одиноко и тоскливо, вот он и ищет, осознанно или неосознанно, то, что может наполнить его земное существование каким-то смыслом. Ведь так приятно жить с мыслью, что где-то ждет безотказный друг, который будет тебя любить всегда.

Раньше, когда мы были детьми, нас обнимала мама. Именно ее любовь – вечную, материнскую, безусловную – мы и помним. Она брала нас на руки, мы бежали к ней, ища защиту от обидчиков, зная, что нет другого такого человека в мире, как мама, которая, окутав нас своей любовью и теплом, защитит от всех напастей этого мира. Но прошло время, мы выросли из детских пеленок, и не всегда рядом с нами есть любящие мать и отец. Мы чувствуем враждебность окружающего мира и, являясь частью этого мира, сами представляем угрозу для окружающих нас людей.

Помните, как в знаменитом фильме советских времен «Доживем до понедельника» один из героев написал в школьном сочинении на тему «Что такое счастье?» всего лишь одну фразу: «Счастье – это когда тебя понимают». А мы и себя не всегда понимаем, поэтому нам так трудно понять и принять других людей, их поступки и желания.

Почему это так? Да потому, что каждый из нас эгоист и ставит свои желания и потребности выше желаний и потребностей других людей. Растущий эгоизм разобщает людей, поэтому, хоть нас и много, мы одиноки. Каждый ощущает лишь свою скорлупу, и иногда от ощущения этого одиночества, этой пустоты и бесцельности существования, когда никакие земные радости уже не в радость, хочется выть на луну.

Вот и приходится выдумывать себе альтруистичных, послушных друзей. Ведь находясь в обществе своего Эмо, мы не обязаны менять себя. Мы можем не только оставаться все такими же эгоистами, но даже совершенствоваться в этом. И так – пока не превратимся в живых мумий.

И тогда человечеству придется срочно придумывать новую игру. Игру, которая бы пробуждала людей, заставляла бы их задаваться вопросами о смысле своей жизни, изменять себя и отношения с другими людьми. Ведь даже если мы доиграемся в эгоизм до состояния полуживых мумий, на задворках нашего сознания эти вопросы все равно останутся. Все чаще они будут нас будоражить, не давая спокойно жить, как какому-нибудь коту, греющемуся на солнышке после сытного обеда.

И тогда в нашей жизни начнется новый этап. Он раскроет такие горизонты существования, по сравнению с которыми все наши игры покажутся нам всего лишь пустышками.

мифы о каббале

В этой статье мы расскажем о всевозможных мифах и заблуждениях, сопровождавших каббалу на протяжении тысяч лет. Что только не выдавалось под именем каббалы: это и магические ритуалы, в которые посвящают только высокообразованных и истинно верующих иудеев мужского пола, достигших 40-летнего возраста; это и гадание на картах и кофе; жонглирование цифрами (гематрии, нумерология); камеи и амулеты, красные нитки и дыхательные упражнения, и даже ритуальные танцы.

Рассмотрим наиболее распространенные стереотипы, которые не позволяют людям приблизиться к науке каббала.

Миф 1: Каббалой нельзя заниматься до 40-летнего возраста.
Ответ: Со времен великого каббалиста АРИ никаких ограничений на изучение каббалы не существует. Ею могут заниматься все, даже женщины и дети. Запреты существовали только до XVI-го века, и установили их сами же каббалисты. Оберегая тех, чьи души еще не достигли соответствующего уровня развития, каббалисты принимали в ученики только прошедших строгий отбор.

Сегодня миллионы людей начинают ощущать потребность в каббале, и остановить этот процесс невозможно. Стремление к Творцу заложено в природе творения, и сейчас это начинает проявляться в явном виде. Великий каббалист рав Кук, чью биографию мы приводим в данной книге, на вопрос: «Кто может изучать каббалу» – ответил: «Тот, кто хочет! Все определяет только желание. Если человек желает, значит, уже созрел для этого и на него не действует никакой запрет».

Вообще, в каббале понятия «нельзя» и «запрещено» означают «невозможно». Поэтому запрет на изучение каббалы на самом деле выглядит так: «Не может заниматься каббалой по причине отсутствия желания».

Миф 2: Каббала является мистическим учением иудаизма, которое обычно связывают с оккультным знанием.
Ответ: «Каббала» в переводе с иврита означает «получение», то есть, обретение особого знания, которое доступно каждому человеку. Некогда эта наука, действительно, была тайной. Она зародилась на территории Междуречья около четырёх тысяч лет назад, в Вавилонский период.

Основатель каббалы, житель древнего города Ур Халдейский, Авраам, открыл возможность постичь ту область мироздания, которая недоступна человеку в восприятии пяти естественных органов чувств. Он сумел овладеть этой наукой и, собрав группу приверженцев, передал ученикам свой способ постижения скрытой от нас части мира. С тех пор это знание переходит из поколения в поколение посредством очень незначительного, ограниченного числа последователей. Передавалось оно, действительно, всегда из уст в уста, от учителя к ученику.

Во все времена, вплоть до нашего века, существовал очень узкий круг каббалистов. В настоящее время каббала, напротив, получает все более широкое распространение, так как у человечества появляется желание узнать о ней, изучить ее, применить эти знания в силу того, что они могут быть нам очень полезны.

Миф 3: Каббалу так же, как и другие религии, следует принимать на веру.
Ответ: Каббала абсолютно противоположна вере, она не имеет никакого отношения ни к религиям, ни к любого рода верованиям – это чистый эксперимент.

Человек осваивает окружающую действительность, обрабатывая информацию, которая поступает в мозг с помощью пяти органов чувств и используя технические приспособления, расширяющие диапазон возможностей этих органов.

Для того чтобы исследовать мир, который традиционным способом перед нами не раскрывается, необходимо развить в себе шестой орган чувств. С помощью этого дополнительного сенсора человек начинает ощущать скрытую часть мироздания и, соответственно, изучает ее, сообразуясь с теми же законами и правилами, какие приняты в любой академической науке. Чтобы результат был как можно более достоверным, каббалисты используют неоднократную повторяемость опытов, и способ передачи знания от одного исследователя к другому. Единственное, что отличает ученого-каббалиста от представителей других областей науки, это то, что он должен, прежде чем заняться изысканиями, развить в себе шестой орган чувств.

Миф 4: Использование каббалистических знаний помогает в бизнесе.
Ответ: Занимаясь каббалой по тем источникам, которые существуют у человечества уже тысячи лет, вы не получите рецепта, как преуспеть в обыденной жизни, используя эгоистические свойства и желания. Каббала не обещает человеку никаких заманчивых перспектив в его повседневном эгоистическом существовании, где он желает удачно устроиться на работу, получив «хлебную» должность, как можно выгоднее жениться или выйти замуж, поскорее обогатиться, начать властвовать. Крепкого здоровья она тоже не гарантирует. Одним словом, в результате ваших занятий каббалой, эгоистического наполнения вы не обретете.

Следует ясно понимать, что чудес на свете не бывает. Каббала ожидает, когда человечество осознает, что у него нет никаких внутренних средств, чтобы чудесным образом взять, да и сделать для себя что-нибудь невероятное, волшебное.

Если вы, действительно, захотите понять смысл жизни, увидеть, как правильно поступать, то взамен вы обретете вечность, совершенство. У вас будет все это, но только в том случае, если вы не спрашиваете: «Как же я могу побольше урвать от этого мира?», а начинаете думать на более высоком уровне: «Что я могу ему дать?»

Человечество придет к такому состоянию, хотя это кажется сейчас весьма фантастическим и несбыточным, и именно эгоизм приведет нас к нему.

Миф 5: Каббала предсказывает будущее человечества.
Ответ: Каббала свидетельствует, что если мы не начнем выполнять программу исправления, то нас ожидает возможность третьей и четвертой мировых ядерных войн, в результате которых останется буквально несколько миллионов человек, но они все равно выполнят программу творения. Эти люди включат в себя все души. Дело не в количестве наших тел, а в качестве душ, которые должны достичь наивысшего уровня существования, запрограммированного природой.

Каббала говорит о том, что конечная цель предопределена, и она абсолютно благоприятна. Однако путь к ней зависит, исключительно, от воли самих людей. В настоящий момент, именно на данном этапе, человечество вышло на тот уровень развития, когда может и должно сделать выбор – добрым или жестоким путем ему следует продвигаться. Ни один каббалист не может просчитать заранее путь, по которому сейчас пойдет развитие человечества, потому что это определяется его свободной волей.

Каббалисты говорят о вариантах развития, которые могут возникнуть в результате того или иного воздействия человека на природу. Однако выбор самого пути неизвестен и спрогнозировать его невозможно – он зависит только от нашего свободного выбора.

Миф 6: В каббале существуют ритуальные действия и обряды.
Ответ: Никаких ритуальных действий, обрядов и внешних механических практик каббала в себе не содержит! Поэтому, если вы наблюдаете что-либо подобное, то можно с уверенностью сказать, что истинной каббалы в этом нет! То же самое относится и к произвольному жонглированию числовыми значениями слов, картинками сфирот, картами Таро. Любое изображение – не более, чем прикладной материал.

Каббала – это постижение Творца каждым человеком лично. Поэтому, если вам желают продать камни, особые амулеты, – это может послужить только обогащению продавца. Конечно, если вы, словно индийский абориген, верите в силу амулета, то это может помочь и вам, но чисто психологически. В каббале, как и в любой академической системе знаний, нет никакой мистики. Каббала – наука. Это естествознание, изучающее все мироздание, а не только наш мир, как другие науки.

Продвижение возможно только посредством желания исправить свои намерения, а не усовершенствовать механические действия.

Миф 7: Каббалисты придают особое значение амулетам, святой воде и красным ниткам – как средствам улучшения жизни.
Ответ: Каббала не обучает человека ничему, что происходит в нашем материальном мире, и поэтому она неприменима, как средство обогащения, достижения почета и славы. Каббала дана нам, для того чтобы вытащить человека из ощущения этого мира в ощущение мира духовного (реальность, ощущаемая в дополнительном органе чувств – душе). Поэтому все методики, которые применяет человек для успешного существования в этом мире, не являются истинной каббалой.

Определение каббалы мы находим в статье Бааль Сулама «Суть науки каббала». Он пишет так: «Наука каббала представляет собой причинно-следственный порядок нисхождения высших сил, подчиняющийся постоянным и абсолютным законам, связанным между собой и направленным на раскрытие Высшей управляющей силы (Творца) человеку в этом мире».

О том, что амулеты и заговоры запрещены, сказано еще АРИ. Ими нельзя пользоваться, потому что этим мы вводим человека в заблуждение. Человеку кажется, что в этих предметах есть какие-то сверхъестественные силы, а на самом деле весь эффект основан лишь на психологическом воздействии на человека. Человек стремится к чувству безопасности, уверенности. Есть много суеверий вокруг всего, что связано с удачей, где невозможно предсказать результат заранее. В таких случаях человек пользуется любыми методами, чтобы преодолеть свою психологическую неуверенность. Это помогает ему преодолеть тяжесть и в этом смысле его действия абсолютно оправданы. Однако надо понимать, что силы у человека появляются не от сверхъестественных свойств амулета, а от его веры в то, что в амулете есть эти свойства.

Подобные действия категорически запрещены каббалистами, поскольку они создают неверное представление о духовном: человек начинает представлять духовный мир в виде тайных сил, в материальных предметах этого мира, в особых связях букв, в кодах и заклинаниях. Мы должны вырасти из этого и понять, что с Творцом вас может связывать только ваше устремление к уподоблению Ему, а не ваше стремление получше устроиться в этом мире, избежать страданий, которые Творец же вам и посылает, чтобы вы не уничтожали их, а из них устремились к Нему.

Для психологической поддержки человечество создает себе всевозможные ритуалы. Это оправдано, но следует понимать, что это не имеет отношения к духовному, что ни в каких амулетах и камеях нет святости.

Святость – это свойство отдачи. Весь наш мир эгоистичен, а Высший мир – это мир, существующий по законам свойства отдачи, в котором находятся и действуют только силы и чувства без материальных облачений. Он раскрывается человеку только в результате учебы по оригинальным источникам.

Миф 8: Для изучения каббалы нужно предварительно изучить Тору и получить религиозное воспитание.
Ответ: Для того чтобы приступить к изучению каббалы, не надо иметь никаких специальных предварительных знаний, потому что каббала – это наука, дающая возможность установить связь с Творцом. Каббалисты утверждают,

что люди, препятствующие изучению и распространению каббалы, являются источником всех страданий человечества. Чтобы начать заниматься каббалой, не надо никаких условий, – нужно просто открыть книги.

«До тех пор, пока ортодоксальный иудаизм настойчиво отвергает изучение каббалы, а держится только за Вавилонский Талмуд и защищает свое традиционное воспитание, не раскрывается истинный смысл жизни, что не способствует достижению цели во всех поколениях и, особенно, в нашем» (рав А. Кук, «Игрот»).

Религиозное воспитание годится для тех людей, кто еще не готов духовно продвигаться. Оно отчасти создает уравновешенный слой населения, защищенный от пагубных влияний, поветрий, разврата, наркотиков, поклонения идолам и прочее. Однако, вместе с тем человеку навязывают ошибочное убеждение, что истовое выполнение одних только механических заповедей и ритуалов делает его самым совершенным. Таким способом его ограничивают, не давая возможности развиваться.

«Нельзя ограничить занятия Торой изучением только механических законов. Ее духовная часть во всей широте и объеме, глубине и охвате, также обязана найти место среди нас. Это необходимо в наши дни, как духовное наше излечение. Этими путями шли наши праотцы, и мы тогда сможем быть уверены в своем пути» (рав А. Кук, «Игрот»).

Однако не следует забывать, что и религиозное массовое воспитание создали каббалисты. Только сделали они это для народа на период его изгнания, до 1995 года, до нисхождения в наш мир душ, готовых к исправлению своей эгоистической природы.

Миф 9: Занятия каббалой требуют аскетизма, ограничения в получении наслаждений.
Ответ: Каббала обязывает человека активно жить в этом мире: работать, создавать семью, рожать детей, воевать, учить и учиться, и в каждом своем действии реализовывать цель творения – связь с Творцом. Творец создал наш мир во всех его деталях, чтобы мы, используя его целиком, таким как он есть, достигли полного подобия Ему. Поэтому каббала отрицает любого вида самоограничения, обеты безбрачия в том числе, запугивания наказанием в этом и в том мирах и прочее. Каббалисты также не принимают в ученики тех, кто вместо работы учится за плату, считая такую практику вредной. Это наследие изгнания, когда народу не давали возможность развивать ремесло, и богатые евреи содержали бедных, обязывая их учить Тору.

Духовное возвышение происходит не уменьшением, а увеличением желания! Начиная изучать каббалу, человек продолжает жить обычной жизнью, не ограничивая себя ни в чем. Ведь желания человека определяют его поступки. Если его желания будут все больше устремляться к высшему, в соответствии с этим изменятся и его поступки. Исправление – это процесс воздействия на человека Высшего света, а не насильственные ограничения. Этим методика каббалы отличается от всех остальных методик. В ней используется сила Творца, действующая изнутри, а не насильственное воздействие извне.

Поэтому и в дальнейшем, получая все большую силу свыше, человек обретает и большие желания. Ведь он уже может исправить их и использовать в нужном направлении. Без наслаждений жить нельзя, ведь наша суть – желание насладиться, и цель творения заключается в достижении совершенного наслаждения. В исправлении, корректировке нуждается лишь применение желания – намерение, а не само желание.

Миф 10: Каббала – часть иудейской религии.
Ответ: Самым распространенным заблуждением является отождествление каббалы с религией. Рассмотрим, в чем состоит основное отличие каббалы от религии.

Религия считает, что Творец изменяет свое отношение к человеку в зависимости от действий человека. Если я буду хорошим, Творец будет относиться ко мне хорошо, то есть Он изменит свое отношение. Таким образом, религия заставляет человека искать методы воздействия на Творца: давать милостыню, ставить свечки, и так далее. Во всех религиях есть свои ритуалы. У людей возникает целая система иерархии: кто лучше может упросить Творца, кто ближе к Нему, кто знает, как Его просить, к кому стоит обратиться как к посреднику. Людям нужна эта психологическая помощь, они готовы за это платить. Человек в плохих состояниях верит во все, что угодно: «Сотвори для меня какое-то чудо, подкрути мне что-то, сделай так, чтобы я вдруг очутился в ином состоянии».

Такого быть не может и не будет никогда – ведь мы имеем дело с четкими законами мироздания. Законы эти описываются в каббалистических книгах. Наука каббала утверждает, что Высшая сила неизменна. Творец не изменяет своего отношения к человеку – Он добр, Дающий добро.

Наука каббала говорит о том, что вокруг нас существует единый Высший неизменный свет, находящийся в абсолютном покое и воздействующий на нас. Воздействие, которое мы испытываем, устроено по отношению к нам так, что влияет на нас абсолютным Добром. Для понимания истинного отношения каббалиста к Творцу можно привести в пример каббалистический молитвенник, в котором нет обычных слов, выражающих чувства человека, а отдельные буквы – все, написанное в нем, обозначает духовные действия, которые, исправляя себя, должен произвести человек.

Нет человека, не знакомого с понятием «молитва», но в чем ее каббалистический смысл? Каббалисты говорят, что внутренний смысл молитвы – обращение человека к Творцу с просьбой об исправлении своего эго. Человек приходит с истинной просьбе, исходящей из глубины сердца, и молит Творца, чтобы тот изменил его природу с эгоистической на альтруистическую. Такая и только такая просьба называется молитвой.

В каббале понятия наказания и вознаграждения за какие-то действия перед Высшей силой просто отсутствуют. Никаких ритуалов, внешних действий каббала в себе не содержит! Любое изображение сфер, миров, гематрий – не более чем прикладной материал.

Каббала – это индивидуальное ощущение Творца каждым человеком лично. Никакой мистики в каббале нет – это наука обо всем мироздании, изучение которой позволяет человеку ответить на вопрос о причине и цели своего существования, определить свое место в жизни, исследовать и выбрать наилучшее из возможных решений и изменить свое состояние к лучшему.

глава 11 >>>
рамхаль

каббалисты уполномочены сообщить

рамхаль
рав моше хаим луцатто
(1707–1747)

ПЕРВЫЕ ШАГИ

Уже в детстве РАМХАЛЬ задался вопросом о смысле жизни. Стремясь познать тайны мироздания, он проявил удивительные способности в учебе, а также феноменальную память. Мальчик был признан гением, ему дали широкое образование, включающее литературу, научные дисциплины и классические языки.

Однако на первом месте стояла, конечно же, наука каббала. Он изучал ее с раннего возраста, а в 17 лет написал свои первые труды. Вскоре весть о нем разлетелась по городу, и РАМХАЛЬ начал проводить занятия для широких масс. Со временем вокруг него сплотилась группа каббалистов, перенимавших у своего учителя методику духовного восхождения. Выполняя условия взаимного поручительства, они объединялись в одно целое ради общей цели.

ГОНЕНИЯ И СКИТАНИЯ

Однако далеко не все современники поняли и по достоинству оценили книги РАМХАЛЯ. Известность таила в себе надвигающуюся катастрофу. Главы еврейской общины Венеции, с опаской и недоверием отнесшиеся к молодому каббалисту, решили обуздать его. Развязанная ими кампания ширилась и приносила печальные плоды: РАМХАЛЮ предписали отправлять на цензуру все свои произведения, а затем вообще запретили писать каббалистические книги и распространять каббалу в странах рассеяния

Его труды были частью сожжены, а частью захоронены, но и на этом травля не прекратилась. Обвинение следовало за обвинением, а все попытки публично доказать свою правоту наталкивались на стену религиозной косности и непримиримости. Свои же соплеменники в пылу праведного гнева выискивали несуществующие доказательства и призывали доносить до сведения главных раввинов любую информацию, которая могла бы скомпрометировать РАМХАЛЯ.

Гонения заставили его выехать в Амстердам, однако письма, разосланные в еврейские общины Польши и Германии, еще быстрее летели на крыльях враждебного ветра. Власть реакции не знала границ, и в 1735 году, «перехватив» РАМХАЛЯ, раввины Франкфурта вызвали его на суд. В вину ему вменялись всевозможные грехи, а целью, разумеется, было сожжение трудов каббалиста. Правда, судьям не удалось отыскать ничего, что можно было бы счесть нарушением суровых ограничений, однако это не помешало им принудить его к подписанию нового, еще более тяжкого обязательства: отныне ему полностью воспрещалось распространять каббалу, даже в устной форме. Имеющиеся у него рукописи были конфискованы, а всякому, кто осмелился бы ему помочь, грозило теперь отлучение от общины.

Преследования не сломили, да и не могли сломить РАМХАЛЯ. Он продолжал переписываться с учениками, проявляя огромную любовь и заботу об их духовном продвижении и призывая не оставлять занятия каббалой. Связь с наставником навлекала на них нещадный гнев общины, однако они так и не отреклись от своего великого учителя.

(цитата)
Учеба не должна прекращаться ни на мгновение...
и пускай каждый приходит не по расписанию, а по зову души.
-Из устава группы РАМХАЛЯ-

Живя в Голландии, РАМХАЛЬ отказался от публичной полемики и выиграл этим несколько относительно спокойных лет, которые он посвятил написанию книг. Из-под его пера выходили произведения самой разной тематики и направленности, включая пьесы, педагогические пособия, стихи и трактаты по логике. Под всевозможными обертками скрывалась великая наука восхождения – каббала, учение о том, как вывести все человечество из пучин страдания к вершинам счастья и совершенства.

Однако главная задача – обучение масс каббале – по-прежнему оставалась недоступной, и примириться с такой ситуацией РАМХАЛЬ не мог. Даже тогда, когда его произведения изымались, объявлялись ересью, запирались на замок и сжигались, он продолжал писать книги и переписывался со своими приверженцами в Италии.

В Амстердаме он нашел множество новых последователей, вернее, они сами нашли его и уговорили давать уроки по каббале. И все же, следуя цели всей своей жизни, в 1743-м году РАМХАЛЬ вновь снимается с места и уезжает в землю Израиля.

Последние годы его жизни окутаны туманом. Известно лишь, что вместе с женой и единственным сыном он умер во время эпидемии чумы в Акко и был похоронен в Тверии.

НЕСЛОМЛЕННЫЙ И НЕПОКОРИВШИЙСЯ
Всю жизнь РАМХАЛЬ подвергался жестокому преследованию со стороны собственного народа, оставаясь не понятым и не услышанным.
Он, без сомнения, был одним из величайших каббалистов в истории еврейского народа. Виленский Гаон, единственный, кто по-настоящему понимал РАМХАЛЯ в те времена, сказал, что пешком пошел бы учиться мудрости у столь великого учителя, если бы тот был еще жив.

(цитата)

> Хотя Израиль состоит из множества людей – все они зовутся единым народом, достойным того, чтобы в нем сиял свет Творца.
> -РАМХАЛЬ, «О мудрости»-

Наследие РАМХАЛЯ насчитывает более ста книг. Он обучал людей каббале и разработал новую методику ее преподавания подрастающему поколению. Как и все каббалисты, РАМХАЛЬ призывал нас к единству. Лишь вместе мы сможем выбраться из дебрей собственной ограниченности в бесконечный мир совершенства и любви. Туда уже проложен прямой путь, ожидающий всех, кто готов воспользоваться наукой каббала, желая выполнить свое предназначение.

влияние каббалы на традиционную науку
(из выступления д-ра Джеффри Сатиновера на научной конференции в Сан-Франциско)

В каббале нет ничего такого, что звучало бы неясно, мистически или неестественно. Проведенные дискуссии развеяли всякие сомнения на этот счет. Поскольку каббала изначально предназначена для любого, кто ею интересуется, постольку объяснения, которые она дает, вовсе не кажутся религиозными. Неудивительно, что философам-неоплатоникам в эпоху Ренессанса нетрудно было основать каббалистическую школу. Процесс обретения каббалистического понимания совершенно не ограничен предрассудками.

«Каббала» – слово неоднозначное, и таким оно было в течение тысячелетий. Но вдруг, довольно странным образом, оно обрело большую популярность. Для интеллигентных людей, не лишенных скептицизма и рационального подхода, каббала ассоциируется с таинственными изысками или с глупой и невнятной ворожбой в личных интересах. Многие относятся к каббале как к одному из проявлений духовности или культуры «новой эры», учитывая популярность «центров каббалы», возникших в последнее время.

Однако есть люди, понимающие и интересующиеся, в том числе верующие и неверующие. Люди эти относятся к каббале вполне серьезно, и в их глазах она является важным, убедительным и прочным лейтмотивом, незаметно влиявшим на западную культуру и философию в течение двух последних тысячелетий.

Так или иначе, на протяжении всей истории каббала играла исключительную роль в формировании исторического процесса. Резонно предположить, что она сделает это снова. Несколько крупнейших философов эпохи Ренессанса подвергли каббалу скрупулезному изучению. Часть их изучала ее тайно, а часть – открыто. Некоторые даже заплатили жизнью за эти усилия. Многие вносили изменения – большие или малые – в форму ее преподавания, однако каббала оставляла свою печать, главным образом, на науке. Она продвигала человеческую мысль все дальше от предрассудков в сторону рационализма – довольно неожиданный факт, в свете тенденции связывать каббалу с колдовством или, по крайней мере, с мистикой и религией. Все эти аналогии ошибочны в своей основе.

Кое-кто пытался примирить каббалу с господствующим в его эпоху мировоззрением. В их числе Джованни Пико делла Мирандола (1463–1494). Его оригинальная статья «Речь о достоинстве человека», считающаяся декларацией ренессанса, использует сведения, почерпнутые из каббалы. Лишь недавно обнаружилось, что он владел одной из самых больших в Европе библиотек с каббалистическими текстами, насчитывающими примерно 3600 страниц.

Один из основателей Платоновской Академии во Флоренции, Леон Батиста Альберти (1404–1472), наиболее известен как основоположник криптографии. Рассказывают, что однажды, в порыве вдохновения, он изобрел шифровальные диски, ставшие с тех пор основой работы всех шифровальных аппаратов. В том числе, они использовались в работе «Энигмы», знаменитой шифровальной машины времен Второй Мировой войны. Криптолог Иоганн Тритемий (1462–1516) принял на вооружение эту систему.

Базой для обоих исследователей послужила каббалистическая точка зрения на пророчество.

Каббала повлияла не только на ведущих мыслителей эпохи Ренессанса, но и на мыслителей последующих эпох. Некоторые относились к ней, как к математической системе, составляющей основу энциклопедической теории знания и памяти. Такой взгляд на каббалу выразился в философском определении знания, а также в энциклопедической организации системы знаний и наук, что способствовало запоминанию.

Лейбниц проводил различие между «грубой каббалой масс» и «каббалой истинной». Он утверждал, что нет ничего кроме каббалы. Полагая, что она может послужить базой для его математической модели языка, Лейбниц требовал искоренить из каббалы теологию.

Нет никаких сомнений в том, что каббала стоит за кулисами и таится в основе всякой науки, всякой культуры и всякого вида человеческой деятельности на земле. В культурах, далеких от западной, каббала также повлияла на форму развития и на сам подход к нему.

Человечеству еще предстоит выявить, каким образом каббала оставила свой отпечаток на зарождении и эволюции различных культур. Следует полагать, что раскрытие науки каббала всему человечеству в современную эпоху, на пороге которой мы стоим, докажет это.

весь наш мир – это отражение наших ощущений

Каббала рассказывает нам о развитии системы, в которой мы находимся. Она знакомит нас с тем, как в результате «Большого взрыва» образовалась материя, как эта материя сформировала Вселенную, как по ходу развития Земного шара миллионы лет шли процессы попеременного разогрева и охлаждения оболочки, пока материя не нашла свое окончательное место, распределившись согласно физическим состояниям: газообразному, жидкому, твердому и плазменному. Тогда создались условия для возникновения биологической жизни на коре, окружающей огненное чрево Земли. Прошли еще миллионы лет развития, включая несколько десятков тысяч лет становления современного человека.

Таким образом, нам предшествовали очень разные стадии развития:
– астрофизическая – образование Вселенной;
– геологическая – образование Земного шара;
– эволюционная – развитие флоры и фауны;
– историческая – развитие человечества.

Земля подобна единой клетке, и, как и все живое на ней, эволюционирует от конкурирующей индивидуализации к жизнеспособному взаимодействию. Природа иллюстрируют историческую и глобальную взаимосвязь и взаимозависимость всего живого на земле.

Мы все время движемся от неосознанного развития – к осознанному. Так происходит в нашей обычной, частной жизни, в которой мы рождаемся несмышлеными младенцами и вырастаем, чтобы стать взрослыми и обрести разум, и такое же развитие проходит все человечество, взрослея из поколения в поколение.

Вместить всю природу в себя – это значит объять ее всю, властвовать над ней своим разумом и ощущениями, понимать и знать, видеть всю ее программу и связи, и происходящее в любой ее части.

Подход каббалы в высшей степени научен. Однако мы вовсе не навязываем ее. Мы хотим только указать на очевидные факты взаимосвязанного мира, которые невозможно игнорировать.

Факт 1

Одной из сложнейших научных проблем на протяжении всей истории развития научной мысли является понимание сути времени и пространства.

Каждому знакома проблема времени: время «убегает», время может «тянуться» и «мчаться», оно может «стоять на месте». То есть, оно относительно и зависит от ощущений человека.

Кроме того, теория относительности Эйнштейна говорит о том, что время не является абсолютным. Речь уже не идет об ощущениях – время течет по-разному в разных системах отсчета и зависит от скорости, с которой движется система.

Цель науки – видеть всю систему Вселенной целиком, а для этого необходимы общие, абсолютные определения. Сегодня ни один университетский курс не дает на это удовлетворяющего ответа. В космологии, например, решили использовать такое обобщенное понятие, как «искусственное время». И хотя понятно, что это нечто, не существующее в реальности, но ученые вынуждены пользоваться этим определением для решения космологических проблем.

С точки зрения каббалы, понятие «время» можно рассматривать в нескольких аспектах.

Прежде всего, в науке каббала нет времени как такового, – время определяется количеством действий. Сами действия вызваны определенными силами, причинно-следственными связями, а количество выполненных действий и есть время. Если выполнено десять действий, то и время измеряется десятью единицами.

Время всегда относительно и зависит от ощущений наблюдателя. Если не происходит никакого движения, не приводится в действие цепочка каких-то событий, когда каждое последующее вызвано предыдущим, то есть нет изменений, то нет и времени.

В этом и наука каббала, и физика едины. Это открытие Эйнштейна было самым близким к тому, как каббала объясняет понятия света, движения, времени.

Если мы пользуемся земными понятиями, то вполне можем их объяснить с помощью несложных законов – таких, как законы Ньютона, например. При этом не возникает никаких противоречий, так как эти законы действуют в пределах такого ограниченного пространства, как Земной шар. В этом пространстве мы не выходим за пределы скорости света. Когда же с помощью современных физических приборов мы пытаемся выйти за его пределы и, в сущности, за пределы земного существования, то здесь мы сталкиваемся с проблемой. Нам ясно, что там действуют другие законы, которые мы не можем ни понять своей земной логикой, ни как-то ощутить.

Сегодня ни у кого не вызывает сомнений, что те закономерности, которые открыл Эйнштейн, действительны и обоснованы. Вопрос лишь в уровне понимания того, что он открыл.

Мы с самого начала должны понять, что вся Вселенная, весь наш мир – это отражение наших ощущений, и не более того. Ведь если нет меня и моих ощущений, то существует ли вообще этот мир?

Мы – в наших научных исследованиях – хотим понять действительность в наиболее объективной форме, то есть как можно более отстраненной от логики и ощущений самого наблюдателя. Но ведь это невозможно! Нельзя же не принимать во внимание самого ученого, так как именно он наблюдает, измеряет, переводит свои ощущения в цифры и формулы. И тогда получается, что все основные понятия – такие, как время, пространство, движение и все, что с ними происходит, – все это существует только по отношению к самому человеку, который ощущает изменения этих параметров.

Насколько мы малы по сравнению с масштабами Вселенной, но без наших чувств невозможно говорить о ее существовании вообще.

Факт 2
Эйнштейн утверждал, что скорость света – это высшая предельная скорость. Но в последние годы физики полагают, что могут существовать некие частицы

или явления, скорость движения или распространения которых изначально превосходит скорость света.

Ещё в 1967 году американский физик Джеральд Фейнберг дал название еще одному классу частиц – «тахионы» (от греческого tachys, «быстрый»), которые должны двигаться быстрее света. Их свойства приходится описывать заочно, скорее строя догадки, чем находя им подтверждение.

Согласно теории Эйнштейна, лишь тела, обладающие массой, не могут обогнать свет. Тахионы, лишенные массы покоя, вполне вписываются во все ее уравнения. Эксперименты пока что не дали (несмотря на поднятую журналистами шумиху) обоснованного научного подтверждения этого явления, но это не повод для добросовестных ученых, чтобы отрицать его окончательно.

Наука нашего мира может выяснить внешние проявления явлений, в данном случае, физических, но об их внутренней сути она говорить не может. Нет смысла входить в полемику (слова только затушевывают исчезающий смысл), а лучше прийти к более глубокому анализу и узнать мнение каббалистов.

Великий каббалист, прославленный врач своего времени, Рамбам (1135 – 1204гг.) писал, что наша вселенная – это «мир ниже скорости света». Безусловно, что он не читал Эйнштейна, однако возможно, что Эйнштейн читал Рамбама. Во всяком случае, интересно обнаружить такое высказывание у человека, жившего за 800 лет до того, как это стало известно современной науке.

Вопрос в том, какой свет он имеет в виду, ведь в каббале всегда рассматривается внутренний смысл слов. Возможно, что он говорит о следующем: суть материи – желание получать – обратно основному свойству «высшего» света – желанию отдавать, и поэтому оно по своим свойствам «ниже света». Но вполне возможно, что имеются в виду и обычные физические понятия. В любом случае, и то, и другое верно.

С современной точки зрения частицы материи – это волновые образования, возбужденные состояния квантового поля. Квантовое поле является наиболее фундаментальной и универсальной формой материи, лежащей в основе всех ее конкретных проявлений.

То есть можно сказать, что существует некое информационное поле, и в этом информационном поле только по отношению к нам различные события раскрываются как последовательные и происходящие с определенной скоростью. На самом же деле вся информация существует и существовала всегда в полном объеме, и возможно, что последовательность в этом информационном поле как раз обратная, то есть уже существующий результат какого-то события приводит в действие его причину, начальную стадию.

С помощью специальной фотосъемки было зафиксировано, что при выстреле в стекло оно разрушается прежде, чем пуля долетает до него, а в электротехнике есть такие понятия, как опережающий и запаздывающий потенциалы.

В каббале говорится, что «конец действия в изначальном замысле», то есть те события, которые должны произойти в будущем, они и вызывают к жизни исходные причины. Весь наш «ограниченный» мир преднамеренно устроен таким образом, чтобы защитить нас, облегчить нам существование, дать какую-то ясность, устойчивость. Ведь нам так удобно воспринимать все происходящее, как результат чего-то...

Именно такой мы воспринимаем действительность и живем только по собственным причинно-следственным связям, потому что находимся внутри своего эго. Но если бы мы поднялись над собой, то увидели бы причину и следствие одновременно. Мы смогли бы преодолеть скорость света и находились бы в открытом информационном поле, в котором нет пространственных ограничений, нет ни начала, ни конца, и все находится в абсолютном покое.

В этом поле нет места для случайностей. Существует одно единственное состояние, и только в нашем восприятии оно раскрывается постепенно – в соответствии с мерой нашего развития – как цепочка причинно-следственных связей.

Факт 3

Продолжим разговор о материи и частицах.

Нильс Бор предложил модель строения атома, согласно которой в центре атома находится ядро, вокруг которого вращаются электроны, наподобие того, как движутся планеты вокруг Солнца. С этой модели начались расчеты электронных орбит, скорости электронов и так далее. Когда начались эти вычисления, то выяснилось что электрон может находиться на определенной орбите, двигаться с определенной скоростью, но его нельзя обнаружить в конкретной точке. С этого, собственно, и началась квантовая физика, и появилось понимание энергетических уровней в атоме.

В современной квантовой физике известно, что электрон при переходе внутри атома с одного энергетического уровня на другой излучает фотон. Но, кроме того, что он излучает фотон, невозможно описать и рассчитать его промежуточное состояние. То есть в промежуточных стадиях этого электрона просто как бы не существует, и это абсолютно совпадает с тем, что мы изучаем в каббале.

Каббала считает все мироздание – наш мир и скрытый высший мир – одним миром, который разделен только относительно человека на две части. Поразительно, насколько точно можно усвоить физические закономерности нашего мира, изучая основной учебник по науке каббала «Учение десяти сфирот».

В данном конкретном случае речь идет о переходе с одного духовного уровня на другой. Для того, чтобы этот переход состоялся, нужно добавить определенный потенциал, и только при его полном достижении возможен переход на следующий уровень. Причем совершенно необходимо достичь 100% этого потенциала и ни капли меньше – здесь действует абсолютный детерминизм. В духовном мире существует четыре основных уровня, и переход между ними происходит за счет частицы «света», которая или принимается, или отдается.

Так взаимодействуют духовные силы, и затем эти же закономерности нисходят и в наш мир.

Вопроса о том, где же находится электрон в момент перехода с одного уровня на другой, нет. Нет промежуточного состояния. Если современная наука сможет дойти до такой глубины постижения, если это удастся, то выяснится, что существует еще дополнительное измерение, которое находится не между уровнями, а в них самих. Там существует целый мир, еще одна вселенная, пока не обнаруживаемая нами.

* * *

Ученые уже признали, но и сами должны проникнуться тем фактом, что мы познаем окружающую реальность только в нашем сознании и не можем воспринимать «объективную» реальность за пределами нашего сознания.

Следует отбросить теории о Вселенной, находящейся за пределами нашего сознания. Реальность складывается из нашего общего опыта, включая в себя научные эксперименты, и мысли, чувства, интуицию, а затем – по мере исправления нашего эгоизма – раскрытие в нашем исправленном сознании нового мира. Но пока мы его не раскрыли в себе, его не существует.

Сила мысли – самая большая сила, созданная природой, и только в нашем мире мы не видим, насколько именно наши мысли влияют на происходящее с нами. Изучение каббалы позволяет начинать видеть сетку сил, которая пронизывает наш мир, сетку, на которой наш мир лежит и управляется ею, а мы поневоле, своими мыслями, влияем на эти силы. Раскрытие этой картины вызывает у человека правильное взаимодействие с природой. Поэтому так важно изучать каббалистические источники.

дракон поднимает голову

Говорят, что время чудес прошло. Мир меняется на глазах, и то, что казалось вчера немыслимым и нереальным, в изумительно короткое время властно и безоговорочно входит в нашу жизнь и становится ее неотъемлемой частью. Достижения современной науки и техники уже не поражают воображение, а фантасты давно прекратили пророчить новые открытия. Фантазия не успевает за реальностью.

Но вот небывалый подъем экономики в Китае называют сегодня не иначе, как чудом. Об этом пишут газеты, это обсуждают политики, это пытаются анализировать экономисты. Прилавки магазинов завалены дешевыми товарами из Китая, оптовики предлагают комплектующие изделия для предприятий высоких технологий, и вершина достижений Поднебесной – успешное освоение космоса. Такое под силу только экономически сильной стране.

Анализируя в свое время программу выхода из тяжелейшего кризиса, в котором оказался Китай в семидесятых годах прошлого века, ведущие эксперты Запада пришли к единогласному выводу: разработки китайских специалистов противоречат законам мировой экономики и не могут дать положительных результатов.

Однако необъяснимый – с позиций экономики – рывок отсталой аграрной страны вполне укладывается в рамки закона развития человеческого сообщества, давно описанного в трудах каббалистов.

Наука каббала рассматривает все население Земли как единый организм, существующий и развивающийся по единому принципу и движущийся к одной цели. За всеми взлетами и падениями в развитии народов, которые происходили на протяжении всей истории человечества, стоит один-единственный закон, утверждают они. Это закон развития эгоизма.

Эгоизм является нашей природной основой. По своей сути, это врожденное желание наслаждаться. Не успеваем мы заполнить одни желания, как тут же в нас раскрываются новые, и, подстегиваемые ими, мы послушно бежим за новыми и новыми наслаждениями. Что бы мы ни делали и чем бы ни занимались, мы неосознанно выполняем команды природы, которая целенаправленно, каждое мгновение развивает, увеличивает наше желание к наслаждениям, наш эгоизм.

Таким образом, развитие народов, наций и отдельных людей, их падение или возвышение строго подчинено законам природы. И в том, что вопреки предсказаниям экономистов Поднебесная рвется ввысь, нет ничего удивительного. Сегодня поднимается Китай, завтра может подняться Вьетнам.

Но именно Поднебесная символизирует сегодня новый уровень раскрывающихся эгоистических желаний.

Каббалисты объясняют, что эгоизм человека всегда ищет только максимальных наслаждений. Если он готов довольствоваться малым, то только по причине ограничений, наложенных на него извне. Это может быть давление со стороны общества, мораль, заставляющая умерить аппетит, может быть, отказ от сегодняшних наслаждений в пользу будущих, более сильных. Но суть эгоизма остается неизменной – он не может долгое время оставаться подавленным.

Едва только представится удобный случай, все накопившиеся, незаполненные наслаждениями желания вырвутся на свободу, сметая на своем пути искусственные барьеры и преграды. В неутолимой жажде заполнить себя мы можем отказаться и от моральных принципов, и от принятых ранее законов, вплоть до того, что готовы поставить под угрозу существование всей цивилизации.

Каббалисты постигли законы природы и, исходя из них, характеризуют наше время как последнюю стадию развития эгоизма.

Вся мудрость в том, говорят они, чтобы разумно использовать силу эгоизма. Не нужно требовать от человека подавления естественных эгоистических желаний и стремлений, с которыми он родился, – нужно научиться правильно и эффективно использовать их. Подобно тому, как в природе все творения связаны в единый организм и существуют только ради поддержания жизни всей системы, так же должно жить все человечество. Для этого природа, развивая наши эгоистические желания, приводит нас к состоянию полной удаленности от ощущения связи с силами природы, с единой системой мироздания, с остальным человечеством. Это и есть пик развития эгоизма.

Теперь от нас требуется самостоятельно подняться до уровня гармоничного слияния в единый организм природы, а это невозможно без специальной методики.

(из учебника каббалы)

Богатство, деньги – эквивалент всех остальных видов наполнений: пищи, секса, жилища, власти, славы, знания. Поскольку деньги позволяют приобрести все, они дают человеку ощущение уверенности в настоящем и будущем. Если бы общество не ценило деньги, человек бы не накапливал их.

В чем же роль каббалы в этом процессе? Она развивает чувствительность человека к объективному восприятию окружающего, усиливает остроту анализа добра и зла, способствует осознанию зла собственной природы, не позволяющей человеку видеть дальше собственного носа, – и, в результате, даже самые сильные желания, пробудившиеся в нас, мы начинаем использовать не ради себя, а ради всего человечества.

не в деньгах счастье

Доллар пока еще рано списывать со счетов, но готовиться к этому надо.
-из прогнозов ведущих экономистов-

Доллар неуклонно идет вниз, подгоняя вверх кривую финансовой паники. Еще бы, ведь речь идет не просто о валюте. Доллар США уже много лет исправно исполняет роль мировых денег. Сложно переоценить его значение в международной торговле, где практически все цены на сырье фиксируются в долларах. Поэтому дальнейшее обесценивание «хрустящей зелени» может привести к кризису мировой экономики.

Обычно простого человека мало интересуют глобальные проблемы, намного больше он озабочен своей судьбой. Пока его ждет неизвестность. Прогнозы ведущих экономистов столь же противоречивы, как и указанные ими причины финансового кризиса. На что уповать и какой валютой запасаться?

Наука каббала не занимается финансами и не дает практических советов по вопросам экономики, ее задача лежит в области других интересов. Но знание законов развития человеческой природы поможет нам не только понять механизм возникновения проблемы, но и подтолкнуть к правильному осмыслению происходящего. А это как раз то, что нам требуется.

Так в чем корень проблемы? С момента возникновения человека и до наших дней происходит непрерывное развитие его потребностей. Пока потребности человека ограничивались самым необходимым – пропитанием, одеждой, жильем – для их удовлетворения был достаточен простой натуральный обмен.

Но шло время, и непрерывно растущие потребности человека стали выходить за рамки предметов первой необходимости. Появились такие виды товаров и услуг, приобретение которых стало невозможно путем штучного обмена. Поэтому появился эквивалент товара. Вначале это было золото и драгоценные камни, а вскоре к ним прибавились деньги. Процесс производства-продажи сразу поднялся на качественно новую ступень, но появление денег одновременно изменило характер производственных отношений.

Растущие потребности человечества, исчисляемые не количеством товаров, а их денежным эквивалентом, породили системы финансирования. При их участии на смену кустарному производству пришли заводы, а затем целые корпорации. Преимущество коллективного труда было очевидно и неоспоримо, но параллельно возникла и стала разрастаться проблема распределения доходов.

Принятый способ оценки вложенного труда по конечному результату сразу создал неравные условия практически для всего человечества. Известно, что нет в мире даже двух людей с одинаковыми физическими данными и умственными способностями. Поэтому более предприимчивые, способные и удачливые превратились в работодателей, а менее талантливые – в работников. Но неравенство разделило и последних. Более сильные за одинаковое количество часов производили больше товаров, чем слабые, вкладывая при этом меньшие усилия.

Существующая система распределения доходов периодически взрывала общество, сотрясая государства и континенты. Появление мирового рынка и мировых денег, казалось, и есть та заветная формула производства и распределения, к которой так долго шло человечество. Сегодняшний кризис развеял и эту иллюзию.

Устоявшаяся было система производства товаров и распределения доходов разрушается на наших глазах. Сегодняшняя волна подорожаний может обернуться началом обвала всей мировой системы производства – ведь производителей на самом деле заботит прибыль, а не потребности общества.

Никто и ничто не в состоянии обуздать природу человека. Поэтому те умные и предприимчивые, которые когда-то согласились отделить часть от своих доходов для менее способных, не упустят возможности вернуть утерянное, и все договорные обязательства могут быть похоронены под процентами сверхприбылей.

Каббалисты утверждают – и это совпадает с мнением многих ученых – что наша планета в состоянии не только прокормить, но и обеспечить всем необходимым и десять миллиардов населения. Что же мешает в полной мере использовать ее потенциал?

В каждом из нас изначально заложены прочные невидимые связи со всем остальным человечеством. Вся проблема в том, что мы не осознаём свою зависимость друг от друга в полной мере.

Наука каббала раскрылась в наше время не случайно. Методика каббалы позволяет достичь ощущения не только зависимости, но и единства со всем человечеством, когда каждый любит и поддерживает друг друга. Тогда естественным образом отпадет вопрос правильного распределения прибыли, «ведь не возникает он между любящими родными и близкими».

глава 12 >>>
рашаш

**каббалисты
уполномочены
сообщить**

рашаш
рабби шалом шараби
(1720–1777)

С детства РАШАШ знал, куда направлена его стезя. Упорно стремясь к цели, он перебирается из Йемена в Израиль и здесь становится величайшим каббалистом.

ГОД 1751, ИЕРУСАЛИМ
Молодой человек, приехавший из Йемена, в недалеком прошлом – служка синагоги, по завещанию только что почившего учителя был назначен главой каббалистической группы «Бейт-Эль». И это в 31 год. Горожане потрясены. Они уверены, что это ошибка. Только сведущие люди, близкие ученики, которые были свидетелями событий, скрытых от чужих глаз, понимают и одобряют происходящее. Однако проходит совсем немного времени, и все начинают понимать, кем на самом деле является этот человек.

(цитата)

Все мы, нижеподписавшиеся, двенадцать человек, по числу колен Израиля, будем любить друг друга великой любовью и во всем доставлять удовольствие нашему Создателю.
- Из устава каббалистической группы «Бейт-Эль»-

Встав во главе группы, рабби Шалом Шараби (РАШАШ) вместе со своими товарищами одним из первых в истории начал широкое распространение каббалы. Благодаря этому они достигли высочайших духовных вершин и сообща основали общество, в основу которого был положен всеобщий закон природы – закон любви. Они назвали свое детище «Обществом любви к миру» и подписали между собой братский союз.
Однако вернемся к началу этой истории.

МИР ЕМУ ТЕСЕН
Сана, столица Йемена, год 1720. В семье Шараби родился первенец, которого назвали Шалом. По традиции йеменских евреев, он пошел обучаться Торе у «мари» – детского учителя. Однако душа Шалома не удовлетворяется

обычными занятиями и повседневной жизнью. В рассказах Торы он чувствует намеки на более глубокие вещи и хочет испытать их на себе. Этот мир тесен ему, душою он стремится в Высшие миры.

Ночью, при свете свечи, когда все вокруг спят, Шалом погружается в каббалистические книги. По ходу чтения в нем рождается новое чувство: если он не возьмет жизнь в свои руки, то покинет мир таким же, каким пришел в него. Каббала объясняет ему, что у человеческой жизни есть лишь одна цель – раскрыть Творца, постичь Высшие миры. Он решает уехать в Эрец Исраэль, в землю, название которой свидетельствует о новой цели его жизни: «яшар Эль» – прямо к Творцу.

Однако внезапно умирает его отец, и Шалом, как старший сын, берет на себя обеспечение матери-вдовы и братьев-сирот. В поисках заработка ему приходится переходить от деревни к деревне, в одиночку, в дождь и ветер, в жару и холод. Он – и природа, он – и Творец.

РЕШЕНИЕ

Шалом скрывает от посторонних глаз то, что происходит у него внутри. Внешне он выглядит обычным парнишкой, а внутри озарен светом каббалы, и душа его восходит по ступеням духовной лестницы.

Встречным на дороге кажется, что его, как и всех, заботят хищные звери и разбойники, подстерегающие путников в пустыне, беспокоят мысли о заработке. На самом деле Шалома волнуют совершенно другие вещи. Его сердце томится из-за того, что люди оторваны от науки каббала и даже не подозревают о возможности подъема в большой мир, столь добрый и светлый, что это не поддается описанию.

В его сердце крепнет решение: ради духовного развития мира всю свою жизнь посвятить распространению науки каббала. Несколько десятков лет спустя, лежа на смертном одре, РАШАШ завещал лишь одно: «Распространяйте учение каббалы, ибо духовный подъем всего мира зависит от ее изучения и распространения».

НАЧАЛО ПУТЕШЕСТВИЯ

Достигнув восемнадцатилетия, Шалом расстается с семьей и начинает свой долгий путь к земле Израиля. С маленькой котомкой со скудным провиантом, каббалистической книгой и горящим сердцем он отправляется в портовый город Аден – ворота Йемена во внешний мир.

В этом пестром городе, подобно всем портам мира наполненном особыми запахами и звуками, Шалом находит случайную работу на местном рынке и по грошу откладывает деньги. Собрав требуемую сумму, он садится на корабль, идущий в Бомбей. Долгие недели плавания по бушующему Индийскому океану – лишь внешние декорации внутреннего путешествия.

Оттуда – в Багдад. Таким был в те дни маршрут, ведущий в Эрец Исраэль. По прибытии в порт Басра он присоединяется к торговому каравану, направляющемуся через пустыню на север, в Багдад. Он знает, что там его ждет встреча с каббалистами.

В РОЛИ ИЗВОЗЧИКА И СЛУГИ

После прибытия в Багдад, Шалом быстро находит местную каббалистическую группу и присоединяется к ней. Он ничего не рассказывает ее членам о себе, лишь сидит в сторонке и жадно прислушивается к словам книг АРИ и книги «Зоар», которые они изучают.

Спустя годы великий каббалист, рабби Йосеф Хаим, расскажет о нем: «Появился этот праведник. Прежде чем свет его засиял в Иерусалиме, он пришел в багдадскую землю. Его ноги ступали по улицам нашего города, но жители не знали о его величии, -тобы оказать достойные почести. Счастлив тот, кто видел его». Он добавил также: «Когда пришел наш учитель РАШАШ, он оставался в тени, не выказывая себя мудрецом, а напротив, оставаясь обычным человеком, странником, который подрабатывал, дожидаясь каравана, идущего в Дамаск».

В Дамаске, столице Сирии, Шалом работает извозчиком у еврейского богача, чтобы накопить сумму, требующуюся для последнего этапа его пути в Эрец Исраэль. Когда есть время, он посещает бейт мидраш, в котором учатся местные каббалисты. Здесь он тоже не раскрывает своего истинного лица и скромно сидит в стороне.

И вот наступил долгожданный час. Шалом вновь пускается в путь. Прибыв в землю Израиля, он сразу же отправляется в Иерусалим и находит в его окрестностях каббалистическую группу «Бейт-Эль».

Обратившись к ее руководителю, рабби Гедалии Хаюну, Шалом рассказывает ему, что он неимущий сирота, приехавший из Йемена, и просит помочь ему. Его принимают на работу служкой – расставлять скамьи, раскладывать книги и зажигать свечи. Он считает, что право быть среди каббалистов нужно заслужить, поэтому не спешит расставаться с ролью прилежного слуги.

ТАЙНА ЗАПИСОК В КНИГЕ

Неожиданно рабби Гедалия Хаюн словно бы потерял способность отвечать на вопросы учеников. Сердце Шалома сжимается, когда он безмолвно наблюдает за тем, как его товарищи остаются без духовного руководства. Но что делать? И Шалом находит средство. Незадолго до полуночи, перед тем как каббалисты приходят в бейт мидраш, он вкладывает в книгу рабби Гедалии записки с ответами на заданные вопросы.

Радости учителя и его учеников не было предела, но автор записок никому не известен. Рабби Гедалия просит учеников разрешить загадку и раскрыть, кто из них это делает. Но все тщетно.

Об этих таинственных событиях узнала Хана, молодая дочь рабби Гедалии. Она решает разгадать секрет. Ночь за ночью она прячется за окном бейт мидраша и терпеливо ждет. И вот однажды, стоя у окна и коченея от холода, она видит служку, который тайком входит в комнату, зажигает фитиль маленькой масляной лампы и вкладывает записку в книгу ее отца.

Тайна раскрылась. Узнав об этом, рабби Гедалия усаживает Шалома справа от себя, во главе стола, и иногда даже называет его своим преемником. Сердце Ханы было пленено Шаломом, и она вышла за него замуж. С этого дня начался новый период в жизни рабби Шалома Шараби, который стал полноправным членом каббалистической группы «Бейт-Эль».

МЕЖДУ НЕНАВИСТЬЮ И ЛЮБОВЬЮ

РАШАШ изучал каббалу и обучал ей исключительно по методике великого АРИ, изложенной рабби Хаимом Виталем, учеником АРИ. Все свои силы и время рабби Шалом отдавал написанию книг по каббале, стремясь распространить ее в массах.

Слух о нем разнесся далеко, и люди, желавшие достичь цели своей жизни, стали обращаться к нему за духовным руководством. Глава еврейской общины из Бельц просил привезти ему из земли Израиля книгу «Наар шалом», а также рукописи каббалистического молитвенника, составленного РАШАШем. Из Туниса РАШАШу было отправлено 77 посланий с вопросами о духовном продвижении, на которые он отвечал терпеливо и с любовью. Среди его учеников великие каббалисты: рабби Хаим Йосеф Давид Азулай (ХИДА), рабби Йом-Тов Альгази и рабби Хаим Делароза.

(цитата)

Знаю я, что благодаря книге «Зоар» и каббалистическим трудам, которые распространятся в мире, освободится народ Израиля. От изучения этой книги зависит наше избавление.
- Книга «Ор РАШАШ»-

«Храм был разрушен из-за беспричинной ненависти, и наша задача в том, чтобы усилить любовь к Израилю, дабы она стала беззаветной», – писал

РАШАШ. Общество, которое он создал со своими учениками, было основано именно на этом принципе взаимного поручительства: «Каждый должен относиться к товарищу так, словно это часть его самого – всем сердцем и душой» (из взаимного обязательства каббалистов группы «Бейт-Эль»).

ВЕРНУТЬСЯ К ЛЮБВИ
Сегодня, когда разобщенность и беспричинная ненависть разъедают основы народа Израиля, необходимо вновь познакомиться с утраченной за годы изгнания наукой каббала. Именно она была путеводным лучом РАШАШа и всех мудрецов Израиля на протяжении поколений.

Каббала позволит возродить те принципы, по которым жил когда-то весь народ Израиля, а позже – отдельные группы каббалистов, являющиеся образцами будущего исправленного общества. Следуя их примеру, мы учимся сегодня подниматься над своими эгоистическими желаниями, чтобы обрести совершенство и вечность, которыми Творец желает нас наделить.

река жизни

Каждый задает себе вопрос: «Как могу я изменить свою судьбу, то, что предначертано мне? Как узнать, что хорошо в моем будущем и что плохо? Как заменить плохое на хорошее?»

Кроме этих утилитарных вопросов человека сегодня больше ничто не интересует! Решением глобальных вопросов человечество уже давно перестало интересоваться, поняв, что они не приведут к общему благоденствию.

Никакие науки в мире, богатство, могущество не могут изменить рок, предначертанный каждому! И это потому, что все мы, подобно маленьким лодочкам, неудержимо несемся по течению реки жизни, реки времени. Ее поток несет лодочку каждого из нас точно по тому пути, который уже заранее предначертан каждому.

Происходит это потому, что все мы рождаемся с заранее заданными внутренними свойствами, в заранее заданных внешних условиях. Все это не оставляет нам никакой возможности для вольных решений: наоборот, все решения могут быть заранее просчитаны и предсказаны, если бы мы знали все внутренние свойства человека и внешнее влияние на него.

В нашем настоящем состоянии мы являемся не более чем роботами, не осознающими даже вынужденности своего мышления и поведения. Задача природы, как проявление Высшего управления, заключается в постепенном подведении нас к осознанию этого факта. Мы должны осознать его, оценить как отрицательный и устремиться к истинно совершенному состоянию.

Достижение этого состояния задано Высшим управлением, Творцом, как цель развития всего человечества, к этому Он ведет нас заложенной заранее внутри нас программой развития.

Поэтому Творец влияет на нас постоянно меняющимися воздействиями, а мы немедленно вынужденно реагируем на них, каждый – согласно своим природным свойствам. Однако мы – существа, ощущающие наслаждение или его отсутствие. Такими нас создал Творец, только это мы в состоянии ощущать. А потому проходящие по нам постоянно меняющиеся воздействия извне мы ощущаем как более или менее хорошие (наслаждающие) или плохие (вызывающие страдания).

Вследствие этого мы накапливаем опыт хорошего и плохого и таким образом подготавливаем себя к осознанию и ощущению цели творения – осознанию того, что же такое истинное наслаждение. Это осознание должно представиться нам как одно единственное решение – необходимость ощущения Творца, вплоть до слияния с Ним!

Расцвет всевозможных «духовных» учений в наше время является следствием того, что Творец посылает нам свыше всё новые проблемы, которые вызывают в нас именно такие формы их решения, как заинтересованность в развитии «выше нашей природы».

И неважно, что пока еще мы интересуемся надуманными, а не истинными средствами изменения своей судьбы, мечемся в отыскании эликсира удачи и здоровья. Эти поиски и разочарования постепенно разовьют в нас способность к осознанию и опознанию истины.

Вот тогда-то каждый и все человечество в целом поймет уникальность метода каббалы в исправлении судьбы, осознает, убедится, что эта методика не придумана человеком, а ниспослана свыше самим Творцом.

Если действительно каждый из нас подобен маленькой лодочке, безудержно и неуправляемо несущейся по реке жизни, то для того, чтобы изменить свое движение, как-то противостоять потоку, надо иметь свой мотор, свои силы.

А поскольку эта река – река жизни, по которой несется весь наш мир, то противодействовать ее течению может только тот, кто имеет силы выше нашего мира. Потому что вся природа нашего мира заключена в самой реке или в нас, несущихся по ней.

Человечество подсознательно давно уже осознало это и потому всегда обращалось к шаманам, колдунам, экстрасенсам, предсказателям и прочим, якобы обладающим высшей силой.

Но и эти обращения постепенно принесут горькое разочарование, умрут все надежды на чудеса, окажется несбыточной вера в возможность избавления от напастей изменением имени, покупкой амулета и прочее. Правда, пока у всего общества произойдет это общее осознание ничтожности подобных средств, пройдет еще не один год бесплодных надежд и веры в заклинания, благословения, камеи и амулеты.

Но постепенно количество разочарований каждым перейдет в качественно новое отношение к шаманству у всего общества, в том числе и у тех, кто не прошел путь надежд и разочарований... И только единственный метод изменения своей судьбы, каббала, предстанет пред всеми не как надежда, а как средство избавления от страданий.

Что же предлагается вместо амулетов и заклинаний? Простое чтение истинных каббалистических книг. На любом понятном вам языке. Истинных – потому что каббалист находился во время их написания на определенном духовном уровне. Поэтому его тексты связаны с высшим внутренним светом, которого он достиг.

А для читающего этот свет будет светить как окружающий, потому что в нем еще не исправлены внутренние свойства. Но этот окружающий свет постепенно подготовит его к получению внутреннего света, и у человека появятся свои личные духовные силы управлять своей судьбой.

неоспоримая правота природы

АЛЬТРУИЗМ – ЗАКОН ДЖУНГЛЕЙ

В последнее время многие естественные науки все чаще сталкиваются с любопытным явлением, когда отдельные индивиды, являющиеся членами сообщества, стоят на страже интересов «материнской» системы. Такое жертвенное поведение наблюдается в системах самого разного уровня – от клеток в организме и до высших приматов. А преданность муравьев своему муравейнику и пчел своему улью давно стали притчей во языцех. Альтруистическое поведение животных в семье, стаде и стае изучается специальной наукой этологией – наукой о нравах и обычаях животных.

Поведение индивида, направленное на благо своего сообщества и своего ближнего, ученые называют альтруизмом. При этом оговаривается, что это совсем не то, что мы привыкли понимать под этим словом. Альтруизм в природе инстинктивен и является непреложным законом организации естественных систем. Ни клетка, работающая во благо организма, ни павиан, гибнущий, защищая свое стадо от нападения хищника, не подвержены мучительным раздумьям и не озабочены проблемой выбора. Выбор между интересами общества и своими происходит в природе автоматически.

Единственным элементом природы, который явственно выпадает из этого ряда, не подчиняясь автоматическому закону альтруизма, является человек. И в природе, и в своем внутривидовом сообществе человек ведет себя, как слон в посудной лавке. Он не только нарушает естественно существующий природный баланс, но и создал вокруг себя общество, кризис которого, по общему признанию, лишь углубляется и усугубляется. При этом человек еще объявляет себя венцом творения. Так ли это?

МИР И ЧЕЛОВЕК

То, что мир создан ради человека и является лишь декорацией пьесы для одного главного героя, написано еще в книге «Зоар». Наука сталкивается с многочисленными фактами, свидетельствующими о справедливости этого, так называемого, «антропного принципа». Каббалисты же говорят прямо, что мир нужен только для того, чтобы помочь человеку восстановить первозданную связь с природой, с ближним и, в итоге, стать частью общемировой гармонии. Сегодняшний человек из этой гармонии выпадает, словно бы не желая подчиняться основному закону природы – закону альтруизма.

Если мы говорили о принципе существования природы, как об отдаче ближнему, подчинении интересам сообщества и альтруизме, то принципом существования человека является явно декларируемый эгоизм. Под эгоизмом мы понимаем не отношение людей друг к другу, а активное нежелание человека соединиться с остальными людьми в единое целое. Именно это называется эгоизмом. И, наоборот, альтруизм означает, что человек изнутри себя, от сердца, по собственному желанию действует так, чтобы ощущать других, как часть самого себя. Именно этого требует от нас природа.

(цитата)

Человек живет настоящей жизнью, если счастлив чужим счастьем.
-Иоганн Вольфганг Гёте-

Природа не терпит дисгармонии и поэтому нещадно наказывает людей за неподчинение своим законам. Отсюда кризис общества, культуры, морали. А поскольку в природе все взаимосвязано и человек является частью общей системы, здесь же следует искать и причину участившихся природных катаклизмов и надвигающейся экологической катастрофы.

Как писал академик В.И.Вернадский: «Нельзя безнаказанно идти против принципа единства всех людей, как закона природы». И далее, в той же работе, «Несколько слов о ноосфере», Вернадский продолжает: «Человечество, взятое в целом, становится мощной геологической силой. И перед ним, перед его мыслью и трудом, становится вопрос о перестройке биосферы в интересах свободно мыслящего человечества, как единого целого».

НА ПОРОГЕ ИСПРАВЛЕНИЯ
Общемировой процесс перестройки, о котором пишет Вернадский, каббалисты называют исправлением – исправлением эгоистического подхода, основанного на принципе «все ради себя», на альтруистический – такой, с которым мы сталкиваемся в окружающей природе, существующей по принципу «все ради ближнего».

В отличие от неживой, растительной и даже животной части мира человек обладает сознанием и возможностью выбора. Именно осознанный выбор изменить себя, подчинив свою природу основному закону альтруизма, – это то, чего все настойчивее требует от нас логика развития мироздания.

Мы находимся на таком этапе развития творения, когда дальнейшее промедление будет вызывать все новые беды и катаклизмы на самых разных уровнях. И наоборот, если мы, осознав справедливость и необходимость пути, который предлагает нам наука каббала, захотим исправить себя и стать частью общемировой гармонии, впереди нас ждет вечность, совершенство, добро и любовь.

шавуот

НОЧЬ НЕВЕСТЫ
Свадебный полог, сияющая невеста и радостный жених, родственники и друзья, и, наконец, обильная трапеза – кто не знает, что такое свадьба. Но мало кто знает, что эта трогательная и захватывающая церемония, называющаяся хупой, учреждена каббалистами.

* * *

«Рабби Шимон сидел и занимался Торой в ночь, когда невеста, Малхут, соединяется со своим мужем, Зеир Анпином».

Так в книге «Зоар» начинается описание духовных процессов, стоящих за известной нам церемонией. Сколько удивительных вещей раскрывает нам эта книга. Оказывается, главное действующее лицо на свадьбе – невеста. Невеста – это собрание всех душ, желающих наполниться Высшим светом. Жених, Творец, ожидает, когда души пройдут исправление и смогут получить от Него Высший свет.

Общий духовный корень всех душ называется Адам Ришон. Раньше он объединял все души единым альтруистическим желанием отдачи. Но в процессе развития Адам Ришон «разбился» на отдельные души. Разбиение означает, что одно общее для всех стремление к Творцу исчезло. Души перестали ощущать друг друга. В них не осталось даже воспоминания о том совершенном состоянии, в котором они находились. Эгоизм, ощущение себя и только себя, захлестнул их вплоть до того, что осталось лишь ощущение материального мира. Наступило состояние духовной тьмы, из которого души обязаны вернуться в прежнее состояние единства.

Позднее время проведения свадьбы, темнота, напоминает нам об этом.

«И все друзья, находящиеся в свадебном зале в эту ночь праздника Шавуот, обязаны вместе с женихом стоять под хупой и быть с ним всю ту ночь, то есть учить Тору».

Почему свадьба, о которой говорится в книге «Зоар», происходит в праздник Шавуот? Дело в том, что праздник Шавуот – это время получения Торы. Наука каббала объясняет, что слово «Тора» происходит от слова «ораа» (инструкция) и от слова «ор» (свет). Таким образом, в одном слове «Тора» сочетаются и само получение Высшего света, и инструкция по подготовке к этому – наука каббала.

«А рабби Шимон был счастлив, и с ним – его товарищи. Сказал им рабби Шимон: "Сыновья мои, счастлив ваш удел, потому как завтра именно с вами явится к хупе невеста"».

Друзья – вот кого каждая пара с радостью встречает на свадьбе. Друзья – это те люди, которые помогают и поддерживают жениха и невесту. А духовную поддержку оказывают настоящие духовные товарищи – каббалисты.

Дело в том, что выход из того духовного изгнания, в котором мы находимся, возможен при условии получения нами масаха (экрана) – единственной силы, которая может остановить наше эгоистическое желание получать ради себя. Масах на свадебной церемонии олицетворяется свадебным пологом – хупой, которую поддерживают друзья.

«В эту ночь… все будут записаны в книгу памяти, а Творец благословит их 70-ю благословениями и украшениями корон Высшего мира».

Ночь после свадьбы, долгожданное объединение жениха и невесты, говорит о том состоянии, которое называется Гмар Тикун (окончательное исправление). После длительного отрыва от духовного корня все души должны прийти к исправлению, а после этого – к наполнению Высшим светом.

Наше поколение, как никогда ранее в истории, оторвано от духовных ценностей. Эгоизм, в который погружено человечество, вышел на последнюю стадию своего развития. Он разрывает изнутри народы, семьи и каждого человека в отдельности. Именно об этом времени говорили каббалисты, как о времени исправления. На пороге Шавуот и вечер – время хупы.

(из учебника каббалы)

СТОЯНИЕ У ГОРЫ СИНАЙ

«Стояние у горы Синай» – это момент духовного прорыва. Его совершает группа людей, желающая стать народом и выйти из духовного изгнания. Они разобщены между собой и испытывают взаимную ненависть (ивр. – «сина»), которая описывается в Торе как «гора Синай». Когда сыновья Израиля впервые понимают, что спасение заключается в единстве между ними, тогда-то и происходит прорыв. Объединившись, они получают Тору – раскрытие Высшего света Творца.

(из учебника каббалы)

МОЛОЧНЫЕ ПРОДУКТЫ

В каббале молоко символизирует свойство чистой отдачи. Со дня нашего рождения лишь молоко является средством соединения матери и ребенка. На праздник Шавуот принято есть молочные продукты в знак того чудесного состояния, когда Высшая сила наполнит нас изобилием, словно любящая мать ребенка.

(из учебника каббалы)

ЗЕМЛЯ, ТЕКУЩАЯ МОЛОКОМ И МЕДОМ

«Земля, текущая молоком и медом» – говорится о состоянии, которое обещано народу Израиля в том случае, если он выполнит возложенное на него духовное предназначение и передаст всему миру методику раскрытия Творца. Но если народ Израиля уклоняется от своей миссии – земля Израиля превращается для него в «землю, губящую своих жителей».

(из учебника каббалы)
ГРЕХ ЗОЛОТОГО ТЕЛЬЦА

Грех золотого тельца символизирует такое состояние, когда человек отклоняется от цели творения, представляя себе духовный мир в материальном виде. Процесс внутреннего духовного развития, который проходит каждый человек, описывается в Торе. Если человек видит в этом тексте лишь историческое повествование, а не описание духовного пути к цели творения, то он совершает грех золотого тельца и отклоняется от цели, ради которой был создан.

(из учебника каббалы)
СЕМЬ ПЛОДОВ

В Торе сказано, что Земля Израиля благословенна семью плодами (пшеница, ячмень, виноград, инжир, гранаты, оливки и финики). Каждый плод символизирует одно из семи свойств духовного изобилия и ждет, чтобы мы «сорвали» и «отведали» его. Человек, который хочет насладиться этим изобилием, должен подняться над своей эгоистической природой, пройдя семь этапов, соответствующих семи сфирот его души. Взойдя на ступень «духовной земли Израиля», он вкушает духовные плоды, ради которых и проделал путь. И поэтому сказано: «Земля Израиля благословенна своими плодами».

(из учебника каббалы)
ПРАЗДНИК ПЕРВЫХ ПЛОДОВ

Праздник Шавуот, праздник дарования Торы, называется также «праздником первых плодов». Человек, который после больших усилий постигает свойства Творца, свойства любви и отдачи, пожинает первые плоды своих стараний и получает Тору – Высший свет, наполняющий его душу.

равновесие с природой

Джейн Гудолл (Jane Goodall) оказалась в джунглях по своей воле. В течение 20 лет она изучала поведение шимпанзе в естественной среде их обитания. На конгрессе Всемирного Совета Мудрецов, состоявшемся в Швейцарии, был представлен ее доклад, прояснивший ряд важных закономерностей.

Джейн Гудолл удостоилась множества призов и международного признания. Но, по ее словам, самым главным было то, что после длительного периода, проведенного в джунглях, и пристального изучения обезьян, Гудолл начала понимать их, воспринимать их ощущения. Она обнаружила, до какой степени обезьяны чувствуют природу и живут любовью, которая в ней кроется.

В наши дни, когда личность и общество сталкиваются с многочисленными трудностями, в мире ширится новое веяние, обретающее все больше последователей, – возврат к природе. Его приверженцы видят в нем панацею от всех бед и надеются, что на этом пути их ждут перемены к лучшему. По их мнению, образ жизни оторванных от цивилизации племен подтверждает: чем ближе человек к природе, к своим корням, тем легче ему ощущать природную силу любви, легче жить в мире с самим собой.

Однако, какими бы приятными и волнующими ни были эти впечатления, мы ведем речь не о таком равновесии. Человеку определены значительно более высокие уровни развития. Природа не зря выгнала нас из пещер и джунглей, заставив создать человеческое общество со всеми необходимыми механизмами, общество, где царит разобщенность, где мы неспособны выносить присутствие ближнего... Именно в этом обществе нам нужно создать равновесие между собой, используя в качестве «рычага» эгоизм.

Сам по себе «возврат к природе» может стать интересным опытом, однако он не поможет нам решить проблемы современности коренным образом. Надо искать и устранять причину этих проблем на человеческом уровне развития.

Наука каббала, изучающая основы мироздания и его законы, утверждает, что природа не позволит нам умалить свой эгоизм. Подтверждением тому служат, например, китайская или индийская культуры, которым удавалось удерживать общественный эгоизм на низком уровне лишь до определенного этапа. Сегодня мы наблюдаем, как рушатся искусственные заслоны: в рекордные сроки прорвав брешь в традиционных устоях, люди присоединились к мировой гонке за богатством и властью.

Для того чтобы на человеческом уровне прийти к равновесию с природой, нам следует изучить самих себя в рамках существующего общества, где каждый из нас помышляет лишь о собственном благополучии, и все наши взаимоотношения с ближними преследуют одну только личную выгоду. В желании хоть немного улучшить свою жизнь мы согласились бы на то, чтобы ненужные нам люди просто исчезли, растворились.

Ни одно создание природы не способно относиться к окружающим с намерением причинять им вред, грабить и использовать их. Только человек может удовлетворяться притеснением окружающих и наслаждаться их страданиями. Известное изречение гласит, что пройти мимо сытого льва намного безопаснее, чем мимо сытого человека...

Такое потребительское отношение к ближнему вызывает дисбаланс, несоответствие между нами и общим законом природы, законом альтруизма. В эгоистическом стремлении вознестись над окружающими, насладиться за их счет, отгородиться от них и кроется источник наших страданий.

Пусть мы незнакомы с теми или иными законами природы, однако от этого ничего не меняется: они по-прежнему воздействуют на нас, являясь абсолютными и незыблемыми. Если кто-то нарушил закон природы, уже само его нарушение становится фактором воздействия и обязывает человека вернуться к соблюдению «правил игры».

С помощью науки мы открыли огромное количество законов природы, действующих на неживом, растительном и животном уровне, включая наше тело. Однако мы ошибочно полагаем, что на человеческом уровне, в сфере взаимоотношений, абсолютных законов нет.

Каббала говорит о том, что не стоит ждать, когда под воздействием понуждающих сил мы должны будем перейти к следующему общественному строю. Эти воздействия могут оказаться ужасающими. Поэтому методика каббалы, позволяющая увидеть постоянный, беспрерывный ход духовного развития, сегодня особенно необходима нам для раскрытия сил, которые воздействуют на нас. Это позволит нам увидеть будущую картину мира как в ее хорошем, так и в плохом «исполнении». Не только увидеть, но и избежать негативного варианта.

Подводя итоги, следует сказать, что физическое возвращение к природе не имеет отношения к процессу уравновешивания с ней на социальном уровне. Такая «реверсия» может только временно отвлечь наше внимание от острой необходимости поиска баланса на уровне взаимоотношений.

разбиение желаний

ОТКУДА МЫ

С того момента, когда человек впервые начал задумываться, кто он, что он, откуда он, стали появляться различные теории возникновения нашего мира. Этот процесс продолжается и сегодня. Однако узнать наверняка, как и откуда произошел наш мир, мы не можем, поскольку свидетелей, которые могли бы нам об этом рассказать, нет. Кроме каббалистов. Они не только знают, что предшествовало появлению нашего мира, но и записали свои «свидетельские показания» в каббалистических книгах, чтобы передать их человечеству.

Мы не будем говорить о том, как каббалисты сумели это сделать. Мы поговорим об устройстве духовных миров.

О ПРИЧИНЕ

Каббала объясняет, что в мироздании существуют всего два объекта: Творец и творение. Между ними – принципиальное отличие: Творец – дает, наполняет, наслаждает, а творение, наоборот, – получает, наполняется, наслаждается.

А теперь представьте себя на месте Творца, который, как радушный хозяин, желает угостить кого-то хорошим обедом.

Вы приготовили изысканные кушанья. Теперь нужен тот, кто бы эти кушанья отведал. Причем его вкусы, привычки, желания должны и качественно, и количественно совпадать с тем, чем ему предстоит насладиться. Еще очень важно, чтобы он хорошенько проголодался, чтобы у него появилось огромное стремление к вашему угощению. Еще одна проблема – наслаждение должно быть абсолютным, ничем не ограниченным. Кроме того, ваш гость стесняется, чувствует неудобство.

В общем, куча проблем.

Что же сделал Творец? Он Себя скрыл.

О СКРЫТИИ

Слово алама (скрытие) имеет тот же корень, что и слово олам (мир). Мир, строго говоря, не является творением. Это система, за которой скрывается Творец. Благодаря ей, с одной стороны, Творец может влиять на творение, а с другой стороны, творение способно развиваться, не теряя самостоятельности. Только таким образом можно вывести творение на уровень получения ничем не ограниченного наслаждения, которое желает дать Творец.

Чтобы выполнить эти условия, система под названием «мир» должна включить в себя как свойства творения, так и свойства Творца.

Впервые это случилось в мире Некудим.

МИР НЕКУДИМ

Устройство мира Некудим напоминает территорию, по которой проходит пограничная линия двух государств. Эта линия делит мир Некудим на две части и называется «парса». Верхняя часть, над парсой, относится к Творцу и называется Гальгальта вэ Эйнаим (ГЭ). Другая часть, под парсой, относится к творению и называется АХАП.

Итак, все готово для того, чтобы свойства Творца объединились со свойствами творения. Но как это сделать?

РАЗБИЕНИЕ

Свет начал наполнять АХАП через ГЭ. И тут происходит непредвиденное. Конечно, непредвиденное для творения, а не для Творца.

Творение не было в состоянии принимать то наслаждение, которое желал дать ему Творец, – ведь оно желало получить его ради себя, и произошло то, что в каббале называется «разбиение».

Это подобно нашему примеру с хозяином и стесняющимся гостем. Пока на столе стоит лишь несколько обычных на вид блюд, гость держится и не показывает вида, что голоден и желает откушать их. Но когда хозяин выставляет перед ним соблазнительные яства, издающие неземной аромат, гость не выдерживает и с жадностью набрасывается на еду, забыв про того, кто ему все это приготовил. Это и есть разбиение.

РАЗБИЕНИЕ – НАЧАЛО ИСПРАВЛЕНИЯ

Духовный мир и мир материальный связаны между собой, как корень и ветвь. Поэтому разбиение, произошедшее в мире Некудим, имеет свои следствия в нашем материальном мире.

Разбиение, о котором мы рассказали в сокращенном виде, происходило в два этапа. Они соответствуют разрушению Первого и Второго Храма. Каждый из этих этапов включает в себя еще по два дополнительных, которые соответствует четырем изгнаниям народа Израиля.

Но, как известно, падение всегда предшествует подъему. И сегодня этот подъем начался. В наше время наступил период, о котором так много писали каббалисты, – эпоха исправления всего человечества. Именно поэтому так широко раскрывается сегодня методика исправления – каббала. Хозяин уже заждался своих гостей.

глава 13 >>>
менахем-мендл

каббалисты уполномочены сообщить

менахем-мендл
из коцка
(1787-1859)

Конец XIIX – первая половина XIX века. Уже блистал дворцами и набережными Санкт-Петербург, Наполеон гарцевал на белом скакуне, завоевывая Европу, открывались новые мануфактуры в Англии, декабристы бунтовали на Сенатской площади, шла гражданская война в Америке…

А в это время в Коцке, маленьком городке Люблянского воеводства Польши, творилась мировая история. Группа каббалистов создавала здесь новое общество, основанное на любви к ближнему. Это был первый эксперимент в новой истории – попытка целой группой подняться над эгоистической природой человека к Цели творения, к счастливому существованию всех.

Во главе этой группы стоял рабби Менахем-Мендл – человек внешне суровый и молчаливый, но внутренне наполненный любовью к Творцу и непрерывным диалогом с Ним.

* * *

Он родился в маленьком польском местечке Гураи. «Родился с крыльями, – говорили о нем, – крылья воображения возносили его ввысь».

С раннего возраста Менделе отличался категоричностью суждений. Он не искал общения со сверстниками, его не интересовали их дела и их игры. У него был всего лишь один друг – сын портного. Их волновали одни и те же «недетские вопросы» о Творце, творении и смысле жизни.

Менделе жаждал истины и был непримирим ко лжи.

Однажды одна разгневанная торговка обвинила мальчика в том, что он перевернул корзинку с яблоками, которую она выставила на продажу. На вопрос отца, зачем он это сделал, Менделе ответил, что заметил, как эта женщина положила сверху корзинки хорошие яблоки, а внизу спрятала гнилые…

Всю свою энергию, жажду истины Менделе вложил в учебу. Учителя отмечали его быстрое и четкое восприятие материала. Но были периоды, когда во время рассмотрения какой-нибудь проблемы из Талмуда Менделе зажмуривал глаза и уносился на крыльях своего воображения в другой мир, далекий от мира владельцев быков и ослов (в Талмуде много места уделяется этим вопросам). Он чувствовал, что за написанным скрываются величайшие тайны Мироздания. Он еще не знал, что его душа требует внутренней, скрытой части Торы – она жаждала каббалы.

В те времена в еврейских общинах Европы существовали два противоборствующих идеологических течения, основателями которых были каббалисты Бааль Шем Тов и Гаон из Вильно.

Сторонники этих течений жили отдельными общинами. В некоторых местечках преобладали хасиды – последователи Бааль Шем Това, в других жили их противники – митнагдим, последователи Виленского Гаона. Отец Менделе, рабби Йуда Лейбуш, принадлежал к ярым противникам хасидизма, а дед, наоборот, был учеником самого Бааль Шем Това.

Общеизвестный факт, что хасидизм по своей сути – каббалистическое течение. Цель хасидизма – распространить каббалу в самых широких массах. По непонятным для нас причинам хасидизм был встречен в штыки величайшим каббалистом – Виленским Гаоном. Кстати, Виленский Гаон получил известность именно как каббалист, хотя и был глубоким знатоком Талмуда и комментариев к нему.

Его противодействие хасидизму основывалось на разногласиях в вопросах каббалы. Сторонники простого, пресного изучения Торы подняли Виленского Гаона на свои знамена и организовали настоящую травлю хасидов. Пережитки этой борьбы сохраняются по сей день…

В те времена в юго-восточной Польше, где жил рабби Мендл, проходил самый настоящий фронт между хасидами и их противниками – митнагдим.

(из учебника каббалы)

Причина противостояния митнагдим и хасидим исходит из столкновения двух противоположных частей творения. В терминологии каббалы это называется «ударным слиянием правой и левой линии». Конфликт между митнагдим и хасидим является одним из проявлений этого явления в материальном мире.

Виленский Гаон, стоявший во главе митнагдим, считал, что на пути к духовному исправлению нужно, прежде всего, вложить усилия в изучение Торы с последующей внутренней работой. Бааль Шем Тов, в свою очередь, полагал, что должна главенствовать внутренняя работа, а внешние обычаи должны пробуждать сомнения и тем самым усиливать внутреннюю работу.

НЕ ТАКОЙ, КАК ВСЕ

Когда Менделе исполнилось 19 лет, его женили на дочери одного богача из местечка Томашов. Он переехал к тестю, где продолжал учиться, пока в какой-то момент не понял, что дальше своими силами ему не прорваться – ему нужен настоящий учитель, умеющий соединять наш мир с миром Высшим. Встреча со стариком-хасидом полностью изменила его жизнь. Рассказы об учении Бааль Шем Това, о его учениках, об учениках учеников пробудили в нем огромное желание все узнать самому.

«Он умел рассказывать, – вспоминал рабби Мендл, – а я умел слушать». После бесед с ним Менделе отправился в Люблин, к великому каббалисту, рабби Якову Ицхаку, которого называли «Провидец из Люблина».

Дороги, ведущие в Люблин, были заполнены хасидами, нуждающимися в защитнике-ребе. Мендла, в отличие от них, гнал духовный голод.

Слухи о пребывании Мендла в Люблине вскоре дошли до его отца, и он немедленно отправился туда. Встретившись с сыном, отец потребовал от него вернуться на старый, проверенный путь «классического» иудаизма, в том виде, как понимали его мит-агдим. Путь пресного, схоластического изучения Талмуда без понимания его внутреннего, каббалистического, смысла был невыносим для Мендла, и он отказался.

Тогда отец спросил:

– Так, значит, ты нашел здесь в Люблине, то, к чему стремился?

– Никогда человек не достигнет своей цели, если не будет к ней идти. Прежде всего, он должен идти – идти искать учителя, идти и искать путь в жизни, идти и выйти из рутины. Даже если не смог найти того, чего искал, сам путь становится для него оплатой...

Тогда в Люблине рабби Мендл, как никогда ранее, почувствовал, что он не такой, как все. Не то, чтобы он был выше или ниже других – нет, он был просто другой. «Провидец» сразу увидел, с кем он имеет дело. Уже во время их первой встречи он сказал Мендлу: «Твой путь ведет к меланхолии, и он не нравится мне!»

Ответ никому не известного парня уважаемому реву-каббалисту окончательно показал, насколько этот парень был не похож на других: «Если путь, который я избрал, нравится мне, почему бы мне не идти по нему? Неужели только потому, что он не нравится вам, уважаемый рав?!»

Мятежная душа рабби Мендла, похоже, не могла укорениться на почве добропорядочного Люблина. Тем не менее, один из лучших учеников «Провидца», рабби Яков Ицхак, очень понравился рабби Мендлу. Рабби Якова Ицхака все называли «Святой Йегуди из Пшиски», потому что он взвалил на себя огромную ношу духовной работы. «Святой Йегуди» говорил: «Если молящегося рубят мечом, и он чувствует боль, то его молитва не стоит ничего!»

Мендл сделал свой выбор. Он переезжает в Пшиску – город, где жил его рав. Этим принципом – «свобода выбора» – он руководствовался и в будущем, когда сам стал учителем. Он не терпел учеников, искавших себе рава, который гладил бы их по головке. Рабби Мендл выбирал тех, кто так же, как и он, был готов взвалить себе на плечи весь мир.

После смерти «Йегуди» учителем Мендла стал рабби Буним – лучший ученик рабби Якова.

В общей сложности у своих наставников он проучился более 20-ти лет. Они научили его правильному сочетанию между «работой в сердце» и «работой разума», научили тому, как подниматься над эгоизмом и побеждать себя. От них он услышал – и этому следовал всю жизнь – что никто другой не должен знать о твоем духовном уровне, что вся твоя внутренняя работа должна быть скрыта от глаз посторонних, потому что у каждой души свой путь и продвижением каждого занимается лично Творец.

Занимаясь у этих двух великих учителей, он понял значение намерения и прочувствовал, что заповедь без правильного намерения – как тело без души, и что главное – это молитва в сердце, которой не нужны слова...

ИСПЕПЕЛЯЮЩИЙ ОГОНЬ

После смерти рабби Бунима все ученики собрались вокруг рабби Мендла. Ему было тогда 40 лет. Все они знали, что там, где рабби Мендл, – там ежесекундная работа и жизнь, устремленная к одной цели. Он там, где нет места слабости и компромиссу. Его девиз: «Где можно повстречать Творца? Там, где Его впускают!»

Инстинктивно вокруг рабби Мендла собирались все те, кто наперекор материальному миру был готов пуститься в духовный полет. Они соединились в группу и приняли на себя обязанность постоянно, каждое мгновение находиться в духовной работе.

Часто, во время прогулок с учениками, рабби обсуждал свои планы и замыслы и, по примеру Бааль Шем Това, делился мечтами. Мечты эти будоражили и опьяняли. Суть их сводилась к следующему: создать духовную элиту, которая сможет изменить мир к лучшему.

В Томашове, куда переехал рабби Мендл с учениками, эти идеи начали обретать форму. В те дни он начал создавать группу людей, из которой, по его замыслу, должен был взойти росток нового мира.

«Пусть придут десять отважных мужчин, нравственно сильных и чистых, свободных от всякой лжи – и они смогут изменить судьбу», – говорил рабби.

Работа спорилась. Томашовские хасиды оказались способными достичь высочайшего духовного уровня, уровня самого Бааль Шем Това, но... «темные силы» не дремали.

Тут стоит сказать, что никаких темных сил нет. Бааль Шем Тов говорил: «Тот, кто говорит, что в мире существует еще иная сила, кроме силы Творца, например, клипот (темные силы), тот является идолопоклонником... Только Творец управляет миром». Великий каббалист нашего времени рав Барух Ашлаг пишет: «Нет никакой другой силы в мире, у которой бы была возможность что-либо делать против воли Творца».

Времена Бааль Шем Това прошли. Хасидизм все более обрастал мишурой внешних традиций, постепенно отдаляясь от внутреннего понимания Торы – каббалы. Этот процесс продолжается и в наши дни: хасидские адморы не очень-то жалуют каббалу, забывая, что хасидизм возник именно как массовое каббалистическое движение.

Эти настроения победили тогда и в Томашове. Однажды рабби Мендл собрал своих учеников и сказал: «Вы помните, что сказано в Талмуде: "Два мудреца живут в одном городе и недовольны друг другом в вопросах выполнения заповедей – один из них умер, а второй был изгнан". Я предпочитаю быть изгнанным».

За считанные дни они собрались и уехали из Томашова. Это произошло в 1829 году.

Дорога привела их в маленькое местечко Коцк. Жители местечка были наслышаны о странностях рабби Мендла и его хасидов, поэтому встретили их градом камней и спустили на них собак. Как ни странно, рабби Мендла это обрадовало. Он улыбнулся и сказал ученикам: «Мне нравятся жители этого местечка – они умеют постоять за то, что они считают истиной. Город, в котором бросают камни, – это действительно город! Остаемся здесь!»

С тех пор, как рабби Мендл избрал Коцк местом своего пристанища, серый, дремлющий городок превратился в символ духовности, в символ каббалы, известный всему еврейскому миру. По сей день короткое сочетание букв – «Коцк» – будоражит сердце и воображение, хотя с тех пор прошло более полутора веков.

Обычаи и поведение Коцкой группы стали легендарными. Особенно бросалось в глаза их отношение к внешнему виду. Одежда висела на хасидах, как на вешалке. Шелковые плащи были потрепанными и позеленевшими, штреймлы (праздничный головной убор) – истрепанные и облезлые. Вместо поясов они подпоясывались обычными веревками. На голове – капустный лист, на ногах – деревянные башмаки, как будто только они одни существуют в мире пред Творцом, и не надо никого стесняться.

Все делалось скромно и скрыто. Никто внешне не проявлял теплых чувств, и на первый взгляд казалось, что коцкие хасиды равнодушны ко всему. Никаких гримас, никакой жестикуляции. Внутри горит испепеляющий огонь, все бурлит – а человек даже глазом не моргнет.

Они пытались вернуть хасидизму его первозданную суть – суть, основанную на каббале, без внешних прикрас.

Это непростое время постоянной работы вспоминалось учениками рабби Мендла, как самое счастливое в их жизни. Утром работали, добывая пропитание, вечером собирались за длинным столом, и простая совместная трапеза становилась наполненной особым смыслом, потому что с нее начинался урок рабби Мендла.

Объединенные в песне, мыслях, объяснениях рабби Мендла, они поднимались над этим миром, полным страданий, – к духовным высотам, от которых захватывало дух.

ИСПРАВИТЬ СЕРДЦЕ

Рабби Мендл говорил: «Творец посылает души на землю, а потом призывает их обратно, заставляя карабкаться вверх по лестнице. Вот о чем заботятся люди – о лестнице. Иные не хотят искать ее; взлетают в небо – и падают. Не беда, они будут пробовать снова и снова».

Сказать легче, чем сделать. Рабби из Коцка заявлял: «Легче избавить Израиль от изгнания, чем изгнание от Израиля. Проблема заключается в том, что люди равным образом желают жить и в этом и в грядущем мире».

Столкнувшись с почитателями, видевшими в нем обычного раввина, призванного облегчить им бремя каждодневных забот, рабби вскричал: «Что им от меня нужно? Почему они изводят меня? Как заставить их понять, что не мое это дело – набивать им желудки и охранять их сон?»

Их боязливое раболепие будоражит его. Все ему кажется мелким, ничтожным: «Тот, кто верит в чудеса – идиот, кто не верит – безбожник», – говорит он.

В Коцке постоянны только изменения. Рабби утверждает что-либо и тут же отрекается от своих слов. Ему мало наслаждаться парадоксами, он заводит парадоксы в тупик.

Проявления радости отталкивают его, но он не одобряет и тех, кто надеется подкупить Творца слезами. Он стремится вырвать человека из слишком уж человеческого существования, однако при этом заявляет, что сама святость должна быть человечной. Нарекания вызывает у него и тот, кто фамильярно обращается к Творцу, и тот, кто разговаривает с Творцом, как с чужим.

«Когда человек хочет кричать и молчит, это и есть настоящий крик».

В Коцке ценилось качество, а не количество. «Кто молится сегодня только потому, что молился вчера, тот хуже злодея». Не было тут места никакой привычке, они молились, потому что не могли не молиться. Ведь молитвой называется не то, что написано в молитвенниках, а то, что ощущает сердце.

В Коцке все выходило за рамки любой привычной схемы. Не было просто учеников и просто учителя. Не было просто учебы. Была постоянная атака с падениями и подъемами – постоянный бой с эгоизмом, и понимание, что он просто так не сдастся, что он и гомеха, и помощь, что каждый раз, побеждая его, человек поднимается на очередную духовную ступень.

Многие не смогли выдержать эту непрерывную внутреннюю работу и вместо требования духовного начали просить у рабби Мендла благословения и советов для успеха в материальной жизни. «Творец посылает вам проблемы не для того, чтобы я вызволил вас, – говорил он им, – а для того, чтобы вы сами смогли справиться с ними! Все они направлены только на одно – приблизить человека к высшему его состоянию, когда он и Творец составляют одно целое».

Но они не слышали его. Они устали. Учитель их был непрерывно горящим огненным столпом. Но разве можно жить рядом с огненным столпом?!

Внутренний разрыв нарастал и привел к разрыву внешнему.

«Именно себялюбие человека отделяет его от Творца его, – снова и снова объяснял рабби Мендл. – Цель всех событий нашей жизни – привести нас к пониманию того, что эгоизм – это источник всех бед и страданий в мире, и заставить нас подняться над ним. Только к этому нам нужно направлять свои молитвы».

ПОСЛЕДНИЙ ВЗЛЕТ

Когда рабби Мендл увидел, что ученики сошли с пути каббалы, он начал отдаляться от них, пока совсем не закрылся в своей комнате. Начался следующий этап в его жизни, который длился 20 лет, – период уединения. Ему было тогда 53 года.

Понятно, что для него это не было остановкой, он уже вышел на прямой диалог с Творцом, и уединение свое использовал для дальнейшего продвижения. Как ракета, выходящая на космическую орбиту, он вырвался в духовный космос и начал стремительное сближение с Вечностью.

Только группа из нескольких десятков учеников осталась предана своему Раву. Они навсегда запомнили его слова и передали их своим ученикам: «Сердце разобьется, плечи поникнут, небеса и земля обрушатся – но человек от своего не отступится!»

Вот последние его слова: «Наконец-то я встречусь с Ним лицом к лицу».

* * *

Утверждают, будто он записывал свои размышления, но уничтожал записи так же быстро, как и создавал их – уничтожал ночью то, что писал днем.

Он пытался вместить все в одну-единственную страницу.

Страница должна была превратиться в трактат под названием «Книга человека»...

мы и наши дети

Неспособность сконцентрироваться, неумение быть внимательным, вспыльчивость, граничащая с жестокостью, – все чаще мы видим детей, для которых такие проявления стали нормой. «Гиперактивность» – нашли мы подходящее определение проблеме. Теперь ее можно и лечить. Заменив элениум риталином, мы двинулись в наступление на собственных детей, стремясь не упустить момент в самом начале, не дать развиться, подавить и победить.

Но можно ли вот так, таблетками, победить эту болезнь? Борясь с ее симптомами, а не с причиной? Да и болезнь ли это?

Вспомните, раньше таких детей были единицы, их объявляли – вы только вдумайтесь! – отстающими в развитии, запирали в специнтернаты. Проблема, таким образом, решалась сама собой: «с глаз долой – из сердца вон», и мы продолжали уверенно шагать в светлое будущее. Сегодня же, когда проблема приняла угрожающие размеры (ведь по некоторым оценкам синдромом дефицита внимания и гиперактивности страдают до 20 процентов детей в возрасте от 6 до 16 лет) и мест в специнтернатах перестало хватать, гиперактивность решили объявить болезнью.

Правда, не все. Например, психиатр Сидни Уокер III, автор книги «Капля здравого смысла», считает, что гиперактивность – не болезнь, а «преступная фальсификация докторов, не имеющих понятия о том, что на самом деле происходит с детьми».

Но большинство пугает нас ужасными последствиями этого синдрома – вплоть до нарушения умственных способностей и развития склонности к наркомании и преступности. Выводы из этого предполагаются очевидными: не прислушаетесь к нам сейчас – не зовите на помощь впоследствии, когда вас будут грабить, убивать, насиловать. Сами виноваты, мы вас предупреждали.

И вот уже запущен конвейер на полную мощность, производя препараты, подавляющие, а зачастую просто калечащие, молодой организм.

На самом же деле, повышенная (гипер – как ее принято сегодня называть) активность молодежи никакая не гиперактивность. Это естественное состояние поколения, вышедшего на следующий этап развития желания получать удовольствия. В каббале все это объясняется очень просто и доступно. В основе всех наших действий – что бы мы не делали – лежит желание ощутить в себе приятное наполнение, слабое проявление которого мы называем удовольствием, а сильное – наслаждением. И всю жизнь мы бессознательно, хотя иногда и осознанно, ищем наибольшее наполнение, стремясь затратить при этом минимум усилий.

Нынешнее поколение в этом плане ничем не отличается от предыдущих. Получив от рождения большее желание, оно отвергает наполнение прошлого уровня (кстати, тем самым, порождая пресловутую проблему отцов и детей), потому что просто не может получать удовольствие от того, что услаждало их родителей. Это желание наполниться, более мощное по сравнению с родительским, и заставляет их быть намного активнее в поиске. Им нужно все, здесь и сейчас. Тратить годы на достижение каких-то долгосрочных целей – не для них. Отсюда их неусидчивость, вспыльчивость и нетерпение. Просто проявляются они сегодня в наших детях с большей силой.

Вообще-то, все эти качества были присущи молодости во все времена. И во все времена родители почему-то не уставали удивляться непохожести на них подрастающего поколения. «Да-а, мы в ваше время были другими!» – пожалуй, нет человека, который хотя бы раз в жизни не услышал это от старших. Так всегда было, есть и будет. И все же есть в нынешнем молодом поколении одна особенность, которая кардинально отличает его от всех остальных.

Наши дети все настойчивее ищут способ развития в себе уровня «человек». Наполнение нижнего, так называемого, «животного» уровня – деньги, слава, знания – их не может удовлетворить в принципе. А поскольку старшее поколение иного предоставить им не может, они защищаются от него всеми имеющимися у них средствами.

Пока это происходит неосознанно и выглядит как проявление болезни, но придет время, когда вопрос в них будет сформулирован четко, и они придут к нам, взрослым, с требованием на него ответить. И вот тогда нам было бы очень желательно иметь хотя бы приблизительный на него ответ.

Сегодня у нас еще есть время, для того чтобы одуматься и перестать делать из наших детей больных, прекратить пичкать их риталином и заняться поиском правильного подхода и к воспитанию, и к образованию, и вообще к жизни. А жизнь нам в этом поможет.

свобода – это выбор

СВОБОДЫ НЕТ
Нет у нас ничего более желанного, чем свобода. Перечню свобод нет конца и края: свобода печати, слова, передвижения, вероисповедания, мысли, совести... Если к этому добавить еще борцов за свободу и противников этих свобод, то вывод напрашивается однозначный: свобода – это то, без чего человек обойтись не может. И не только человек. Животным, находящимся в неволе, тоже приходится туго.

Но если всмотреться внимательно в само понятие «свобода», мы вдруг обнаружим, что никакой свободы нет и никогда не было, по крайней мере, в том смысле, в котором мы это понимаем. Ведь для нас свобода – это свобода делать то, что хочется. А знаем ли мы, почему нам хочется так, а не иначе?

ПОЧЕМУ НАМ ТАК ХОЧЕТСЯ
Оказывается, человеком, как впрочем и другими элементами природы – неживой, растительной и животной, – управлять очень просто. Высшее управление делает это всего двумя силами: наслаждением и страданием. Наслаждаться мы всегда хотим и стремимся к этому. Со страданием совсем просто: мы его избегаем. Негодовать и обижаться нет никакого смысла – просто такими мы созданы.

Да, но в таком случае, чем же мы отличаемся, например, от животных? Оказывается, только обычным коммерческим расчетом. Поскольку человек ощущает прошлое, настоящее и будущее, в отличие от животного, которое живет только настоящим, мы можем сделать расчет и пойти добровольно на страдание в настоящем с тем, чтобы выиграть в будущем. Но суть от этого не меняется. Нами управляют наслаждение и страдание.

МАШИНЫ
Из вышесказанного напрашивается вывод: человек – это машина. Умная, говорящая машина, не имеющая никакой свободы воли. Так это или не так? Для получения ответа нам нужно не полениться и попытаться понять, как устроены мы и окружающая природа. Каббалисты уже более 5000 лет пытаются нам это объяснить. А мы? Мы все еще не готовы их слушать.

Итак, все созданное базируется в рамках всего лишь четырех факторов:
1) основа (первичная материя);
2) программа постоянных свойств;
3) программа изменяющихся свойств;

4) программа внешней среды.

Теперь разберем каждый в отдельности.

ФАКТОРЫ

1. Основа (первичная материя).
Основа не меняется никогда, хотя форма может меняться очень сильно. Например, пшеница может быть зерном, ростком, колосом. Но, в любом случае, это пшеница.

2. Программа постоянных свойств.
Под управлением этой программы пшеница меняет форму и становится зерном, ростком, колосом. Эти и другие изменения относятся к основе и не зависят от внешней среды.

3. Программа изменяющихся свойств.
В нашем примере с пшеницей под воздействием внешней среды – удобрения, влага, температура – может меняться количество, вкус, размер зерен. Программа управляет этими изменениями.

4. Программа внешней среды.
Любые внешние факторы, существующие в природе, действуют согласно этой программе, а не по воле случая, как нам кажется. Это у нас просто от незнания алгоритма программы.

ПОЛЕ ДЕЯТЕЛЬНОСТИ

Таким образом, выясняется, что не все так плохо. Нам все-таки оставлено поле деятельности для проявления свободы воли. Оно находится в факторе №3.

Мы можем менять самих себя, свою судьбу, свою жизнь, но только одним способом – с помощью внешних факторов или, другими словами, с помощью окружения. Именно оно управляет человеком. Посмотрите, что мы едим, одеваем, выбираем, даже как мы сидим и говорим. Наше поведение, наши мысли диктуются той средой, тем окружением, в которых мы находимся. Среда не только и не столько люди, которые окружают нас, – это могут быть книги, ТВ, реклама, идеи, герои…

СВОБОДА – ВЫБОР ОКРУЖЕНИЯ

Единственное создание, обладающее свободой воли, – это человек. Мы знаем, что свобода воли есть, мы гордимся ею и, в случае необходимости, боремся за нее.

К сожалению, большинство из нас не знает, в чем наша свобода заключается, и трактует ее так: «Свобода – способность человека поступать в соответствии со своими желаниями, интересами и целями на основе знания объективной действительности». Другими словами, это способность автомобиля реагировать на желания, интересы и цели водителя.

Свобода, как говорит наука каббала, – это выбор окружения. Выбирая окружение, мы выбираем ту цель, к которой оно стремится. Цель изучающих науку каббала – достичь уровня того, кто создал и управляет всем, – уровня Творца.

насилие

Как быстро мы к этому привыкли. Петарда отрывает пальцы охраннику на баскетбольном матче, старика жестоко избивают и грабят в собственной квартире, муж убивает жену за то, что она «отказалась дать ему деньги на джинсы»...

Неудержимое насилие – это следствие неудовлетворенного эгоизма. Давайте поскорее поймем это, чтобы приступить к исправлению ситуации.

ВЗРЫВ
Печально, но факт: убийства в семье стали нормой. Не менее «нормальны» убийства на романтической и криминальной почве. Некоторым жертвам везет больше, и в больницы день за днем стекаются «недобитки»: старики, женщины, дети... Скоро в мире не останется семьи, не затронутой этими «житейскими мелочами».

Насилие не новость, но его масштабы стали беспрецедентными. Фитиль этой бомбы сегодня короток как никогда. Все красные линии стерты, и ничто не отделяет нас от мира, в котором нет ни защиты, ни пощады. Люди слишком легко срываются и вымещают на других свой гнев или отчаяние. Это особенно заметно по молодежи, стремительно избавляющейся от сдерживающих факторов и по полной программе отрывающейся от условностей.

Равнодушие и насилие наводняют улицы, льются с экранов, просачиваются в сознание и исподволь разъедают общество. Это не временное явление, говорит наука каббала. И если вы полагаете, что бить тревогу еще рано, мы предлагаем вам ознакомиться с данными ее исследований.

ГОЛОД
Неслучайно младенец начинает плакать, когда вертушка-мобайл перестает крутиться над его колыбелью. Неслучайно одним из первых в детском

лексиконе закрепляется слово «еще». Человек по природе своей ищет наслаждения, он создан, чтобы наслаждаться. Сказано в книге «Зоар»: «Цель творения – насладить создания Творца, ибо Доброму присуще творить добро».

Чтобы позволить людям насладиться, в их природу заложено эго – специальный механизм, создающий в желаниях человека ничем не заполненную пустоту. Именно этот неутихающий голод и заставляет нас развиваться в поисках новых наслаждений. Не удовлетворяясь достигнутым, мы снова и снова устремляемся вперед в попытке стать счастливыми хоть на мгновение.

Тысячелетиями эта гонка набирала темп, однако сегодня количество должно перерасти в качество. Каббалисты однозначно указывают на необходимость качественного скачка именно в наш период, когда эгоизм достиг последней стадии своего развития. Люди больше не находят, чем наполнить себя, им нужно что-то новое, неизведанное, их желания теперь устремлены вверх, а не вширь.

Молодое поколение, несущееся на гребне этой волны, теряет интерес к деньгам, славе, власти и прочим наслаждениям. Его внимание постепенно переключается на более высокую ступень. Однако на переходном этапе высота все еще недостижима, и потому растет отчаяние.

Отсутствие подлинной цели не проходит даром и ведет к эпидемии депрессий по всему миру. Опустошенность застигает людей врасплох и вызывает в них такое чувство, словно терять уже нечего. Так разрушаются рамки, которые обуздывали нас раньше. Отчаявшийся человек не может бороться с накопившейся в нем горечью и находит «выход» в насилии, иногда даже не понимая, что с ним происходит.

Какой же выход из положения предлагает нам каббала?

ПРАВИЛЬНОЕ ИСПОЛЬЗОВАНИЕ ЭГОИЗМА

Прежде всего, нельзя рассматривать проявления насилия как отдельные факты. Речь идет о глобальной проблеме общества, и причиной ей служит та громадная пустота, которая разверзлась в нашем поколении. Гипотезы о побочных явлениях не выдерживают критики.

Нужно проявить честность и разобраться с современной системой воспитания: подходит ли она вообще для нынешних условий? Дает ли ответ на неразрешенные вопросы?

Пока что мы подавляем подрастающее поколение различными средствами, которых остается все меньше, и игнорируем корень проблемы. В результате ширится отчаяние, а вместе с ним – и вспышки гнева. Пришло время пересмотреть требования к социальным институтам, включая судебную систему и законодательную власть, и привести их в соответствие со сложившейся ситуацией.

Общество, в целом, и его лидеры, в частности, должны понять, с чем они столкнулись. На повестке дня – всесторонняя общественная дискуссия, сопровождаемая глубоким анализом, который будет проводиться как в средствах массовой информации, так и в школах. Благодаря этому наконец-то создастся общий фундамент, связь поколений.

Можно и должно использовать взрывной эгоизм, как трамплин в лучшее будущее. Однако для этого необходима грамотная стратегия, совместная работа над программой и ее совместное осуществление.

Величайшие каббалисты писали, что именно в нашем поколении появляется шанс раскрыть методику правильного использования эгоизма, и побороть насилие естественным путем. Нам требуется разрешить вопрос о смысле жизни, который задают сегодня даже маленькие дети. Осмелившись, наконец, ответить на него, мы создадим другое общество, любящее и счастливое, общество, в котором люди объединены друг с другом по желанию, а не по безвыходности.

гомеостазис

Войны, массовые самоубийства на почве религиозного фанатизма, депрессия, наркотики... Список можно продолжать. Наш усталый мозг уже не способен устоять под бомбардировкой мрачных новостей, становящихся день ото дня все более удручающими. Мы все чаще переключаемся с новостных программ на футбол, телесериалы или чемпионат мира по снукеру – кому что по вкусу.

Но давайте остановимся и посмотрим на этот безумный мир в перспективе. Чему мы являемся свидетелями? Картины взрывов, войн, терроризма, да и житейские проблемы описываются одним хлестким словом – «кризис».

Как сказал один мудрец: чтобы понять явление, надо увидеть, чему оно противоположно.

Противоположность войне – мир, хаосу – гармония, а коллапсу систем – их согласованное развитие. Противоположность кризису – гомеостазис.

Наука, цель которой приведение всей природы и человека к совершенной гармонии, – это каббала.

Каббала рассматривает гомеостазис как равновесный, адекватный обмен энергией и информацией между объектом и средой. Например, рыба, живущая под давящей массой воды в Марианской впадине, не сминается в лепешку, а, напротив, чувствует себя вполне комфортно. Причиной этому – давление внутри рыбы, компенсирующее давление внешнее.

Взглянем на состояние современного мира с точки зрения каббалы.

Современная индустрия развлечений, излишества в еде, сексе, потреблении информации – это примеры гипертрофированного получения, отсутствия гармонии в отношениях объекта и среды.

Факты убеждают нас, что самый далекий от гармонии природный феномен – это человеческое сознание. На уровне мыслей человек вступает в максимальное противоречие со своей средой.

Подтверждение этому – в «сверхпроизводительности» мозга современного человека в области наслаждений. Каббала говорит, что возможности современного человека наслаждаться и наслаждать, доставлять страдание и страдать самому поистине неограниченны и, вместе с этим, несбалансированны.

Наше поколение уже не может представить себя без форумов, е-мейлов, чатов. Наши дети с младых ногтей погружаются в виртуальные миры, задача которых одна – хоть как-то насытить, удовлетворить безудержно растущие потребности на уровне мысли.

Хотя воздействие мысли не ощущаемо, оно, тем не менее, материально, подобно воздействию радиации. Мы являемся свидетелями того, к каким катастрофическим последствиям приводит неконтролируемый выброс радиации. Непродуманный эксперимент на Чернобыльской АЭС – яркий тому пример.

Разрушительную же силу мысли невозможно предсказать.

Таким образом, причиной современного кризиса цивилизации является то, что мы зачастую рассматриваем себя как биологическое тело, которое мы должны обеспечивать едой и другими наслаждениями, нести в свою благоустроенную пещеру добычу, завсевывать внимание самок и так далее. В то же время в информационном поле мы взаимодействуем с огромными сложнейшими системами. На этом уровне мы «размазаны» в пространстве и времени, соединены с сотнями, тысячами людей, стараясь получить от этого общения максимум удовольствия.

Однако наше биологическое тело с его животной психологией не приспособлено для получения наслаждения такой мощности. В результате оно просто не справляется с этим переизбытком обращенной к нему энергии.

Решение предлагается наукой каббала. Она говорит, что необходимо перенаправить необузданную энергию мыслей и желаний человека на внешнюю систему, то есть на человеческое сообщество. Заботясь о его благе, мы сможем достичь максимально комфортного и осмысленного существования.

Не надо пугаться. Мы не призываем к самопожертвованию и не стряхиваем пыль с коммунистических лозунгов – мы лишь объясняем, как мы можем выжить, согласно науке каббала.

Речь идет о том, как постепенно, по проверенной тысячелетиями научной методике, осуществить правильную внутреннюю настройку. Мы сможем «заземлять» протуберанцы своих желаний и порывов, отдавая их в бесконечную по объему и мощности внешнюю энергетическую систему.

Каббала утверждает, что этот переход возможен. Мы просто этого не осознаем. Рано или поздно нам придется сделать этот шаг. Так давайте же сделаем его сейчас. Надо только решиться начать.

глава 14 >>>
рав кук

**каббалисты
уполномочены
сообщить**

рав кук
рав авраам ицхак коэн кук
(1865–1935)

Авраам Ицхак Коэн Кук, первый главный раввин Израиля, был одним из величайших каббалистов 20-го века. Выдающийся духовный лидер, блистательный мыслитель, замечательный поэт, он стоит в одном ряду с виднейшими мудрецами последних поколений. Всю свою жизнь посвятил идее единства.

(цитата)
> Вот бы собрать все человечество воедино, чтобы я смог обнять всех.
> - А. Кук, «Хадарав»-

Авраам Ицхак Коэн Кук родился 7-го сентября 1865 года в городке Грива (ныне Даугавпилс), в Латвии.

Его отец, раввин Шломо Залман, выпускник знаменитой Воложинской иешивы, происходил из семьи митнагдим; мать, Злата Перла, – из семьи любавических хасидов. В семье было четыре сына и три дочери. По свидетельству самого Авраама-Ицхака, родители спорили – воспитывать ли детей, как хасидов или их противников – «митнагдим»; в итоге имели место оба влияния.

По сути, рав Кук воплотил в своей жизни оба эти идеала. С одной стороны, его отличала громадная ученость, обширные знания, галахический авторитет и умение решать сложные проблемы, связанные с реализацией Еврейского закона, – то есть все то, что относится к образу традиционного раввина. С другой стороны, он был харизматической личностью, умевшим также понять и принять людей, далеких от Торы, указать путь, позволяющий даже им приблизиться к ее тайнам, – то есть то, что отличает образ хасидского ребе.

Влияние родительского дома, царившая в нем атмосфера любви к Земле Израиля и желание жить в ней, также очень сильно сказались на формирование рава Кука. Даже детские игры в хедере, где учился Авраам-Ицхак, часто выражались в том, что он собирал детей и все вместе они направлялись в Землю Израиля. Эта любовь, зерно которой было заложено в детстве, не покидала рава Кука всю жизнь. Взаимоотношения еврейского народа, как и каждого отдельного еврея, с Землей Израиля являются одной из важнейших тем учения рава Кука.

Рав Кук является одной из самых ярких личностей в истории еврейского народа. Неоценим его вклад в национальную идейную сокровищницу, законодательство и культуру. Выдающийся духовный лидер, блистательный мыслитель, замечательный поэт, он стоит в одном ряду с виднейшими мудрецами последних поколений.

(цитата)

> Слушайте меня, сыновья народа моего. Ощущая всем сердцем, из глубины души я говорю вам: в вас вся моя жизнь.
> -А. Кук, «Хадарав»-

Однако, прежде всего, Авраам Кук был великим каббалистом, посвятившим всю свою жизнь разъяснению идеи единства. С высокой ступени духовного постижения он призывал весь еврейский народ объединиться не в материальных устремлениях, а в возобновлении духовной связи.

Внутреннее возрождение народа Израиля, означающее естественное объединение всех его разрозненных частей, было для Кука непременным условием становления государства. Он не раз повторял, что возрождение Земли Израиля наступит лишь благодаря созданию внутренней связи, осуществить которую можно только с помощью науки каббала.

В своей книге «Орот Кодеш» он писал: «Наука каббала несет нам освобождение. С ее помощью народ Израиля вернется на свою землю».

В 1903 году, когда рав Кук приехал в Палестину, еврейское население страны было очень разобщенным. Каждый старался сберечь лишь то, что привез с собой из страны исхода, и ни с кем не хотел знаться. Авраам Кук не мог согласиться с этой атмосферой всеобщей разобщенности и посвятил себя почти невыполнимой миссии: объединить народ единой мыслью, единым желанием.

(цитата)

> Вся наша работа направлена лишь на объединение всех общин народа Израиля и преодоление раскола, существующего в нашем поколении.
> - А. Кук, «Игрот»-

Обладая духовным постижением, он видел, что возвращение на Землю Израиля – это лишь завершение внешнего изгнания, тогда как внутреннее изгнание по-прежнему разобщает народ и является корнем всех его бед. Великий каббалист призывал вернуться к тому духовному уровню, на котором народ находился до разрушения Первого Храма, и жить в любви и единстве.

Не раз он отмечал, что сила еврейского народа кроется в объединении и что единство и духовность суть единые понятия. Только сплотившись, евреи вновь поднимутся на духовную ступень и заживут на своей земле в покое и мире.

Авраам Кук любил еврейский народ и мир в целом, любил искренне и безоговорочно, как мать любит своего сына. Всеми силами он старался объединить человечество этой любовью, поскольку знал, что лишь она принесет подлинное счастье и равенство между народами.

Он утверждал, что любовь – это духовное качество, и обрести его можно только по методике науки каббала: «Каббала обучает нас мировому единению и тому, как идти этим светлым путем без помех» (А. Кук, «Орот Кодеш»).

Авраам Кук занимал различные общественные посты, однако не раз говорил, что желает лишь одного – изучать науку каббала. «Я испытываю огромное наслаждение от получения тайных знаний. В их раскрытии и заключается моя главная цель. Все прочие области приложения моих способностей вторичны относительно моей сути» (А. Кук, «Арпилей тоар»).

Рав Кук сегодня признан одним из ведущих каббалистов новейшего времени. При этом каббала для него – это не мистическая атрибутика. Рав Кук всегда, кстати, избегал злоупотребления каббалистической терминологией, которая, создавая иллюзию понимания, на самом деле уводит читателя и слушателя в сторону от сути проблемы. Каббала для рава Кука – это, прежде всего, методология, видение проблемы.

(цитата)

Близок день, когда все узнают и признают, что спасение Израиля и всего мира зависит лишь от раскрытия каббалы – науки скрытого света, разъясняющей тайны Торы понятным языком.
- А. Кук, «Игрот»-

Именно каббалистический подход позволил увидеть ему в частных событиях – таких, как еврейское национальное возрождение и создание государства Израиль – явление воистину космического масштаба, часть плана Природы по исправлению всего человечества. И евреи призваны в этом процессе играть роль своеобразного духовного локомотива, служить всему человечеству.

Кук стремился приобщить нас к тайнам науки каббала и неоднократно критиковал тех, кто противился ее массовому распространению. Он знал, что лишь раскрытие тайн мироздания приведет народ к единению и счастью: «В нашей жизни нам нужно только одно – раскрытие сокровенных тайн. Благодаря этому мы познаем себя, свою скрытую суть» (А. Кук, «Статьи»).

Со времени Авраама Кука прошли десятилетия, однако и сегодня его советы актуальны и необходимы нам, как никогда. Ведь в трудах великого каббалиста описан единственно возможный путь для достижения единства, безопасности, как в Израиле, так и во всем мире.

К счастью, мы все еще можем изменить к лучшему нашу судьбу. Перед нами лежит пока еще неведомый путь. И все, что нам нужно сделать, – это распахнуть сердце и разум, чтобы сделать его своим жизненным путем.

каббала и современная наука
(высказывания рава Кука)

ИЗ БЕСЕДЫ С АЛЬБЕРТОМ ЭЙНШТЕЙНОМ
Где-то в 1923 году, когда профессор Эйнштейн посетил землю Израиля, была организована встреча между ним и равом Куком...

Рав затронул универсальность теории профессора и засвидетельствовал, что таково широко распространенное и не раз упомянутое мнение древних еврейских источников: «Открытие, которое приводит в изумление все человечество, обнаруживается в каком-то потаенном уголке нашей древней и, как правило, каббалистической литературы, возносящейся в искрометном полете к вершине мира идей и взмывающей выше любой ступени исторического концептуального развития. То же случилось и с чудесным открытием, захватывающим дух всех мыслителей мира, – с "Новой теорией относительности" профессора, источник которой тоже заложен в книгах по каббале, а также в комментариях на них.

Профессор Эйнштейн доблестью своего могучего разума рассек этот великий океан и нашел в нем проход для идей и суждений, проход, от которого ответвляются пути ко всем наукам».

О ПОНЯТИИ «ВРЕМЯ»
Понятие времени, даже понятие прошлого, настоящего и будущего – это понятие человеческое и не является абсолютным. Ведь нет ничего существующего в силе без действия со стороны абсолютно существующего высшего, и поэтому все, что существует в силе, затем воплощается в действии в течение времени. А протяженность времени не влияет на высшую действительность.

Поэтому можно сказать: «То, что было, – уже есть».

Тот, кто приближает себя к слиянию с Творцом, – туда, где создаются различия между силой и действием (а потому и между будущим, и настоящим), и которые столь ничтожны, что совершенно не разделяют их, – тот поднимается выше времени.

«Игрот»

ТАЙНЫ ТОРЫ И ДАННЫЕ НАУКИ

Нет принципиального расхождения между Торой и данными науки. Вместе с тем, мы не обязаны безоговорочно верить даже самым авторитетным научным исследованиям. Ведь они – как увядающий цвет: по мере развития научной методики и техники многие гипотезы начинают выглядеть смехотворными, а вся возвышенная мудрость наших дней – недомыслием.

Тора, конечно, скрыла многое про сотворение мира, ограничившись намеками и притчами. Все ведь знают, что сотворение мира относится к тайнам Торы. А если все (что описано) происходило только так, как описано, буквально, – где же здесь тайна?

По поводу взглядов, складывающихся благодаря новым исследованиям, в большинстве своем противоречащих буквальному пониманию Торы, мое мнение таково: несмотря на то, что истина не обязательно присутствует во всех новейших открытиях, мы вовсе не обязаны прямо их опровергать и бороться с ними.

Ведь и главная задача Торы состоит вовсе не в том, чтобы рассказывать нам об очевидных фактах и событиях минувшего. Главное – это смысл, глубокое внутреннее объяснение вопросов.

Борьба же с противоположным подходом только укрепляет наши силы, необходимые для победы. Собственно говоря, идея эволюции сама еще носит зачаточный характер, и несомненно, она еще изменит свою форму, породив ситуации, в которых мы увидим и резкие сдвиги, дополняющие видение действительности.

«Игрот»

ГЕОЛОГИЧЕСКИЙ И ТРАДИЦИОННЫЙ ОТСЧЕТ ВРЕМЕНИ

Нашему миру, на что не раз указывали еврейские мудрецы, предшествовали другие – разрушенные. Наш мир – единственный уцелевший.

Это утверждение наука не в силах ни опровергнуть, ни подтвердить. Выходит, что наука отсчитывает возраст Вселенной, начиная с сотворения первого мира, а традиция определяет возраст именно нашего мира.

Что касается исчисления лет творения согласно нынешним геологическим подсчетам, то широко известно, что нашей эпохе предшествовали многие периоды. Это знали все древние каббалисты: «Господь строил миры и разрушал их». Нужно, однако, правильно понимать эти глубокомысленные указания, которые нуждаются в чрезвычайно обстоятельном разъяснении.

Итак, раскопки говорят нам, что были предшествующие нашему периоды творения, и что среди тогдашних тварей находились и люди, но нет никакого доказательства того, что эти периоды не завершались всеобщим разрушением и новым сотворением. Вместо доказательства – беспочвенные гипотезы, на которые не стоит обращать внимания.

«Игрот»

ЕДИНСТВО ТВОРЕНИЯ

Все бытие заключается в одной точке. Все его величие, все разнообразие и богатство, все удаленные от нас пространства и бездны воспринимаются в контрасте с собственной мизерностью, нашим незрелым сознанием. Величие, ширина, высота, глубина, сияние, обновление, плодоношение, все бурные взлеты поэтической и рациональной мысли, редкие вспышки и являющиеся на мгновение огни, во всем их великолепии есть на самом деле не что иное, как только одна светящаяся точка, точка бытия, отблеск Божественной искры.

Человек может достигнуть такого состояния, при котором он откроет в себе самом все мировое бытие. И тогда он ощутит в душе своей все происходящее и все содеянное и все движущееся в мироздании во всех подробностях его состояний – и это реализация того именно потенциала, который в ней (в душе) уже наличествует.

Человек недоумевает: «К чему такое обилие самых разных событий и тварей?» Он не понимает их взаимосвязи и целостности бытия.

Дремотная жизнь неорганического мира есть зарождение искры света, крепнущего и растущего в мире животных, разделяющегося там на сотни тысяч обособленных лучей, которые оттуда, радостно искрясь, возносятся до венца Творения – человека.

И поражаясь своей способности говорить, слышать, ощущать, видеть, разуметь и чувствовать, вдумайся в то, что земная жизнь и всё предшествующее ее устройству приносят тебе все твои переживания.

Нет ничего лишнего, всё необходимо и всё служит цели. И вот ты, во всем, что ниже тебя, связан со всем, что выше и тебя превосходит, – и ты возвышаешься вместе с ним.

«Игрот кодеш»

еще раз о любви

Все происходящее с нами – лишь отражение высших законов, основанных на принципе получения и отдачи. Любая наша эмоция, любое действие продиктованы одним – возможностью и необходимостью удовлетворения желания. Поэтому я люблю то, что доставляет мне наслаждение. А если нечто приносит мне страдания, то я ненавижу источник этих страданий. Я приближаюсь к тому, кого люблю, желаю обрести с ним связь и быть вместе. Но как только обнаруживаю, что, может быть, это не так уж хорошо для меня, начинаю охладевать к нему и отдаляться.

В каббале расчет прост: «плюс – минус». Величина «плюса» – это мое стремление к объекту наслаждения, величина «минуса» определяет желание отдалиться от него. Вот и все.

Любовь – такое же эгоистическое чувство, как стремление к насыщению, безопасности, богатству, власти, знаниям. Романтическая фраза: «Я люблю тебя» – по своей природе абсолютно аналогична весьма прозаическому выражению: «Я люблю рыбу». Есть еще любовь к Творцу. Это высшая форма любви – альтруистическая. Она включает в себя любовь к человечеству.

Состояние, которое мы считаем «любовью», зависит от развития желания, а оно, в свою очередь, от «скрытия и раскрытия». Сказано еще в Торе: «Раскрыть можно только одну часть, но даже при этом ты обязан две части прикрыть». Только в таком случае ты гарантируешь сохранность желания и, соответственно, наслаждения в будущем.

На этом построен весь флирт – на игре в возможность удовлетворить желание. Именно эта игра его усиливает. А возможность легкого достижения, наоборот, снижает. В этом заложен очень глубокий смысл. «Сокрытие» исходит из сокрытия Творца – это Его свойство, это очень важная категория для развития духовной составляющей человека. Попеременное усиление и ослабление влияния на нас Высших сил и рождает настоящее желание. Мы пробуем что-то – нам нравится, а потом это что-то исчезает, и мы начинаем искать его, стремимся воспроизвести потерянное ощущение.

Еще один стимул к сохранению желания – это страх потерять любимого. В нашем мире – это эгоистический страх остаться без чего-то ценного для себя; в Высшем мире – это страх лишиться возможности отдавать, любить.

Но в любом случае, механика любви – это умение сохранять желание.

В нашем материальном мире желание и его наполнение соответствуют мужскому началу и женскому. Мужчина воплощает в себе наполнение (влияющую, дающую часть, «свет»), а женщина – желание (сосуд, «кли»). Поэтому мы находимся во взаимном поиске. По мере исправления и возвращения в свой корень, мужская и женская части человечества смогут правильно дополнить друг друга и обрести счастье.

Во всем мироздании действует всеобщий закон подобия свойств. Согласно ему, мы, как взаимодействующие объекты, ощущаем, воспринимаем, понимаем только то, что является общим между нами. Если между нами нет никакого общего свойства, если нет хоть какой-то общности в сознании, мы не способны ощутить и понять друг друга.

Таким образом, если мужчина и женщина поддерживают друг друга в стремлении к достижению и ощущению вечного существования, между ними возникает взаимная глубокая связь, которая помогает выйти за рамки эгоистических расчетов, и они открывают для себя мир бесконечных, бескорыстных чувств, наполненных вечным светом. Только в соединении противоположностей, когда они ради этого убирают своей эгоизм, создается семья, способная породить новую жизнь.

Отсутствие любви является одним из сильнейших мотивов, толкающих нас к исправлению нашей эгоистической природы. В сущности, именно поиск любви подсознательно толкает все человечество вперед, потому что в итоге наша общая цель определена как вечная любовь. И все ступени, по которым мы поднимаемся, исправляем себя, приближаемся к духовному идеалу, являются ступенями претворения любви.

Это не так просто, как нам кажется. Благодаря этому мы видим, что любовь не присутствует в нашем мире, на нашем уровне, что для достижения любви мы должны подняться из нашего мира в мир бескорыстной духовной отдачи. Человек, любящий альтруистически, чувствует наполнение Бесконечностью. Это наполнение обретает тот, кто любит, а не тот, кого любят. Поэтому, на самом деле, надо стремиться любить, а не быть любимыми. И чем быстрее мы начнем подниматься над нашим эгоизмом, тем быстрее ощутим бесконечность течения жизни и любовь. Ведь высший свет – это свет любви.

врозь и вместе

УЧИМСЯ СОЕДИНЕНИЮ
Каббала предоставляет мужчине и женщине точку соприкосновения, основу для совместной работы по объединению в совершенную семью. Сделать это можно только одним способом – выстроив между нами такие же

взаимоотношения, как между творением и Творцом. В таком случае все наши отличия становятся верной подмогой на пути к цели.

Не верится? Все дело в том, что желание – главный фактор духовного развития. Пока душа не захочет, Творец не даст ей обещанного изобилия. Ведь это стало бы уже не даром любви, а даром растраченной любовью. Необходима настоящая потребность, чтобы «повернуть кран» в горловине рога изобилия.

(цитата)

Если задумаемся, то увидим, что истинная цель – это слияние с Творцом, и только это даст нам настоящее наслаждение. А все остальное, что считается благом у человечества – это, всего лишь, ненужная иллюзия.
- Рав Кук, «Орот Кодеш»-

ВЗАИМОЗАВИСИМОСТЬ

Мужчина и женщина равны, взаимозависимы и абсолютным образом дополняют друг друга. С одной стороны, мужчина не может продвигаться к следующей ступени без женщины, а с другой стороны, женщина не сможет наполниться светом Творца без мужчины.

Но вот проблема: кто-то должен подстегнуть мужчин к действию – здесь-то и проявляется роль женщин. На них возложено пробуждать в мужчинах желание двигаться навстречу Творцу

ВМЕСТЕ К ЦЕЛИ

Каббала объясняет нам, что мужчина и женщина, продвигающиеся вместе духовным путем, создают между собой связь иного уровня, прочную и нерушимую. Их жизнь наполняется новым содержанием, позволяя приподняться над конфликтами этого мира. Они соединяются ради более высокой цели и создают новую духовную структуру, которая не является ни мужской, ни женской. Это сосуд, в который вливается высшее изобилие, вечная жизнь. Такого не достичь порознь.

Как же ему понять ее, а ей – его? Как прислушаться друг к другу? Как полюбить друг друга? Для этого нужно вместе приступить к духовному развитию. Самый чудесный подарок супружеской жизни – возможность взойти на ступень, недоступную отдельным «осколкам» того или иного пола. Тогда семья обретает истинный смысл, и две души вместе, рука об руку идут навстречу счастью.

боги нашего времени

От идолов Древнего Вавилона через ритуалы «новой эры» – к науке каббала. Экскурсия для всех заблудших, запутавшихся и ищущих.

В ответ на запрос по слову «нью-эйдж» интернет выдает целую россыпь «самоцветов»: йога, медитация, шиацу, ченнелинг, таро, хилинг, рэйки, тенсегрити, психоделия, мантры, излечение голосом, танцем, сном, камнями, травами, деревьями, смехом, плачем…

Что это? Новая эра или новая мода?

Толпы мыслителей и целителей всех мастей предлагают нам свои броские товары. У них в ходу психотренинг и магия, бесконтактный массаж и гадания, оздоровительная гимнастика и шаманизм. Их воззрения не стиснуты узкими рамками традиций, они раздвигают границы религий, искусства, сознания…

Это очень просто: берем таинственный ореол христианства, непроницаемую паранджу ислама, парадоксы квантовой механики, вековую еврейскую печаль в глазах, заботливо вскормленный живот Будды – и «лепим» своего личного бога. Что называется, «сделай сам».

Пред нашим удивленным взором из праха восстает гигантский супермаркет под названием «Вавилон». Его полки аккуратно посыпаны пеплом древности, прилавки выполнены в стиле алтарей, стены исчерчены неведомыми письменами, а над входом красуется девиз жрецов всех времен: «У нас в руках ключи от вечности».

Здесь выставлены магические кристаллы, статуи божков, колдовские аксессуары, свитки с заклинаниями, бортовые дневники астральных полетов и снадобья от всех болезней.

Откуда взялось такое разнообразие? Что скрывается под налетом мистики и оккультизма? Давайте раз и навсегда разберемся, где истоки всех этих методик и почему они «всплыли» именно сейчас.

ХРОНИКА БЛУЖДАНИЙ И ПОИСКА

Наука каббала отсылает нас прямо в Месопотамию, где каких-то пять тысяч лет назад появился первый магазин такого рода. Правда, это была всего лишь маленькая лавка, но по ней уже бродили зазванные посетители, бросающие любопытные взгляды на нехитрый товар.

Владельца заведения звали Терах. Этот знатный жрец продавал людям всевозможные методики, верования, целебные средства и рецепты на все случаи жизни. У него каждый мог найти себе нужного божка по доступной цене. Бизнес, правда, страдал примитивизмом, но вполне подходил неискушенному населению той эпохи.

Сын Тераха тоже работал в лавке, но ему не суждено было унаследовать дело отца. От природы любознательный и пытливый, он быстро вырос из мира глиняных идолов и ворожбы – подобно тому, как Алиса выросла из «Страны чудес». Стандартные догмы потеряли над ним свою власть, и он всерьез задался вопросами о смысле происходящего. Ему нужно было узнать, зачем он живет, а истуканы отца хранили на этот счет гробовое молчание.

Рамбам оставил нам очень глубокое и метафоричное описание тех событий:

«Повзрослев, он стал раздумывать день и ночь. Он недоумевал, как может вращаться это колесо без управителя? Кто крутит его? Ведь не может же оно крутиться само? Никто не учил его и не вразумлял, и был он ввергнут в Ур Халдейский, в среду глупых идолопоклонников».

Но сын Тераха не сдавался. Он упорно вел исследования, и, наконец, все божки, а вернее, все силы природы начали сходиться перед его мысленным взором в одну точку, в одну единственную силу, имя которой – Творец.

«Его сердце не успокаивалось, и он постиг, что есть один Бог, управляющий колесом, сотворивший все, и нет во всем сущем другого бога, кроме Него. И понял он, что народ ошибается, поклоняясь звездам и образам. И в сорок лет познал Творца».

Авраам, сын Тераха, раскрыл науку каббала. С годами к нему присоединились ученики, и он создал из них группу, которой суждено было пройти тернистыми тропами последующих тысячелетий.

«Он встал и воззвал ко всему народу, желая оповестить людей о том, что есть один Бог у всего мира и Ему следует служить. Собирая людей, он ходил из города в город, из царства в царство, пока не дошел до земли Ханаанской»...

ДАРЫ АВРААМА

Перенесемся вперед по шкале истории. На смертном ложе Авраам завещал свое наследие Ицхаку:

«И отдал Авраам все, что у него было, Ицхаку. А сыновьям наложницы своей дал Авраам подарки и еще при жизни своей отослал их от Ицхака на восток, в восточные страны».

(Тора, Берешит, 25)

Что досталось Ицхаку – нам, в принципе, понятно по дальнейшим событиям. Но какие подарки получили сыновья наложницы? Наука каббала проливает свет на этот вопрос.

Авраам понимал, что необходимо позаботиться о тех, кто еще не созрел для каббалистической методики развития, а проще говоря, обо всем человечестве. С этой целью он подготовил «альтернативные средства» и завернул их в красочную подарочную обертку. Впоследствии из его подарков произросли все верования и религиозные практики, известные нам сегодня.

Об этом много писали в эпоху Ренессанса, когда европейцы несколько освободились от закоснелых религиозных догматов, сбросили груз суеверий и чуть глубже заглянули в историю. Известные мыслители заинтересовались источником бытующих в то время воззрений, и поиск привел их прямо к науке каббала.

Ученый, философ и писатель XIII века, Раймунд Луллий, отмечает: «Такие науки как теология, философия и математика берут свои принципы и корни из каббалы». С ним соглашается знаменитый итальянский ученый XV века Джованни Пико делла Мирандола и немецкий гуманист той же эпохи Иоганн Рейхлин.

В книге «О каббалистическом искусстве» Рейхлин пишет: «Мой учитель Пифагор, отец философии, все-таки перенял свое учение не от греков, а скорее от иудеев. Поэтому он должен быть назван каббалистом. И он был первым, кто перевел слово "каббала", неизвестное его современникам, на греческий язык словом "философия"».

А вот высказывание Готфрида Вильгельма фон Лейбница, прославленного немецкого философа и математика, который тоже искал истоки магии, весьма популярной в его времена: «Поскольку у людей не было правильного ключа к Тайне, страсть к знанию, в конечном итоге, свелась к различным пустякам и поверьям, из чего возникла своего рода «вульгарная каббала», которая далека от настоящей, а также всевозможные фантазии под ложным названием магии. И этим полнятся книги».

ХОРОШО ЗАБЫТОЕ СТАРОЕ

Столетия сменяли друг друга, и границы между различными методиками постепенно стирались. Смешение нравов, религий и культур породило новое течение, которое было гордо названо «Новая эра». Бесчисленные ручейки преданий древности вливаются в его русло и низвергаются в общем потоке с вершин человеческого познания. Отшумев, они уйдут навсегда.

Сегодня, по прошествии пяти тысяч лет, мы как будто вернулись к вавилонскому столпотворению с его недолговечными кумирами и бесплодными гаданиями.

Философия и религия больше не правят умами и не дают удовлетворительных ответов, да и наука, одурманенная технологической лихорадкой, не решает тех проблем, которые действительно мешают нам жить. Фактически, мы остались без объективного критерия истины и слоняемся среди зазывал – дальних отпрысков Тераха.

По иронии судьбы, на фоне путаницы и поисков сиюминутных наслаждений, наука Авраама тоже представляется нам «одним из товаров». Мало того, ее ошибочно связывают с теми методиками, которые она сама породила на свет. Сложив в общий котел несовместимые ингредиенты религий, мистицизма и научных познаний, нерадивые повара варят дремучее зелье невежества и разливают его по декоративным флаконам.

Неужели действительно нет ничего нового под солнцем? Все та же «лавка», все те же идолы, да и покупатели почти не изменились, только запутались куда сильнее прежнего. «Новая эра» на поверку оказалась чем-то вроде римейка...

И все-таки это уже иной виток. На обнажившейся земле нашей жизни пробиваются первые зеленые ростки.

НА СТЫКЕ ВРЕМЕН

Итак, нью-эйдж – явление далеко не случайное. На самом деле все его составляющие были тщательно отобраны и скомбинированы в нужной пропорции, чтобы «отвар» вскипел именно в современную эпоху.

То, что начал Авраам, сегодня приходит к завершению. Созданная им каббалистическая группа превратилась в народ, перемешалась с другими народами мира и дала толчок развитию человечества, которое не было готово присоединиться к каббалистам на начальном этапе. Смешение продлилось тысячи лет, и мы называем это время «периодом изгнания».

Его конец пришелся на XX век, и теперь все больше людей поднимают те же вопросы, которые когда-то задал себе Авраам. Человечество хочет знать, в чем его цель и призвание, – а значит, пришло время воплотить в жизнь науку Авраама, воспользовавшись четкими инструкциями современной каббалистической методики.

В этом специфика нашего времени. Последний всплеск вавилонского мистицизма не открывает новую эру, а завершает старую. Ей на смену приходит более глубокий подход, более высокое желание, следующая ступень развития человечества.

До сих пор в причудливых упаковках с замысловатыми надписями нам продавали неведение, приправленное щедрыми обещаниями. Новоявленные жрецы искусно напускали густой туман, чтобы не выдать своей некомпетентности в главном и единственном вопросе человека: «Для чего я живу? Нужен ли я кому-то?»

Но вопрос этот никуда не денется, он прорвет все заслоны, разобьет всех идолов, и ответ на него мы получим там же, где Авраам – в чертогах науки каббала.

за экраном

Удивительные события, которые впоследствии получили название «пуримские», объясняются и комментируются по-разному. Вашему вниманию предлагается не совсем обычный комментарий и совсем необычное объяснение.

Представьте, что вы сидите в мягком кресле у себя дома. Перед вами стоит телевизор с большим экраном, ну, скажем, 42 дюйма, и на нем полным ходом разворачиваются те давние события.

Итак, снятая по лучшим канонам Голливуда историческая киноэпопея.

Персия, ... год, столица страны, город Сузы. Против царя Ахашвероша замышляется заговор, который раскрывает верный царедворец Мордехай с помощью своей родственницы Эстер, ставшей незадолго до этого женой Ахашвероша. И как в любой кинодраме, в первых кадрах мы видим, что преданный Мордехай, если не в опале, то, по крайней мере, в безвестности и в одиночестве прозябает возле царских ворот, а коварный Аман, его ненавистник, осыпан царскими милостями.

Довольно заурядная завязка...

Приостановим повествование и посмотрим на эту историю с другой стороны – в полном смысле слова. Взглянем на обратную сторону изображения, которое мы только что видели на экране ТВ. Не вдаваясь в технические подробности, можно сказать просто: мы увидим свет и тень. Всего две силы, и вот уже перед нами разворачивается многоцветная гамма переживаний. Всего лишь две силы!

Телевизионный пример приведен не случайно. Дело в том, что наука каббала, о которой пойдет речь далее, объясняет, что за исторической, драматической и телевизионной плоскостями действуют только две силы: эгоизм и альтруизм. Человек рожден, чтобы с помощью этих двух сил привести весь мир к совершенному состоянию. Это открыли каббалисты, и тогда же они поняли, что обязаны передать свои знания в понятном виде человечеству. Но каким образом?

В самом деле, как объяснить человеку, что он должен освободиться от ограниченности эгоизма и войти в бесконечность альтруизма, тем более что эгоизм и альтруизм воспринимаются лишь свойствами характера и никак не силами, стоящими в основе всего мироздания? Как дать обычному человеку возможность хоть немного окунуться в ту бурю страстей, которую ощущает каббалист при переходе из одного духовного состояния в другое?

И каббалисты нашли способ. Они изложили свои переживания языком исторического повествования. Ярким примером этому служат пуримские события, изложенные каббалистами в документе «Свиток Эстер».

Но возможно ли познать истину в истории?

За примерами интерпретаций исторических событий далеко ходить не надо. Вспомним, что даже сегодня одно и то же событие называют борьбой за демократию и иностранной оккупацией одновременно. В зависимости от симпатий комментатора. Впрочем, для мыслящих людей это никогда не являлось секретом:

«С нашей точки зрения, историю (как описание эмпирической последовательности событий, процессов развития той или иной страны, народа, государства и так далее) нельзя считать наукой в принятом нами определении этого понятия, так как она занимается не выявлением объективных закономерностей как таковых, а их проявлением в уникальных и неповторимых событиях. Такие исторические процессы, как установление власти, классовые противоречия, экспансия и прочее всегда связаны и с эмоциональной деятельностью не только отдельного человека, но и целых коллективов».

(Академик П.Л. Капица, «Влияние современных научных идей на общество»)

Пуримскую историю тоже можно было подать несколько иначе. Зачем было описывать и предавать огласке подробности казни Амана, его десяти сыновей и уничтожение жителей Суз? Что это добавило еврейскому народу, кроме дополнительных обвинений в жестокости и насилии над мирным населением? Однако каббалисты, в отличие от историков, не находятся под влиянием конъюнктурных соображений, поскольку история является лишь фоном для описания духовного пути человека. Духовные состояния человека перед достижением состояния Гмар Тикун (окончательное исправление) ощущаются именно в таком виде и поэтому так и были записаны.

А теперь давайте заглянем за кулисы видимых событий – посмотрим, что происходит за светом и тенью...

Центральная точка творения, максимальный эгоизм, желание получать ради себя, отображается злодеем Аманом. Наполнение бесконечным наслаждением именно этой точки и есть цель творения. Поэтому любое наслаждение воспринимается точкой как должное. Этим объясняется ничем не обоснованная уверенность Амана в справедливости своего возвышения.

На самом же деле наполнение Амана возможно лишь в исправленном состоянии. Как заставить эгоизм изменить свою суть? Как подняться по ступеням лестницы духовного развития? Для выполнения высшего плана нужна особая исправляющая альтруистическая сила – Мордехай. В этом и заключается смысл победы Мордехая, совместно с народом Израиля, над Аманом и его сторонниками. Подъем на новую духовную ступень возможен лишь при отмене, скрытии ступени предыдущей. Поэтому царица Эстер *(от ивр. астара – скрытие)* и является сторонницей Мордехая…

Множество драматических событий переживают герои «Мегилат Эстер». Интриги, предательство, любовь и ненависть можно найти в этой истории. Однако каббалисты желали передать людям нечто другое – если не ощущение, то хотя бы сопричастность с тем, что ждет человека, поднимающегося ввысь по духовной лестнице к самому совершенному состоянию.

Мы не задавались целью описать весь духовный путь человека. Да это и невозможно. Просто мы попытались познакомить вас с тем, что сегодня впервые начинает открываться по-настоящему – с миром каббалы.

каббалистический словарь пурима

Адар – название месяца, в котором произошли пуримские события. Этот месяц олицетворяет духовное состояние, в котором человек начинает обнаруживать в себе силы, позволяющие преодолеть эгоизм, соединиться с Высшей силой и достичь совершенства.

Амалек – аббревиатура ивритского выражения «аль минат лекабель» (ради получения). Аман, являющийся потомком Амалека, также олицетворяет эгоистическое намерение получать для себя. С другой стороны, Мордехай олицетворяет намерение, обращенное к другим, намерение ради отдачи.

Аман – олицетворяет вечно неудовлетворенную эгоистическую природу, свойственную каждому человеку. Аман зовется «злодеем», потому что сбивает человека с пути, который ведет к совершенству и вечности.

Бигтан и Тэреш – два стражника. Их заговор с целью покушения на Царя символизирует силы, якобы препятствующие духовному развитию. Мордехай своевременно расстраивает их планы.

Вашти – царица Вашти – обозначает предыдущую ступень духовного развития и потому исчезает из сюжета в начале повествования.

Дерево – дерево, на котором повесили Амана. Оно символизирует желание получать наслаждения. Это желание можно использовать по-разному: с намерением получать для себя, которое называется «Аман», и с намерением отдачи другим, которое называется «Мордехай». Полагая, что может повелевать силами получения в человеке, Аман хочет повесить на дереве Мордехая. Однако затем обнаруживается, что над этим деревом – желанием получать – властвует намерение отдачи. В результате Мордехай берет верх и вешает Амана.

Десять сыновей Амана. Всякое духовное раскрытие в мире происходит через десять сфирот. Каббалисты объясняют нам, что сначала духовные силы раскрываются в человеке, приняв эгоистическое обличье «десяти сыновей Амана». Далее, по ходу своего исправления, каббалист обращает их в силы отдачи.

Дормита – каббалистический термин, означающий сон, дремоту. Состояние, наступающее в конце изгнания, когда Творец скрывается от творений. Тем самым Он пробуждает в творениях неодолимое желание раскрыть Себя и потребность в новой силе, которая выведет их из изгнания.

Зэреш – жена Амана. Человеческое эго делится на две части: мужскую и женскую. Аман символизирует мужскую составляющую злого начала, а Зэреш – женскую.

Иудей – от слова «йехуди» – стремящийся к единению. Имеется в виду человек, который старается соединять все обстоятельства своей жизни с единым источником – с Творцом.

Кипур – Йом Кипур – духовный этап, на котором мы развиваем в себе желание получить самое большое наслаждение. А пост и другие ограничения символизируют нашу сегодняшнюю неспособность получить это наслаждение. В Йом Кипур мы только готовимся к получению наслаждения, а в Пурим получаем его и наполняемся Высшим светом. Неслучайно «кипур» – это «ки-пур», как Пурим.

Конь Мордехая. Конь – это символ желания наслаждаться. Победив Амана, Мордехай получает власть над желаниями человека. Иными словами, «едет на коне».

Мадай – Мидия – государство, а позднее – одна из областей Персидской империи. Его название происходит от ивритского слова «дай» – достаточно. Иудеи, живущие в Мадае, олицетворяют те желания человека, в которых невозможно продолжать духовное развитие. Сказав, что им «достаточно», что с них «довольно» усилий по выходу в духовный мир, они покорились своему эгоизму.

Маска и маскарадные костюмы – символизируют состояние скрытия (см. «Свиток Эстер»). Пуримский маскарад подчеркивает, что внешняя сторона жизни скрывает внутреннюю суть – Высшую силу. Каббала позволяет человеку добраться до истины и снять с нее иллюзорные покровы.

Мордехай – его имя происходит от арамейского выражения «марей дахья», что означает «чистый и безупречный». Мордехай олицетворяет самое чистое желание человека – желание раскрыть Творца, приобрести намерение ради отдачи. Будучи иудеем, Мордехай понимает, что все обстоятельства его жизни создает Творец, дабы помочь ему в достижении цели.

Окончательное исправление – состояние совершенного, непрерывного и неограниченного наслаждения, которого должно достичь все человечество. Это состояние символизирует праздник Пурим. Когда каждый из нас придет к личному Окончательному исправлению, завершится и общий процесс исправления человечества. Ускорить достижение личного и общего исправления позволяет нам наука каббала.

Парас. Название Парас (Персия) происходит от слова «разрезать». Жители Параса будто разрезаны, разделены надвое: они хотят выйти в духовный мир, но и материальное им не чуждо.

Перстень Царя – символизирует возможность действовать, которую Творец предоставляет одной из двух сил в человеке: Аману или Мордехаю. Тем самым Творец позволяет человеку самостоятельно выбирать путь своего развития.

Письменное послание – дополнение к царскому указу, объясняющее его содержание. В «Свитке Эстер» рассказывается о двух посланиях. Первое говорит о необходимости анализа столкнувшихся в человеке эгоистических и альтруистических сил. Второе указывает на то, что человеку уже стало ясно: «иудеи» – это альтруистическая сила, которая мешает «Аману», эгоистической силе, выполнить задуманное.

Пить допьяна. В Пурим существует обычай напиться до такой степени, чтобы не отличать «проклятого Амана» от «благословенного Мордехая». Вино символизирует высшее наслаждение – свет Хохма. На Пурим можно пить и пьянеть сколько угодно, потому что этот праздник олицетворяет окончательное исправление души человека. При этом творение, достигшее полного единения с Высшей силой, может получить все идущее от нее наслаждение, весь свет Хохма, безо всяких ограничений.

Подарки, посылаемые в Пурим – символизируют свойство отдачи ближнему. Являясь внешним выражением любви друг к другу, подарки включают и еду, и напитки как знак полноты и совершенства дара.

«Пока не перестанет отличать проклятого Амана от благословенного Мордехая» – известное изречение из «Свитка Эстер». Речь идет об окончательном исправлении всех желаний, когда мы больше не нуждаемся в проверке возможности их использования. Для человека, достигшего исправленного состояния, нет разницы между свойствами Амана и Мордехая. И теми, и другими он пользуется в полной мере.

Полцарства. Царство – на иврите «малхут». «Хоть полцарства проси, и выполнено будет», – так говорит Царь, обращаясь к царице Эстер. Сфира Малхут означает совокупность всех желаний человека. Половина из них находится под властью силы отдачи, и потому их разрешено использовать. Над другой половиной властвует сила получения, и потому они не годны к употреблению. Царь, то есть Творец, позволяет царице Эстер использовать исключительно силу отдачи, которая и называется «полцарства».

Пост – состояние, в котором человек решает ограничить себя, прекратить пользоваться своим желанием наслаждаться.

Праздник. Праздники – это этапы, вехи на пути духовного развития человека.

Пурим – от слова «пур» – жребий, судьба. Если человек развивается в духовном направлении с целью обрести свойство отдачи, то он может изменить свою судьбу. При помощи духовной силы он преодолевает мощь собственного эгоизма, и это чудо называется «судьба» или «жребий».

Радость – в каббале это признак того, что наслаждение ощущается в исправленных желаниях.

«С наступлением месяца Адар преумножается радость» – цитата из трактата «Таанит». Пурим празднуется в месяце Адар. Понятие «месяц» (ивр. – «ходеш») означает внутреннее обновление (ивр. – «итхадшут»). В месяце Адар человек обретает способность получить все наслаждения, ради которых он был создан. Это и придает ему радость.

Свиток Эстер. Свиток (ивр. – «мегила») – от слова «раскрытие» (ивр. – «гилуй»). Эстер – от слова «астара» (сокрытие). «Свиток Эстер» символизирует раскрытие человеку духовной реальности, которая до сих пор была скрыта от него.

Уши Амана (карманы Амана) – треугольные печенья, которые готовят на Пурим. Изначально они назывались «карманы Амана» (ивр. – «умен ташим»). Аман олицетворяет эгоизм, из-за которого мы ощущаем «пустые карманы» – недостаток духовного наполнения.

Царское одеяние (ивр. – «левуш Малхут»). «Одеяние» – это намерение, обращенное к другим, намерение ради отдачи. Оно облачается в желание человека, которое символизирует сфира Малхут.

Царь Ахашверош. Это выражение включает в себя два понятия. Ощущение Творца, как отрицательной силы, называется «Ахашверош», а положительное ощущение – называется «Царь». Понятие «Царь» обозначает Творца, который царит над всем творением.

Человек, которому Царь желает оказать почет. «Что сделать для того человека, которому Царь желает оказать почет?», – говорится в «Свитке Эстер». Царь направляет человека к тому, чтобы предпочесть свойство отдачи (Мордехай) свойству получения (Аман). Творец показывает превосходство свойства отдачи, которое одерживает победу над всеми эгоистическими силами в человеке.

Чтение свитка. «Чтение» – значит раскрытие. Имеется в виду раскрытие большого света, выявляющего желания человека и исправляющего их. Этот свет приходит с более высокой ступени и раскрывает человеку то, что раньше ускользало от его взора. В результате, при помощи «чтения», то есть Высшего света, человек раскрывает добрую силу Творца.

Чудо Пурима. Изучая каббалу, человек стремится обрести свойство отдачи, которое называется «Мордехай», вместо своей врожденной эгоистической природы – «Амана». Раскрытие силы отдачи в человеке называется «чудо Пурима».

Шушан (Сузы) – столица Персии. Древнее значение слова «шушан» – роза. Иудеи, жители Шушана, подобны «розе среди шипов». Речь идет о тех желаниях человека, которые выражают его готовность идти до конца по пути духовного развития и удалить «шипы» – эгоистические желания, препятствующие достижению духовного совершенства.

Эстер – царица Эстер – олицетворяет связь между человеческим эгоизмом и силой отдачи, то есть «Царем». Эта связь скрыта от нашего восприятия. Преодолев помехи, человек раскроет, что «плохие» эгоистические силы в действительности были подмогой на его пути к Творцу.

глава 15 >>>
бааль сулам

каббалисты уполномочены сообщить

бааль сулам
рав йегуда ашлаг
(1884-1954)

Когда-то из каббалы открыто черпали знания и вдохновение великие Аристотель и Ньютон, Коперник и Соловьев, Бердяев и Паральцес, Лейбниц, Джордано Бруно и многие, многие другие – всех не перечислишь. Каждый из них находил в ней то, что искал, и это не удивительно, ведь каббала – наука всех наук. Вместе с тем, ее истинное предназначение они так и не поняли...

Поколения приходили и уходили, но главная тайна каббалы находилась под замками предубеждений на пыльных полках мистики и религий.

И вот, наконец, туман начал рассеиваться, потому что пришел Бааль Сулам. Истинный сын новой эпохи, он сделал все возможное и невозможное, чтобы передать понятным, современным языком все, что оставили человечеству его предшественники.

После него тайное, наконец, становится явным. Поднять все человечество на высший, духовный уровень – это и есть главная тайна и предназначение каббалы

Он тот, о ком очень скоро будут слагать легенды.

ОТ РЕДАКЦИИ
На протяжении веков наблюдается одна и та же удивительная закономерность: биографии каббалистов и сведения о созданных ими произведениях чаще всего неполны, а иногда и просто противоречивы.

Все это в полной мере относится и к жизнедеятельности Бааль Сулама, хотя нас отделяет от него чуть более полувека.

* * *

Израиль, Тель-Авив. Шаткое строение, почти развалины. На исходе седьмого десятилетия жизни, Бааль Сулам долгими часами стоит, склонившись над старым печатным станком, и набирает текст. Пальцы, пораженные тяжелым артритом, не слушаются, свинец, из которого сделаны литеры, разрушает остатки здоровья, но он счастлив – ведь сделан еще один шаг к цели. Он выпрямляется, делает короткую передышку и продолжает работу.

Основной труд своей жизни он начал во время Второй мировой войны – самой ужасной из войн в истории человечества. Как сказано: чем темнее ночь, тем ярче звезды...

Каббалист изначально понимал – работа предстоит большая, а времени отпущено не много, поэтому сразу планирует работать по 18 часов кряду. Для того чтобы поддерживать заданный темп, он пьет много кофе и много курит – выбора нет, это лучшие средства для борьбы со сном. Все подчинено одной мысли – обязан успеть. Бывало, он засыпал прямо за столом, с карандашом в больной руке. Жене потом с трудом удавалось вытащить его из онемевших пальцев.

Очевидцы поражались тому, как он пишет. То, что он делал, было сродни чуду – он сразу писал набело. Из-под пера непрерывно текли слова и заполняли страницы. Страницы складывались в тома и сразу, без правки уходили в набор. Этим текстам правка была не нужна.

Два сердечных приступа, последовавшие один за другим, останавливают гонку. Выздоровление шло очень тяжело и длилось несколько месяцев. Едва оправившись, он с трудом поднимается с постели и опять берется за перо. Но состояние вновь ухудшается. «Мне не дают закончить...» – слышат его слова окружающие. Но вот все позади! Поставлена последняя точка. Комментарий к самой главной каббалистической книге – книге «Зоар» – готов. Именно тогда он получил свое знаменитое прозвище, ставшее его именем – «Бааль Сулам», что означает «обладатель лестницы». В каббале «лестница» – это путь духовного подъема.

Трудный путь пройден. Гигантская работа завершена! Но средств не хватает, и он сам становится на место наборщика и готовит книгу к печати...

* * *

В Варшаве, столице Царства Польского – тогда части Российской империи, в семье Симхи и Маши Ашлаг (Ашлак), 24 сентября 1884 года родился будущий каббалист Йегуда Лейб. Хорошо известно, что каббала была не чужда его семье. Дед со стороны матери был другом и соратником гаона, рава Иосефа Бара из Бриска. Они даже вместе написали книгу о трудах АРИ, впоследствии утерянную во времена Катастрофы.

Еще в детстве у маленького Йегуды проявилось особое отношение к каббале и каббалистическим книгам. В семье часто вспоминают один эпизод. Однажды, когда семилетний мальчик находился в кровати, на него с полки упала книга. Он прочитал название – «Зоар».

– Что это за книга? – спросил он отца.

– Эта книга не для людей, а для ангелов!

– Но ведь эта книга напечатана, значит, она предназначена для человека! – не согласился мальчик.

– Но не для тебя, – возразил отец. Однако мальчик продолжал настаивать на своем.

– Эта книга напечатана, значит, она для всех!

Так начинался его путь в каббалу.

В ешиве «Гур Ашир», где он учился, его «увлечение», мягко говоря, не приветствовалось. Согласиться жить, как окружающее его большинство, не задавая каждую минуту вопрос – «ради чего?» – было невыносимо для Йегуды. Поэтому каббалой он продолжал заниматься и в ешиве, а тексты каббалистических книг он просто прятал между страниц Гмары. Однако, как известно, без настоящего учителя каббалу постичь невозможно. Поэтому он вместе с отцом ездил в город Калушин, находящийся в полусотне километров от Варшавы, к известному каббалисту, адмору Меиру Шалому Рабиновичу.

После кончины учителя он продолжил занятия у его сына, рабби Йешуа Ашера, жившего в городке Парисов, также находившегося недалеко от Варшавы. Долгие годы рав из Парисова оставался учителем Йегуды.

После окончания ешивы, в возрасте 19 лет, он получает диплом рава и официальную должность судьи и учителя при равинатском суде. Чтобы занять это место, кроме тех языков, которыми он владел: идиш, иврит, арамейский, немецкий, польский, он был вынужден выучить еще и русский язык. Знание стольких языков открывало ему широкий доступ к оригинальным источникам как древнего, так современного мира. Это ему очень пригодилось в будущем. Без этого было бы невозможно облачить идеи, терминологию и понятия, принятые в каббале, в понятный, общепринятый язык. На страницах своих книг он подвергает разбору теории Маркса и Дарвина, спорит и соглашается с Аристотелем и Платоном, ссылается на Ленина, Сталина, Троцкого...

Если предположить, что новый век начинается не календарной датой, а судьбоносным событием, тогда вполне можно сказать, что двадцатый век начался в 1905 году. Первая русская революция взорвала размеренную, неторопливую жизнь поколений. Непредсказуемость – стала девизом новой эпохи.

Невероятно, но молодой равзин оказывается на улицах Варшавы в рядах рабочей демонстрации с красным флагом в руках. В чем тут дело? Какое отношение имеет представитель религии к социалистическому движению, по своей сути – атеистическому? Спустя много лет Бааль Сулам дает ответ на этот вопрос. В изданной им газете «Народ», а также в работе «Последнее поколение» он подробно анализирует все социальные формации, а главное – публикует методику построения совершенной, последней социальной системы. Но все это будет в будущем, а пока, в 1906 году, он женится на Ривке Абрамович из местечка Парисов, где живет его учитель. Через год у них рождается сын Барух, будущий его последователь и преемник.

Бааль Сулам в течение жизни издал множество книг, однако первый издательский опыт он приобрел при подготовке к печати книги «Беседы о жизни» (Сихот Хаим). Этот сборник хасидских историй, с комментариями к недельным главам Торы, вышел в 1914 году в городе Петроков.

ПЕРЕЛОМ

Все, что было до сих пор в жизни Бааль Сулама, по сути, было лишь прелюдией к дальнейшим событиям. Сначала выстрелы в Сараево, а потом залпы «Авроры» провозглашают рождение нового мира, и именно тогда в жизни Бааль Сулама происходит перелом.

Этот день остался в памяти навсегда. В субботу, 12 октября 1918 года, в его дверь постучали. На пороге стоял незнакомец. Уже после нескольких фраз, произнесенных этим человеком, рав Йегуда Лейб понял – перед ним великий каббалист. В течение шести месяцев у себя дома этот тайный каббалист обучал Йегуду. В письме к своему дяде Бааль Сулам отметит, что благодаря учителю, он сумел достичь величайших вершин духовного постижения. К огромному горю Йегуды, 10 апреля 1919 года его учитель умирает. Имя этого человека, прикрывавшегося маской обычного купца, неизвестно по сей день.

После этого события жизнь Бааль Сулама наполнилась новым смыслом. Он решает отправиться в Палестину и не в одиночку. Он собирается основать каббалистическое поселение, и вскоре 330 семей начали готовиться в путь. Из его статьи «Предисловие к книге "Зоар"» становится понятно, почему он пошел на такой неожиданный шаг. Он объясняет, что в соответствии со скрытыми от нас законами природы, духовное исправление мира должно начаться, ни больше ни меньше, как с народа Израиля.

Трудно даже представить, какое бремя и в каких условиях взвалил на себя Бааль Сулам. Мы не знаем, как собирался Бааль Сулам переправлять переселенцев, нам лишь известно, что в те времена самым коротким маршрутом из России в Палестину считался морской путь: Одесса – Константинополь – Яффо. Путешественник находился в плавании до двух недель. Однако главная проблема – это большое количество отъезжающих. Как переправить около трех тысяч человек, когда еженедельно отплывало лишь два парохода небольшой вместительности? Для наглядности – печально известный

«Титаник» – самый большой корабль того времени, мог принять на борт около 1330 пассажиров. В равной степени проблема единовременной перевозки большого количества пассажиров касалась и железной дороги, по которой надо было переправить переселенцев из Варшавы к морю.

Такое предприятие и сегодня осуществить не так просто, а тогда – это поистине невероятная задача. Ко всему этому надо добавить, что в России шла гражданская война и, одновременно с этим, война Красной армии с армией Польши.

Как бы то ни было, этот кажущийся фантастическим проект, начинает набирать силу. Люди обучаются необходимым для переселенцев профессиям, куплено оборудование для обработки кожи и производства мыла, и даже заказаны мобильные домики в Стокгольме. И вдруг тяжелый удар. Опасаясь светского влияния в Палестине, раввинат Варшавы запрещает репатриацию. Доводы Бааль Сулама об опасности, нависшей над евреями, не помогают. Группа готовящихся к переезду переселенцев распущена, а он сам остается без работы.

Теперь его ничто не удерживало в Польше. Подобно своему древнему предшественнику, Аврааму, он стремится на Святую землю.

Несмотря на то, что Ривка находилась на последнем месяце беременности, семья спешно собирается и отправляется в путь. В новообразованной Чехословакии, через которую пролегал их маршрут, у Ривки начинаются роды, и она, вместе с новорожденной дочерью, Бат-Шевой, остается на попечение одного крестьянина. Через несколько месяцев, оправившись после родов, она присоединилась к мужу.

А Бааль Сулам в осенние дни праздника Суккот 1921 года сходит с трапа корабля в порту Яффо. Его цель – найти единомышленников. Поэтому, оставив детей в гостинице для репатриантов, он отправляется в Иерусалим. Так получилось, что в город он въезжает на осле – едва ли не самом распространенном тогда транспортном средстве. Его путь лежит в знаменитую каббалистическую ешиву с более чем 200-летней историей – «Бейт-Эль». В свое время ею руководил легендарный каббалист йеменского происхождения, рабби Шалом Шараби, РАШАШ. Однако там его ожидает разочарование. В ешиве действительно учат каббалу, но без того, что называется «кавана».

(из учебника каббалы)

Кавана (намерение) – это то, чего ты хочешь от своего состояния. Намерение действует не в материальном, а в духовном времени, которое лежит выше нашего желания.

«Каббалисты» учат и даже с легкостью цитируют источники. Но зачем, с какой целью, они не задумываются. О связи с Творцом, которая возникает с помощью каббалы, они не знают. О том, что книги АРИ несут нечто большее, чем механистическую картину духовных миров, они даже представления не имеют.

«И я очень смеялся над ними, ведь если так, то как соединилось все в сердце АРИ без знания и понимания? И ответили мне, что все это он получил от Элиягу, который знал внутреннюю часть, поскольку был ангелом. И тогда излил я на них свое презрение, так как не осталось у меня терпения оставаться далее с ними».

Бааль Сулам набирает группу и начинает преподавать настоящую каббалу, а для покрытия материальных потребностей семьи открывает цех по обработке кожи.

В это время продолжается война между Польшей и Советской Россией. Еврейские местечки превратились в театр военных действий, где враждующие армии Пилсудского и Буденного, словно соревнуясь между собой в жестокости, устраивают погромы. Опасаясь резни, в Палестину приезжают и евреи Варшавы. Они находят рава Йегуду и ходатайствуют о назначении его на ту же должность, с которой он был уволен в Варшаве. Теперь он живет и работает в пригороде Иерусалима – Гиват Шмуэль. Там Бааль Сулам основал школу под названием «Итур рабаним».

НОВЫЙ ПОВОРОТ

Дальнейшая его судьба удивительным образом все больше переплетается с крупными историческими событиями. Ярким примером этому является 1926 год. В этот год Бааль Сулам едет в Польшу и оттуда в Англию. И как по заказу в этих географических точках происходят события европейского, если не мирового масштаба: всеобщая стачка в Великобритании – от 3 до 5 миллионов демонстрантов, и государственный переворот в Польше.

Но все же о главном событии его жизни, произошедшем в 1926 году, лучше мы узнаем от самого Бааль Сулама. Вот несколько отрывков из текста «Пророчество»:

И сказал Бог мне: «...и сделаю тебя великим мудрецом, ибо тебя Я избрал праведником и мудрецом в этом поколении, чтобы излечил ты бедствие человеческое, полным избавлением».

И наполнился я мудростью прекрасной... Так прибавлял мудрости ежедневно сто восемьдесят дней...

(из учебника каббалы)
Пророк – это человек, достигший явного раскрытия Творца, этой Высшей силы, которая пребывает между нами.

Вновь, как и восемь лет назад, он выходит на новый уровень духовного постижения. Как и в прошлый раз, это заняло шесть месяцев, и точно так же, как тогда, Бааль Сулам круто меняет свою жизнь. В Предисловии к книге «Паним меирот у масбирот» он во весь голос провозглашает свою цель – массовое распространение каббалы.

И отсюда пойми сказанное в «Зоар»: «Благодаря этой книге выйдут сыны Израиля из изгнания»...

И коль скоро это так, обязаны мы открывать школы и писать книги, чтобы ускорить распространение науки среди народа...

Тогда же он пишет музыку под общим названием – «Мелодии будущего мира».

В 1928 году он возвращается домой. Он один и не один. У него ученики и друг-единомышленник – каббалист, главный ашкеназский раввин подмандатной Палестины, рав Кук. Они часто встречаются, и их встречи продолжаются часами. Рав Кук поддерживает Бааль Сулама в его стремлении распространять каббалу. Его согласие на издание книг Бааль Сулама, стоящее на первых страницах, – тому свидетельство.

До конца жизни рав Кук не только помогал Бааль Суламу в его начинаниях, но и сдерживал те силы, которые пытались ему навредить. В 1935 году рав Кук скончался от тяжелой болезни. Бааль Сулам очень тяжело переживал смерть друга...

УСЛЫШАТЬ КАББАЛИСТА

Человечество не замечает, что оно заражено, хотя болезнь уже прогрессирует красно-коричневыми симптомами. В 1932-33 годах в СССР – коллективизация, с массовым голодом, а в Германии демократическим путем к власти приходят нацисты во главе с Гитлером. Каббалист предвидит, к чему это может привести. Он решает издать серию брошюр, со статьями, способными развернуть колесо истории. В его планах выпустить 50 брошюр. В свет выходят три брошюры: «Дарование Торы», «Поручительство», «Мир».

Их выпуск не прошел незамеченным. Противники распространения каббалы из религиозной среды с помощью британских властей добиваются запрета на дальнейшие публикации. И как не запретить? То, что пишет Бааль Сулам, по своей мощи страшнее любой бомбы – они взрывают ортодоксальные стереотипы. Впервые в истории каббалист заговорил языком, понятным каждому человеку. В этих работах он очень часто цитирует первоисточники, но в этом и состоит замысел – раскрыть истинную суть посланий каббалистов прошлого.

Он старается развеять все предрассудки и заблуждения, которые тысячелетиями окутывают каббалу, – ведь от этого зависит судьба человечества. Его стиль прост, ясен и часто нелицеприятен.

Из статьи «Дарование Торы»:

«Возможно ли представить себе Творца, который обходит со своей Торой те дикие народы, пытаясь вручить им то, о чем они не имеют ни малейшего представления? Да и слыхано ли в истории народов о таком событии, и как можно согласиться с такой «детской» трактовкой?»

В статье «Поручительство» он указывает, что предназначение каббалы – привести все человечество без исключения к цели творения:

«И не может быть двух мнений по поводу цели творения, ведь она едина для всех: для черных, белых и желтых – без различия в происхождении...»

Для людей, живущих обычной жизнью, существует четкая граница между прошлым, настоящим и будущим. Для каббалиста, способного мгновенно видеть следствия совершенных деяний, все складывается в целостную картину. Это хорошо иллюстрирует его статья «Служанка, наследующая своей госпоже», написанная в тридцатые годы. Идет речь о методах и возможностях распространения каббалы:

«Разумеется, общество (население Земли), насчитывающее **8 миллиардов** человек, может поставить себе на службу языковедов более крупных и многочисленных, чем наше общество (еврейский народ), состоящее примерно из **15-ти миллионов человек**...»

Для справки. В 1927 году на Земном шаре было около 2 миллиардов человек. По данным Википедии, население Земли сегодня составляет чуть более 7 миллиардов, в том числе около 14 миллионов евреев. Таким образом, он описывает ситуацию, которая отдалена от него почти на 100 лет!

Бааль Сулам раскрыл и постоянно напоминает в своих трудах об одном из важнейших законов – человечество находится в безостановочном движении к цели творения. Вместе с этим он указывает, что существует два пути движения: вынужденный и осознанный. Вынужденный – это страдания. Осознанный – добрый и короткий. Он знает то, чего не знает еще никто – человечество уже катится с ускорением в колее страданий. Он вступает на путь вооруженной борьбы за спасение человечества. Его оружие – новые книги.

1936 год – начинается арабское восстание в Палестине. Ответ Бааль Сулама «Вступление к книге "Зоар"».

1937 год – страшный год для СССР, год «великой чистки», когда миллионы людей стали жертвами сталинского террора. Именно тогда Бааль Сулам начал издавать фундаментальный научный труд «Учение десяти сфирот» – комментарий на книгу АРИ «Древо жизни». 16 частей, более 2000 страниц. Основополагающий учебник по каббале, который описывает всю духовную работу человека, проходящего ступени исправления своей природы.

1 сентября 1939 года начинается Вторая мировая война. Германия и СССР делят Европу. Бааль Сулам видит то, на что современники сознательно закрывают глаза – гибель миллионов. Поэтому он идет на беспрецедентный шаг: начинает подготовку к изданию газеты. Первой номер первой каббалистической газеты «Народ» выходит из печати 5 июня 1940 года. В первых же строках Бааль Сулам с болью говорит о причинах появления газеты:

«…Оно (издание газеты) стало следствием яда ненависти, поразившего народы мира стремлением стереть нас с лица земли, что **привело к ужасной гибели миллионов** наших собратьев…»

Как известно, постановление об окончательном решении еврейского вопроса будет принято через год…

Второй номер газеты должен выйти через две недели. Но газету закрывают. И вновь те же самые силы применяют испытанный однажды метод – запрет британских властей.

А потом произошло страшное. Германия начала войну с СССР, и случилась то, что так хотел предотвратить Бааль Сулам – Катастрофа европейского еврейства…

ПРОБУЖДЕНИЕ ЛЮБВИ

Конец сороковых. Дом Давида Бен-Гуриона в Тель-Авиве. Глава «Народной администрации» заворожен словами сидящего перед ним «ортодокса».

– Давид, – взволнованно говорит гость, – чтобы выстроить здесь независимую и счастливую страну, мы должны воспламенить естественную любовь, скрытую внутри нас… Необходимо сделать так, чтобы с образованием государства его граждане стали заботиться друг о друге. Лишь тогда у нас появится надежная основа для того, чтобы действительно стать народом…

«Много раз, – рассказывает Бен-Гурион, – я встречался с Бааль Суламом, чтобы поговорить о каббале и о будущем страны».

Много раз удивлял его Бааль Сулам своими революционными взглядами. Чем же заинтриговали Бен-Гуриона слова каббалиста?

Бааль Сулам знал внутреннюю суть мироздания и потому понимал, что народ Израиля может жить лишь согласно духовному закону любви и отдачи. Без этого он не может, он не способен передать миру методику каббалы.

Встречаясь с Бен-Гурионом, он снова и снова повторял: «Чтобы выполнить нашу общую задачу и создать здесь счастливое общество, мы должны пробудить в себе искру любви к ближнему. В противном случае, рано или поздно, в стране наступит кризис».

Бен-Гурион был далеко не единственным его собеседником. Рав Йегуда Ашлаг встречался со многими лидерами тех лет, в числе которых Моше Шарет – второй премьер-министр Израиля, Залман Шазар – третий премьер-министр, писатель и поэт, Моше Арам – член Кнессета пяти созывов, Хаим Арлозоров – один из лидеров сионистского рабочего движения, Хаим Бялик – известный писатель, мечтавший, но не успевший стать учеником Бааль Сулама.

* * *

Бааль Сулам указывает в своих сочинениях, что цель каббалы состоит в соединении всего человечества с Творцом, и что первым обязан показать пример народ Израиля. Поэтому он действовал как бы на двух фронтах: убеждает Бен-Гуриона и других лидеров начать следовать методике каббалы, способной объединить народ, и, одновременно, говорит, что конечная цель этого объединения – все человечество. В своем эпохальном труде «Последнее поколение» он тщательно и подробно объясняет методику реализации этих планов. Вот две цитаты из этого труда:

«**Форма общества.** Закон природы должен стать общим законом всех народов. Он обязывает все народы к отдаче ближнему, когда жизнь другого важнее собственной, по принципу «люби ближнего как себя», в равенстве и братстве всех. За исключением этого, каждый народ может следовать своей религии и традиции».

Наука каббала должна дать новую жизнь человечеству, и этого все ожидают от народа Израиля.

* * *

О Бааль Суламе уже начинают писать романы и по его трудам защищают докторские диссертации, вместе с этим, миру он пока не известен. «Академики» от каббалы, религиозные «авторитеты» по сегодняшний день пытаются замалчивать не только заслуги Бааль Сулама, но даже его имя. Однако жизнь не стоит на месте и очень скоро все изменится. Почему? Потому что Бааль Сулам раскрыл человечеству то, что ему так не хватает – смысл существования.

Однако нам кажется, что лучше всего подытожит его деятельность цитата из книги «Зоар»:

«Все миры созданы, чтобы привести каждого человека к совершенству. Эта цель изначально является причиной сотворения всех миров. Исходя из этой первопричины, созданы высшие миры, наш мир, и человек – из души, помещенной в материальное тело».

две части науки каббала

Каббала состоит из двух частей:
– первая часть называется «тайны Торы», и их запрещено раскрывать, кому бы то ни было;
– вторая часть называется «вкусы Торы», и раскрывать их можно всем; более того, на раскрытие «вкусов Торы» не просто нет запрета – того, кто этим занимается, ждет огромное вознаграждение.

Во всех каббалистических книгах, когда каббалисты пишут, что науку каббала запрещено раскрывать, они говорят о «тайнах Торы». Но ведь создавая книгу, автор не может знать, в чьи руки она попадет в дальнейшем. Велика вероятность того, что ее раскроет тот, кто еще не должен начать изучение каббалы. Неужели РАШБИ, РАМБАМ, Гаон из Вильно и многие другие великие каббалисты – величайшие личности, вожди поколений, которые писали свои книги для того, чтобы научить нас стать подобными Творцу, – нарушали запрет на раскрытие тайн Торы? Разумеется, нет.

Все книги, которые были написаны и изданы, рассказывают о «вкусах Торы», которые для посторонних также являются тайнами. Однако их не только не нужно скрывать, а наоборот, их раскрытие является делом огромной важности. И тот, кто умеет раскрывать такие тайны и делает это, достоин самого большого вознаграждения, поскольку от их раскрытия как можно большему числу людей зависит духовное возвышение всего мира.

(из учебника каббалы)
Каббалисты передавали методику исправления из поколения в поколение, от одного к другому. Они адаптировали и совершенствовали ее, создавая новые книги, чтобы каббала соответствовала людям, живущим в данное время.
Книги, подходящие для нашего поколения, написаны Бааль Суламом и равом Барухом Ашлагом. Они предназначены специально для наших

> душ, чтобы, читая их, мы могли сами подниматься на духовный уровень авторов.

Каббалисты знают, что когда в каббалистической книге встречается слово «нельзя», оно означает «невозможно». Высший свет находится в абсолютном покое, то есть в нем не происходит никаких изменений. А единственное, что изменяется и развивается, – способность человека воспринимать это постоянное и неизменное свечение. Ощутить Высший свет, не имея такой способности, просто невозможно.

Вместе с тем, каббалисты опасаются, что при изучении каббалы может произойти искажение, называемое «вкушение незрелого плода», корни которого уходят к прегрешению Адама в Райском саду. «Вкушение незрелого плода» означает раскрытие каббалы человеку, прежде чем он достигнет такого уровня развития, когда она действительно станет ему нужна.

Поэтому во времена изгнания каббалисты были весьма осторожны и скрывали свою науку за семью замками. Они установили запрет на изучение каббалы и ввели строгие ограничения на отбор учеников, поскольку знали, что еще «невозможно», – время еще не пришло, и народ не готов. Тогда-то вокруг каббалы и возник ореол таинственности.

Но это скрытие каббалы было продиктовано велением времени, не более того. Как только стало «возможно» и поколение достигло соответствующего развития для раскрытия «Зоар», Бааль Сулам тут же получил возможность написать комментарий на эту книгу и сделать каббалу доступной абсолютно для всех.

(цитата)

> Счастлив я, что был создан в таком поколении, когда можно обнародовать науку каббала. И если спросите меня: «Откуда я знаю, что можно?» – отвечу: «Потому, что мне разрешено раскрывать, а это, как известно в каббале, зависит не от гениальности человека, а от того состояния, в котором находится поколение». Поэтому вся моя заслуга в раскрытии каббалы обусловлена тем, что этого заслуживает мое поколение.
> -Бааль Сулам, «Наука каббала и ее суть»-

несостоявшиеся беседы

ПРОЛЕТАРИАТ ТВОРЦА

Если каббалист решает выпустить газету, значит, грядут события первостепенной важности. Бааль Сулам выпустил газету в 1940 году, когда Вторая мировая война уже стала фактом. О чем же он писал? О европейской Катастрофе? Нет, о будущем еврейского народа, которому предстоит доказать свое право на существование.

Одна из статей этой уникальной газеты называется так: «Критика марксизма в свете новой реальности и решение вопроса о сплочении народа во всех его течениях». Здесь Бааль Сулам анализирует учение Маркса и указывает на ошибки основоположника коммунизма. В наше время правота каббалиста не вызывает сомнений, однако тогда его слова не нашли ни поддержки, ни понимания.

Каббала не случайно обратила столь пристальный взгляд на социальные потрясения нового времени. Они демонстрируют нам, как опасно вмешиваться в естественные процессы, не уяснив их причин. Две мировые войны, канонада революций, геноцид народов во имя «светлых» идеалов – явный признак того, что мы недалеко ушли от наивных социалистов прошлого. Подобно им, мы пытаемся решить свои проблемы, не вникнув в их суть.

Удивительная встреча каббалы и коммунизма еще не завершилась. Именно теперь, когда человечество находится в стрессовой ситуации, необходимо составить впечатление о нашей эпохе.

С этой целью мы позволили себе «организовать» дружескую беседу между Бааль Суламом и Карлом Марксом. Место встречи – Лондон, город, в котором оба они провели важные этапы своей жизни.

Итак, в одно прекрасное утро они спустились к Темзе, сели в прогулочную лодку и завели разговор по существу. Посмотрим, куда вынесет их течение.

* * *

Шлейф тумана окутывает сонный город, скользит между домами и ложится белым покрывалом на берега Темзы. Плеск волн едва слышен. Издалека доносится осиплый паровозный гудок, и сквозь пелену проступает силуэт лодки с двумя пассажирами. Мы застали их на середине увлекательной беседы…

Маркс. Не кажется ли вам, что мы плаваем кругами?

Бааль Сулам. Это потому, что вы отказываетесь взглянуть на общую картину.

Маркс. Я отлично вижу общую картину. Чем еще можно ее дополнить?

Бааль Сулам. В ней кроется истина более глубокая, Карл.

Маркс. О какой истине вы говорите?

Бааль Сулам. Я говорю об универсальной истине самой природы. Существуют ясные законы, управляющие миром. Вы и сами это давно поняли. Как это у вас… «Экономический закон движения современного общества».

Маркс. Верно. В первую очередь я хотел показать, что вся человеческая история зиждется на классовой войне, на нескончаемом противостоянии антагонизмов, которые каждый раз объединяются по-новому. Этот двигатель вращает шестеренки истории.

Бааль Сулам. Полностью согласен. Однако здесь необходимо еще одно обобщение. Почему вы говорите только об истории? Все мироздание, все естественные и искусственные механизмы основаны на едином законе развития.

Маркс. По-вашему, классовая борьба – основа всей природы?

Бааль Сулам. Классовая борьба является частью широкого фронта войны двух сил: отдачи и получения. Отдача – это позитивная, созидательная сила, а получение – сила негативная и разрушительная. Их противоборство определяет всю реальность до самой последней детали.

Маркс. Допустим, что так и есть. Каков же вывод?

Бааль Сулам. Окончательный синтез двух этих противоположностей выведет нас на вершину мироздания, то есть на уровень Творца. Подняться на эту ступень – значит превратить врожденное эгоистическое желание в желание альтруистическое, в отдачу другим. Именно это, а не просто лучшая жизнь, станет истинным вознаграждением человека.

Лодка скользит по речной глади, а пасмурное небо нависает так низко, что до него, как будто, рукой подать.

Маркс. Постойте. Откуда в нашем разговоре взялась эта высшая категория? У евреев высокопарные идеи вечно пролезают с черного хода. Вы же знаете, как я отношусь к религии.

Бааль Сулам. Позвольте напомнить вам, Карл, что вы тоже еврей.

Маркс. Ах да, действительно. Я бы хотел исключить эту деталь из своей биографии.

Бааль Сулам. Раз уж вы упомянули религию, замечу, что «Творец» есть не что иное, как общий закон гармонии и любви, управляющий миром.

Маркс. Интересное определение. Иными словами, вы утверждаете, что Бог – социалист.

Я предлагаю собственный принцип построения совершенного общества, которым, кстати, весьма горжусь: «От каждого по способностям, каждому по потребностям».

Бааль Сулам. Это верно, но это не цель. Взаимоотношения между людьми – лишь средство, позволяющее приподняться над человеческой природой. Чтобы на деле реализовать ваш принцип, необходимо высокоразвитое общество, в котором уже проснулось стремление к чему-то большему, чем оптимальный товарообмен.

Легкая изморось тает над городом и оставляет воздух прозрачным, как слеза. Лучи солнца пробиваются из-за туч. Когда лодка проплывает под сводами моста, между собеседниками неожиданно намечаются точки соприкосновения.

Маркс. Не могу не согласиться с вами. Сколько раз я повторял, что невозможно одним прыжком перемахнуть через естественные стадии развития. В наших силах только ускорить переходный период и сократить страдания на стыке эпох.

Бааль Сулам. Как раз этим мы и отличаемся от животных. Человек не дожидается, пока природа сделает за него всю работу. Изучив ее законы, он ускоряет естественный ход вещей.

Маркс. Вот я и попытался ускорить «инкубационный период» нового человечества, чтобы сэкономить время и облегчить родовые схватки.

Бааль Сулам. Должен отметить, Карл, это была блестящая уловка, беспрецедентная в человеческой истории.

Маркс. Спасибо. Я тоже так считаю.

Бааль Сулам. Жаль только, что она повела нас в обратном направлении.

Маркс. В обратном направлении? Что вы имеете в виду!?

Бледное английское солнце наконец-то находит себе голубой лоскут неба и обращает свой взор на Темзу.

Бааль Сулам. Я имею в виду то, что ваши последователи попытались взрастить в пролетариате ненависть к буржуазии. Благодаря этому они надеялись побудить рабочих к действию.

Маркс. Не вижу здесь никакой проблемы. Не сидеть же, сложа руки, в ожидании перемен!

Бааль Сулам. Вы правы, однако возросшая сила эгоизма погубила в людских сердцах все зачатки будущих альтруистических взаимоотношений.

Маркс. Как бы там ни было, я вообще не предлагал практических мер. Мне хотелось только приблизить конец капиталистического строя, и я сосредоточился на теоретической базе.

Бааль Сулам. Верно, реализацию вы оставили другим. Я говорю о народе Израиля.

Маркс. Народ Израиля?! Вы меня насмешили. Да ведь еврейский взгляд на мир лежит в основе капитализма! Не пора ли нам вернуться на твердую почву, господин Ашлаг? Не вижу никакого смысла продолжать эту беседу.

Маркс начинает табанить веслами с твердым намерением причалить к берегу.

Бааль Сулам. Не стоит так спешить, Карл, тем более что историю вы уже поторопили. В сущности, я имею в виду следующий этап разработанной вами программы. Давайте назовем это «практическим социализмом».

Маркс. Продолжайте, я слушаю.

Бааль Сулам. Я хочу предложить вам новую методику ускорения естественной смены государственного строя. Она базируется на массированной пропаганде, на своего рода социальной «кампании», призванной дать людям простой и реальный пример того, что эгоисту не место в человеческом обществе.

Маркс. Такая программа меня вполне устраивает. Однако вы все еще не объяснили, при чем тут евреи.

Бааль Сулам. Еврейский народ – это и есть настоящий пролетариат! Именно он способен повести мир к новой ступени социальных отношений.

Маркс. Уж не знаю, смеяться мне или плакать.

Бааль Сулам. Почему вы так скептически настроены? Многолетние страдания, вызванные деспотией и произволом, переплавили нас настолько, что теперь мы, как никто другой, близки к альтруистическому строю, о котором вы мечтали. Остается только сплотиться вокруг идеи – идеи общества, основанного на любви…

Маркс. Власть любви вместо гегемонии пролетариата?..

Время пролетело для них незаметно. Лодка пришвартована, а они стоят на причале и пожимают друг другу руки.

Маркс. Нам еще многое надо обсудить. Я знаю одно неплохое заведение в Сохо. Время от времени мы встречаемся там с Энгельсом. Его наверняка

заинтересует то, о чем вы говорите.
Бааль Сулам. Спасибо за приглашение. Я бы с удовольствием принял его, но уже поздно. Было очень приятно побеседовать с вами, Карл. Кто знает, может быть, когда-нибудь мы еще встретимся…

(цитата)

Не было ни одного истинного каббалиста, который не обладал бы знаниями о сути всех наук мира, так как все они включены в науку каббала.

-Бааль Сулам, «Наука каббала и ее суть»-

ЗА КРУГЛЫМ СТОЛОМ АЛЬБЕРТ ЭЙНШТЕЙН И БААЛЬ СУЛАМ
Они жили в одно время и были почти ровесниками. Величайшие ученые и мыслители своего поколения. Во многом их интересы пересекались, у них были общие знакомые среди ученых, политиков и общественных деятелей. Но, насколько известно, они ни разу не встречались. Мы «пригласили» их побеседовать, и этот диалог предлагается вашему вниманию.

* * *

Альберт Эйнштейн. Думаю, что необычайный интерес, питаемый сейчас к науке широкой общественностью, и важное место, отводимое науке в умах человечества, являются наиболее яркими проявлениями метафизических потребностей нашего времени.
Бааль Сулам. Кто не желает развития науки? И кто не знает, что зависть между учеными умножает мудрость?

К сожалению, все новое выстраивается на месте руин. Люди изобрели атомную и водородную бомбу, и если миру еще не ясна опасность всеобщего разрушения, которое они способны принести, то пусть подождут третьей или четвертой мировой войны, когда бомбы сделают свое дело… Ведь пока человек не найдет брешь в чужих рядах, у него и мысли нет о том, чтобы туда проникнуть. Зато, как только отыщет слабость – вопьется туда когтями и ядом, пока не уничтожит до основания, и там выстроит «хрустальный замок» своих теорий.

Каббала как методика постижения всеобщего Закона мироздания – единственная основа, которая станет надежным фактором, поднимающим уровень общества.

Альберт Эйнштейн. Теперь я могу коротко изложить свое мнение о сущности современного кризиса. Речь идет об отношении человека к обществу. Как никогда раньше человек осознает свою зависимость от общества. Но эту зависимость он ощущает не как благо, не как органическую связь, не как защищающую его силу, а скорее как угрозу его естественным правам или даже его экономическому существованию.

Более того, его положение в обществе таково, что заложенные в нем эгоистические инстинкты постоянно акцентируются, в то время как социальные, более слабые по своей природе, все больше деградируют. Все человеческие существа, какое бы место в обществе они ни занимали, страдают от этого процесса деградации.

Бааль Сулам. Любую страну или общество почти полностью составляют простые люди из плоти и крови, то есть эгоисты. Лишь немногие в виде исключения являются альтруистами – самое большее, их наберется 10 процентов. Идеалисты малочисленны, и числа их недостаточно, для того чтобы общество смогло на них опереться... К тому же идеалы не передаются по наследству и, несомненно, развалятся прежде всего.

Альберт Эйнштейн. Цивилизованное человечество находится в настоящее время в смертельной опасности. В тоталитарных странах опасность исходит от правителей, которые стремятся уничтожить дух гуманизма. В более благополучных странах опасность удушения этих бесценных обычаев исходит от национализма и нетерпимости, а также от подавления индивидуумов экономическими средствами.

Бааль Сулам. Сама природа обязывает человеческий род жить общественной жизнью. Однако необходимо всмотреться в законы этого общежития...

Нам следует выполнять в обществе лишь два принципа, которые можно определить как «получение» и «отдача». То есть каждый обязан получать от общества все необходимое, а также вносить в общество свой вклад, работая на его благо.

Альберт Эйнштейн. Человек может найти смысл в жизни, какой бы короткой и опасной она ни была, только посвятив себя обществу.

Бааль Сулам. А до тех пор, пока мы не выполняем этого в полном объеме, природа не прекратит наказывать нас. Видя современные бедствия, мы должны сделать вывод о том, что грозит нам в будущем.

Альберт Эйнштейн. Я убежден, что есть только один способ избавиться от этих ужасных зол, а именно путем создания социалистической экономики с соответствующей ей системой образования...

Помимо развития природных способностей человека, его образование ставило бы своей целью развитие в нем чувства ответственности за других людей, вместо существующего в нашем обществе прославления власти и успеха.

Бааль Сулам. Вы говорите, что благодаря воспитанию и общественному мнению можно преобразить природу масс и сделать их альтруистами? Это большая ошибка... Если придет время и какой-нибудь опытный и удачливый оратор станет ежедневно вести речи, противоположные общепринятым взглядам – он, несомненно, сможет изменить общественное мнение, как ему вздумается.

Вот горький опыт истории: один злодей посредством своих ежедневных проповедей превратил столь высокообразованный народ, каким являются немцы, в хищных зверей. Тогда лопнула и исчезла, как мыльный пузырь, вся их культура, насчитывающая несколько сот лет. А случилось это потому, что изменилось мнение общества, и культуре не на что стало опираться. Ведь культура не может существовать без поддержки общественного мнения.

Альберт Эйнштейн. Но личность, в конечном счете, формируется окружением, в котором развивается человек, структурой общества, в котором он растет, традициями и оценкой, которую общество дает тому или иному типу поведения... Очевидно, что зависимость человека от общества является природным фактом, который нельзя отменить.

Бааль Сулам. Если вся отдача другому совершается лишь именем общества, то это непрочная основа. Что и кто обяжет личность трудиться во имя общества? Ведь никогда нельзя надеяться, что один сухой, безжизненный принцип будет давать движущую силу – даже развитым людям, не говоря уже о неразвитых...

Только выполняя законы природы, можно достичь конечной цели творения. Конечно, такое понимание вещей требуется взрастить, причем правильным путем, однако очевидно, что иначе у идеалов нет права на существование из-за упрямого человеческого естества, не знающего компромиссов.

Альберт Эйнштейн. Люди, по-видимому, начинают уставать от материализма в вульгарном его понимании, ощущать пустоту жизни и искать нечто, выходящее за рамки сугубо личных пристрастий. Всеобщий интерес к научной теории вовлек в игру высшие сферы духовной деятельности, что не может не иметь огромного значения для морального исцеления человечества.

Бааль Сулам. Человечество может исцелиться только приняв на себя законы высшего управления...

Любая наука в мире оценивается в соответствии со своей целью. Если целью является нечто преходящее, то и наука исчезает вместе с ним. Теперь мы можем оценить важность науки каббала в сравнении с обычными науками. Предмет ее изучения вечен, а потому и сама она останется в веках.

Альберт Эйнштейн. Наука может лишь устанавливать логическую взаимосвязь между моральными сентенциями и давать средства для достижения моральных целей, однако само указание цели находится вне науки.

Бааль Сулам. Цель жизни – слиться с законом Высшего управления. Или же помочь в этом другим... Представители обычной науки изо всех сил стараются найти для нее такую внешнюю оболочку, которая подходила бы даже глупцам.

Каббалисты никогда не стремились представить свою науку так, чтобы она была воспринята глупцами... Каббалистические принципы должны в итоге охватить весь мир, однако это постепенный процесс.

Альберт Эйнштейн. Каждый обязан, по меньшей мере, вернуть миру столько, сколько он из него взял... Истинная ценность человека определяется тем, насколько он освободился от эгоизма. Настоящий прогресс человечества зависит не от изобретательного ума, а от осознания...

Индивидуум ощущает ничтожность человеческих желаний и целей, с одной стороны, и возвышенность и чудесный порядок, проявляющийся в природе и в мире идей, – с другой. Он начинает рассматривать свое существование как своего рода тюремное заключение и лишь всю Вселенную в целом воспринимает как нечто единое и осмысленное.

Бааль Сулам. Когда каждый стремится только к личной выгоде, это порождает все тревоги, страдания, войны и кровопролития, от которых нам некуда деться. Но как только люди всего мира единодушно согласятся уничтожить в себе эгоистическое желание, чтобы нести друг другу лишь добро, тогда исчезнут с лица земли все тревоги и невзгоды и каждый будет уверен в здоровой и полноценной жизни. Ведь у каждого из нас будет огромный мир, заботящийся о нем и обеспечивающий все, что ему нужно.

мир в мире

Все, что говорится в науке каббала о восприятии реальности, кажется очень субъективным: якобы все зависит от меня – только измени свое отношение, и ощутишь иную реальность...

Где же стабильность, объективность, независимость от моего исследования?

Ощущение зыбкости и относительности нашего существования, как в чувствах, так и в разуме, – неприятно, но верно. Я изначально нахожусь в мире, где все субъективно. Когда-то мы думали, что мир существует сам по себе, мы считали, что еще до того, как образовался Земной шар, допустим, пять миллиардов лет назад, наша Вселенная уже существовала и развивалась 10 миллиардов лет.

Кто нам об этом сказал? – Человек. Когда? – Сегодня. Как он может говорить о том, что было раньше? – Ему так кажется в его органах чувств.

Понятие времени – прошлого, настоящего и будущего – понятие человеческое и не является абсолютным. **Время – это определенная сумма этапов, вытекающих один из другого и следующих друг за другом по цепочке причины и следствия, как, например, дни, месяцы и годы. Ощущение изменений** порождает в нас чувство течения времени.

Точно так же, как категория «время», категории «пространство», «движение» существуют субъективно, только в нашем восприятии, и если бы оно было иным, многоплановая картина окружающего нас мира выглядела бы иначе.

Итак, всё во мне, в моих органах ощущений. А что вне меня? Я не знаю, что находится снаружи и находится ли что-нибудь. Разве мы можем увидеть на экране компьютера то, что еще не вошло в него? Нет. Если мы воспринимаем от него какую-то информацию – читаем текст, смотрим видео, слушаем музыку – все это уже находится в нем.

Поэтому нельзя говорить о том, что наш мир существовал 15 миллиардов лет назад, если не подразумевать, что это относительно наших ощущений. Вся наука истинна, надо только добавить маленькое примечание – «относительно органов ощущений человека». Всё – истина, но только относительно меня.

Если мы посмотрим на всю панораму развития нашей вселенной – творения, как принято говорить в науке каббала, – в течение этих 15 миллиардов лет, на все метаморфозы, которые проходит это творение, то мы увидим глубочайший замысел, внутри которого находимся и мы. Поэтому, хотя мы вроде и можем изучать этот замысел, его претворение, но изучаем его мы изнутри, а не снаружи. Мы с каждым днем все больше и больше убеждаемся, что находимся не над природой, а внутри нее, и желаем мы того или нет, но подчиняемся ее законам. Мы лишь можем выяснять эти законы и таким образом более правильно их использовать.

Природа – это Творец, и Его законы – это законы природы.

Творец – на иврите – «Бо у ре», что в переводе означает: «Приди и увидь». Ты раскрыл Его внутри себя, увидел – зрением называется самое явное восприятие в наших органах ощущений – и тогда для тебя Творец существует. А если нет – значит, нет.

Творец – это духовное поле отдачи и любви, в котором мы перемещаемся при изменении в нас желания, все время находясь в точке подобия этому полю. Изначально мы ему противоположны и поэтому находимся на самом внешнем круге этого поля, называемом «Этот мир». В мере нашего желания уподобиться свойствам Творца, мы вызываем на нас воздействие этого поля, и оно нас перемещает ближе к центру….

Из сказанного понятно, что у Творца нет прихотей, нечего ждать от Него особого отношения. Протекции нет, юлить и заискивать бесполезно. Творец – это сила, которая считывает не наши слова, а наши сокровенные желания. Если мы выполняем духовные законы, то вступаем в духовный мир, если нет, остаемся снаружи.

Однако человек наделяет природу, Творца, своими чувствами. Но разве законы физики, химии имеют какие-то чувства? Разве мое почтение к закону тяготения изменит его воздействие на мое, падающее с высоты, тело? – Нет, ничего подобного! Поэтому мы должны подобным образом относиться и к нашему развитию. Эволюция, то есть жёсткие законы природы, давят на нас, и мы ничего с ними не можем сделать.

Мы видим со времени возникновения нашей вселенной и до сегодняшнего дня ступенчатое, все более усложняющееся развитие на уровнях неживой, а затем – на поверхности Земного шара – растительной, животной и человеческой природы. Это и есть та диалектика, та эволюция, та программа развития, по которой мы с вами развивались до настоящего времени.

А сейчас, говорит наука каббала, мы можем принять этот закон развития на себя и добровольно, с пониманием начать его использовать для своей пользы. Ничего иного в нашем мире нам сделать не дано, только в этом свобода воли – ускорение нашего продвижения к намеченной заранее цели.

Итак, природа поставила перед нами абсолютно чёткую задачу: человек должен изучить программу своего развития и взять на себя её реализацию. Выполнение этой программы обернётся для него благом – он постепенно начнёт становиться все более и более подобным Творцу. А те законы, которые мы не выполняем, даже по незнанию, всё равно записываются нам в отрицательный актив, и затем природа вынуждает нас все-таки их осознать, принять к сведению и претворить в жизнь.

Так в чем же причина нашего «саботажа»?

Дело в том, что духовные законы не проявляются в ощущаемом нами диапазоне. Мы их не выполняем только потому, что слепы и не видим, что это такие же законы, как и наши, земные, и даже ещё более важные и общие. Незнание этих законов приводит к тому, что мы будем «набивать шишки».

Причём это будут не просто маленькие удары судьбы – возможны огромные потрясения, ужасные страдания, невосполнимые потери...

Так что стоит заранее узнать законы нашего развития, узнать, к чему они нас обязывают и заблаговременно к этому готовиться. В принципе, только для этого нам дана каббала.

Общечеловеческое развитие аналогично процессу взросления каждого из нас. До определенного времени к нам относились снисходительно, мы могли делать любые глупости, и это нам сходило с рук. Мы привыкаем к такому отношению... И вдруг, в один прекрасный день – возможно, не такой уж прекрасный – на нас начинают смотреть, как на взрослых, и требовать, как со взрослых. Мы обязаны, обязаны, обязаны...

Если человек не получил необходимой подготовки к этому переходу, то он чувствует себя очень некомфортно.

Сегодня, пройдя периоды детства и отрочества, человечество вступает уже во взрослый мир. Каббалисты предсказывали этот период. Они говорили, что начиная с XXI века и далее человечество должно принять на себя законы своего развития, а если этого не произойдет, то, естественно, пощады нам не будет, и мы будем терпеть все возрастающие лишения.

По сути, в каббале мы изучаем процесс, который должны пройти. Наука каббала объясняет нам, что такое мир, почему и для чего он существует, как мы существуем в нем и осуществляем цель творения.

Мы должны стать разумнее. Природа не реагирует немедленно на любые наши изменения, но ее поведение зависит от нас. На нас нисходит закон – закон всемирной любви, закон взаимодействия. Но поскольку он сталкивается с нашей природой ненависти, желанием использовать всех и вся, то естественно, что это доброе, разумное отношение природы к нам обращается – именно в нас самих – в болезни, в страхи, в угрозу уничтожения.

Мы должны изменить свою природу и, начав ее менять, почувствуем совсем иным Высшее управление. Мир станет, в соответствии с этим, лучше, и мы начнем ощущать, что имеем дело с уровнем выше, чем всё, что мы наблюдаем сегодня. Совершенство, выход в ощущение вечного существования, – вот, что нам уготовлено.

Этот переход не такой уж сложный. Если за это берутся многие люди, то в итоге общая задача решается просто.

разрушение и созидание

Разобщенность, вражда, ненависть – вот что такое настоящее разрушение. Именно его символизирует 9 ава.

9 ава 1312 г. до н.э. – посланцы Моше убедили народ не входить в Эрец Исраэль.

9 ава 586 г. до н.э. – Навуходоносор разрушил Первый Храм.

9 ава 70 г. н.э. – римляне разрушили Второй Храм.

9 ава 135 г. – пала крепость Бейтар, изгнание из Эрец Исраэль.

9 ава 1290 г. – изгнание евреев из Англии.

9 ава 1306 г. – изгнание евреев из Франции.

9 ава 1492 г. – изгнание евреев из Испании.

9 ава 1941 г. – указ Гитлера об окончательном решении еврейского вопроса.

…Надеемся, на этом список заканчивается.

Мы не раз говорили о том, что все явления в нашем мире – это результат воздействия сил, исходящих из Высших миров.

Каббала всегда направляет наш взгляд сквозь внешние завесы внутрь – туда, где за маленьким окошком некий киномеханик заправляет пленку в проектор, чтобы прорезать его лучом мрак зрительного зала. Какие бы картины ни возникали на экране, их подлинный смысл заложен во взаимосвязи наших душ.

Каббала ведет речь не о разрушенных стенах Храма, воздвигнутого людьми, а о разрушенных сердцах, разрушенных взаимоотношениях между нами. Когда-то давно умерла наша любовь к ближнему, и с тех пор мы так и не воскресили ее.

Наука каббала объясняет, что именно на дне, на самом низком уровне мы найдем решение. Сначала нужно «осознать зло» – увидеть, насколько мы разъединены и обессилены собственным эгоизмом. Правильный диагноз и искренняя боль за происходящее – первый шаг к излечению.

Тогда мы поймем, что все зависит от нашего отношения к ближнему, что наше излечение может осуществиться только на духовном уровне.

глава 16 >>>
рабаш

**каббалисты
уполномочены
сообщить**

рабаш
рав барух ашлаг
(1907–1991)

Когда человек начинает главное дело своей жизни? Чаще всего в молодые годы. Иногда, когда уже наступила зрелость. К каббалисту это отношения не имеет. Просто, если есть высшая необходимость, звонит невидимый звонок, дверь распахивается, и он начинает действовать...

Первую свою статью РАБАШ написал в 1984 году. В тот год ему исполнилось 77 лет. В последующие семь лет он написал более 2000 страниц. Кроме того, во время уроков, бесед он наговорил тысячи аудиокассет. В них он открыл миру практическую каббалу. Четкая инструкция заменила язык иносказаний. Он сделал то, что до него не осмеливался сделать ни один каббалист. Потому что пришло время...

КАББАЛИСТИЧЕСКАЯ СЕМЬЯ
Рав Барух Шалом а-Леви Ашлаг родился 22 января 1907 года в Польше – возможно, единственном тогда месте мира, где почти в каждом еврейском селении жили каббалисты. Однако время расцвета безвозвратно ушло. Каббала все меньше осознавалась методикой постижения Творца и смысла жизни. Хотя каббалистов все знали в лицо, в народе все больше укреплялось мнение, что каббала – это тайное, опасное, мистическое учение для избранных.

Отцом Баруха был величайший каббалист последних поколений Йегуда Ашлаг (Бааль Сулам). Ему выпало совершить настоящую революцию. Благодаря его титаническим усилиям каббала в своем истинном виде не только сохранилась, но и адаптировалась к наступившей бездуховной эпохе. Неудивительно, что в семье царил дух каббалы, к тому же мать Баруха, Ривка, принадлежала к известной каббалистической династии.

Отец с детства обучал сына известному каббалистическому подходу – ничего не делать неосознанно и бесцельно. Однажды отец озадачил сына вопросом:
– Барух, зачем мы омываем руки?
– Из-за ритуальной нечистоты, – ответил по-написанному ребенок.
– Нет, не так. Мы это делаем потому, что это желание Творца.

(из учебника каббалы)
«Руками» называется кли (желание получить).
«Омовением рук» называется действие по исправлению этого желания.

ДЕТСКИЕ ГОДЫ

Каббалу может и должен учить каждый, но постичь ее можно только с учителем. Учителем Бааль Сулама был рабби Йешуа Ашер из городка Парисов, находящегося вблизи Варшавы, где проживала тогда семья Ашлагов. Барух очень рано начал сопровождать отца в поездках к учителю. Это были незабываемые дни. Древние, но вечно молодые знания он, казалось, впитывал прямо из воздуха.

Однажды, в праздник Ханука, ребе занимался, на первый взгляд, странным делом – дарил каждому присутствующему по мелкой монете. Маленький Барух тоже получил монетку, но к подарку отнесся с пренебрежением. Отец это заметил и сказал: «Запомни сынок: подарок – это не самое важное; главное – разглядеть того, кто скрывается за подарком!»

Лишь много позже Барух узнал, что принцип «Гость и Хозяин», который продемонстрировал ребе, является одним из основополагающих в каббале и нисходит из самого начала Творения.

В те годы каббалисты из многих областей Восточной Европы иногда собирались в городе Белз, в Галиции, у известного каббалиста адмора (высший титул учителя), рава Иссахара Дова. Несмотря на неспокойное время и длинную дорогу, Бааль Сулам тоже ездил туда с Барухом. Это было одно из последних мест, где понятие «духовное» сохранило еще свое подлинное значение. Одна из таких поездок совпала с началом Первой мировой войны. Вследствие начавшихся военных действий, отец с сыном надолго застряли в Белзе. Лишь каким-то чудом пробравшись в военный эшелон с солдатами, они сумели живыми и невредимыми вернуться домой, в Варшаву.

Главное, чему научился Барух в те годы, – это независимому, взрослому отношению к жизни, к тому, что нельзя купить за деньги, но можно впитать естественным образом в каббалистической семье. Путь духовного воспитания часто непонятен постороннему взгляду. Легко сказать ребенку: «Делай так, а не иначе». Гораздо труднее, если вообще возможно, объяснить такие понятия, как внутреннее и внешнее, главное и второстепенное.

По еврейской традиции, когда мальчику исполняется 13 лет, он становится совершеннолетним. Это праздничное событие называется «Бар мицва» (буквально – «сын заповеди»). В этот день принято устраивать торжество с обильным угощением и приглашать много гостей. В каббале 13 лет –

глубокое духовное понятие, наполненное особым смыслом, и в каббалистических источниках этой теме посвящены целые разделы.

На трапезе, посвященной «Бар мицве» Баруха, было всего лишь три человека, еда состояла из нескольких ломтей хлеба и простой воды. Но разве существует мерка, чтобы измерить то, что почувствовал мальчик в тот день.

(из учебника каббалы)

13 лет – состояние, когда начинается исправление желания «ради себя» на желание «ради Творца» (ради отдачи)

ИЕРУСАЛИМ. СТАНОВЛЕНИЕ

Дом семьи Ашлаг. За окном шумит ветер, а внутри царит тишина. Бааль Сулам, как всегда, вернулся из поездки к своему учителю, но на этот раз он выглядит как-то необычно. Погруженный в себя, он ставит сумку у стены и, не проронив ни слова, ложится на диван. Проходит час, и он объявляет домочадцам: «Мы стоим на пороге нового времени. Я получил от своего учителя все, что он мог дать. Пришло время отправиться в землю Израиля…»

В 1921 году семья после долгих приключений переезжает в Иерусалим, и Барух поступает в одну из центральных городских ешив. Внешне он как все – обычный ешиботник, но внутри он настоящий каббалист, человек, стремящийся всем сердцем к познанию Творца. Каждый новый день обязан быть еще одним шагом к цели.

Сейчас перед ним задача – освоить еще один краеугольный принцип – «Мидат савланутам амда лаэм» (Терпение помогало им). И вскоре Барух, несмотря на свой взрывной, непоседливый характер, становится известен в ешиве, как один из самых усидчивых учеников. Добился он этого следующим образом: перед началом самостоятельных занятий он клал возле себя немного фруктов, и занимался по 12-14 часов кряду. Окружающие восприняли это как проявление усердия в учебе, хотя на самом деле Барух, таким образом, воспитывал твердость и упорство – качества, необходимые каббалисту.

Учителя предрекают ему блестящее будущее, полное высоких постов и регалий, и никто бы не поверил, что его мысли занимает совершенно другое – он мечтает попасть на уроки своего отца.

В то время Баруху вход на уроки был закрыт, потому что Бааль Сулам пускал только женатых мужчин. Но, как известно, главное – это желание, и Барух находит выход. Он знает, что на уроках, проходящих в ночное время, ученики для бодрости пьют много кофе. Барух напрашивается на «должность» разносчика кофе и с усердием берется за дело. Он так «быстро» раздает стаканы, что успевает прослушать большую часть урока.

Когда Баруху исполнилось 17 лет, он получил звание раввина. Барух прошел аттестацию у самых больших авторитетов того времени: первого главного раввина Израиля, Авраама Кука, и бывшего главного раввина Иерусалима, Йосефа Зоненфельда.

Все это время он жил с родителями. Ему еще не было 18-ти лет, когда его женили. РАБАШ рассказывал, как это произошло: «Однажды, перед уходом в ешиву, меня позвал отец и сказал: "Постарайся сегодня вернуться пораньше". О причине этого он не сказал ни слова. Вернувшись, я увидел, что в доме полно людей. Отец неожиданно подошел ко мне, пожал руку и сказал: "Поздравляю! Мы нашли тебе жену. В этот четверг состоится свадьба"».

Почему так поступил каббалист Бааль Сулам со своим сыном? Разве так нужно подбирать спутника жизни? Неужели не важны чувства молодых?

Прежде всего, важно отметить, что любовь никогда не являлась основной причиной создания семьи. Договаривались и женили молодых их родители – во всех народах и культурах.

За этим обычаем – считает каббала – стоит закон подобия, основной закон существования. Согласно этому закону, инстинктивно или осознанно, родители ищут для своих детей спутника жизни со схожими качествами.

Женой Баруха стала Йохевед, дочь рава Йехезкеля Элимелеха Линдера, одного из уважаемых жителей Иерусалима. Йохевед родила ему семь детей, а вместе они прожили 65 лет.

СТАТЬ КАББАЛИСТОМ

Хороший учитель должен быть требовательным по отношению к ученикам. Бааль Сулам обучал каббале – науке, стоящей в основе всех наук.

Уроки начинались в час ночи и заканчивались на рассвете. Чтобы попасть на урок, Баруху приходилось покрывать каждый раз пешком несколько километров из старого города до дома отца, в районе Иерусалима – Гиват Шауль. Маршрут этот был очень опасен. Нужно было ночью проскальзывать мимо британских блокпостов и многочисленных банд, которые подстерегали еврейских жителей города. Другого пути просто не было, и лишь люди со жгучим желанием могли его преодолеть.

Для духовного продвижения каббалист должен быть женат и, кроме того, обязательно должен работать. Причем, желательно в таком месте, чтобы руки были заняты, а голова свободна. После женитьбы Барух начал работать арматурщиком на стройке. Население страны стремительно росло и требовалось много жилья. Несколько позже, когда строительный бум снизился, он трудился на прокладке дороги Иерусалим-Хеврон, был сапожником, переписчиком Торы.

Случалось, его строительная бригада оставалась ночевать под открытым небом. В такие дни он добровольно брал на себя обязанности ночного дежурного по кухне. Причина – кухня была единственным местом лагеря, в котором горел свет. Он вставал в час ночи, до рассвета самостоятельно учился, а после этого весь день работал вместе с остальными...

В 1948 году возникло государство, и появились различные государственные учреждения. РАБАШ начал работать служащим в «Налоговом управлении Израиля». Через шесть лет, в день смерти Бааль Сулама, РАБАШ подал заявление об уходе с работы. Он взял на себя управление группой, заменив отца.

Еще задолго до этого, в 30-е годы, рав Барух по указанию отца начал преподавать. Он был ближайшим учеником Бааль Сулама и даже получал индивидуальные уроки. В те годы он не писал книг, но зато старательно заносил в тетрадку все услышанное от отца. В итоге сложилась книга, которая была напечатана в 90-х годах. Она так и называется «Шамати» (Услышанное).

ОДИН

Путь каббалиста не прост. Помехи на пути чаще всего возникают там, где не ждешь. Так случилось и с РАБАШем. После смерти отца, в 1954 году, неожиданно возник спор о наследстве между РАБАШем и его младшим братом. Суть спора – право на издание книги «Зоар» с комментариями Бааль Сулама.

РАБАШ передает все дела по судопроизводству своему ученику, а сам уезжает в Англию. Он не хочет и не может участвовать в этом разбирательстве. Им движет лишь одно – издание книги отца должно быть продолжено. Три года он жил в Англии и преподавал каббалу в городе Гейтсхед, где проживает большая и известная еврейская община, а также в других местах. После того, как постановлением суда книга была передана РАБАШу, он сразу же безвозмездно передал права на издание одному из учеников.

Шли годы. Подобно отцу, РАБАШ не искал известности и не желал прослыть мудрецом среди обывателей. Он многократно отказывался от предлагавшихся ему официальных постов. Вместо того чтобы завоевать уважение публики и встать во главе больших организаций, Барух Ашлаг всего себя отдал подготовке учеников. Приближалось время начала массового распространения каббалы, когда народ начнет осознавать ее актуальность. Бааль Сулам назвал даже точную дату, когда это должно произойти – 1995 год.

Внешне изолированный от мира, РАБАШ был неразрывно связан с ним изнутри. Даже соседи не знали, что он обучает людей «тайной науке». Тем не менее, каждый, кто действительно хотел стать каббалистом, находил к нему дорогу. В числе тех, кто тайно посещал его, были известнейшие раввины, приходившие к нему в дом, чтобы с глазу на глаз учиться науке каббала.

НОВИЧОК

Но вот наступил 1979 год. Он стал поворотным в жизни РАБАШа. До сих пор он обучал считанных учеников, которые сопровождали его долгое время. Но вдруг у него появился новичок – Михаэль Лайтман. Он был совершенно не похож на тех, кто приходил до сих пор. Этот темпераментный молодой парень с университетским дипломом, недавний репатриант, сразу же показал свое неудержимое желание и твердый характер.

Он начинает с того, что приносит на урок магнитофон. РАБАШа это очень удивляет, и он запрещает использовать диковинный прибор. Однако Михаэль не отступает, разъясняет важность записи уроков для будущих поколений, и РАБАШ дает согласие. Новый ученик, по образованию биокибернетик, привык к научному методу работы. Он чертит, составляет таблицы, скрупулезно систематизирует новые знания. РАБАШ, видя такую прилежность, предлагает Михаэлю начинать готовить материалы для начинающих, и вскоре появляются сразу три книги.

Однако главное событие произошло в 1983 году. Михаэль читает курс по работе Бааль Сулама «Введение в науку каббала» преподавателям Института каббалы Берга. По окончанию курса, неожиданно, все слушатели – около 40 человек – переходят к РАБАШу. Эти светские ребята из Тель-Авива, представители всех слоев израильского общества, сильно отличались от прежних учеников. Из новичков создается группа, и РАБАШ начинает писать для них статьи по групповой работе.

В первый раз он это сделал во время прогулки в парке, на обратной стороне сигаретной фольги. Вскоре он это делает уже регулярно. Выучившись немного печатать на машинке, он каждую неделю старательно, одним пальцем часами выстукивает статьи. В них он просто и, в то же время, досконально разъясняет каждый этап внутреннего становления человека на духовном пути. Со временем ученики составили из этих статей серию книг под общим названием «Ступени лестницы» (Шлавей а-Сулам).

ОТНОШЕНИЕ К МИРУ

Бытует мнение, что каббалист – это затворник, оторванный от проблем материального мира. У нас есть свидетельство обратного. Вспоминает М. Лайтман:

«Рав Барух постоянно интересовался естественными науками, такими, как физика, химия и так далее. Все, что он слышал об этом, он связывал с каббалой и видел, что уже открылось, а что – еще нет.

Он любил слушать новости. Он хотел знать все, что происходит в мире. Конечно, все это он связывал с Высшим управлением, но каждый час я был обязан включать радио, и он слушал новости на протяжении двух-трех минут, а иногда еще меньше – всего полминуты, пока не заканчивалось что-то важное.

Однажды, во время войны, РАБАШ включил радио прямо во время урока. Один из учеников очень этому удивился, на что РАБАШ сказал: "Если бы у тебя были там сыновья, ты бы, конечно, интересовался тем, что происходит, твое сердце было бы там. И тогда ты включал бы радио и слушал, потому что чувствовал, что от этого зависит твоя судьба. А у нас там находится вся наша армия, все они – мои сыновья, и я, безусловно, страдаю и тревожусь за них"».

Самыми любимыми его детьми были ученики. Однажды, после одного бурного выяснения, М. Лайтман вспылил и, не сказав ни слова, выбежал прочь из комнаты. РАБАШ остановился в центре помещения, растерянно посмотрел по сторонам и произнес: «Разве так... оставляют друга?»

Он уже был немолод, здоровье начало сдавать, а воспитание нового поколения требовало много сил, и он начинает усиленные занятия спортом. Для укрепления здоровья врачи рекомендуют плавание, но РАБАШ плавать не умеет. Делать нечего, он отправляется в бассейн и начинает учиться плаванию вместе с маленькими детьми. Кроме проблем со здоровьем, у него была еще одна – произношение. Ученики с трудом могли его понимать. Не беда – решает РАБАШ, и начинает заниматься с логопедом...

ФЕЙГА

В 1990 году, после продолжительной болезни, умирает жена РАБАШа – Йохевед. Они прожили вместе большую и трудную жизнь. Для каббалиста – жена это гораздо больше, чем просто человек, делящий с тобой кров, горести и радости. Это единственный человек в мире, кроме учителя, с которым можно делиться всеми духовными переживаниями. И даже более того – без жены каббалист просто не может продвигаться, поскольку духовное восприятие возможно только двумя субъектами мироздания одновременно – мужской и женской.

РАБАШ это прекрасно знает, поэтому дает указание найти ему жену.

Поиски продолжительное время не приносят результатов. Наконец вторая половина найдена. Ею становится Фейга Лунц – врач по специальности, несколько лет ухаживавшая за парализованной женой РАБАШа. Фейга стала не только заботливой женой, но и преданной ученицей своего мужа. После смерти РАБАШа раббанит Фейга Ашлаг продолжила его дело – занимается распространением науки каббала.

ПОСЛЕДНИЙ ИЗ МОГИКАН

Именно так можно назвать Баруха Ашлага. Он стал последним звеном в цепочке величайших каббалистов всех времен, протянувшейся от Авраама. РАБАШ играет в этой цепи особую роль, жизненно важную именно для наших дней: он протянул связующую нить от каббалистов прошлых эпох к современности и адаптировал для нас каббалистическую методику.

Великий каббалист умер в 1991 году, в день рождения своего отца – Бааль Сулама.

Через несколько лет, в 1995 году, его ученик и личный помощник, Михаэль Лайтман, основал каббалистическую группу под названием «Бней Барух» (Сыновья Баруха). Цель – продолжить массовое распространение методики Бааль Сулама и РАБАШа. С годами группа выросла и превратилась в международную ассоциацию, насчитывающую сотни тысяч учеников в Израиле и по всему миру. Ведя широкую просветительскую деятельность, Международная академия каббалы предоставляет всем и каждому возможность свободного доступа к каббалистическим знаниям и источникам.

Все свои силы Барух Ашлаг направил на то, чтобы заложить основы духовного развития нового поколения. Для этого он разработал методику, которая подходит каждому человеку и ориентируется на нужды современного мира. Благодаря РАБАШу человечество способно сделать гигантский шаг к решению охвативших его проблем.

* * *

Бааль Сулам в «Предисловии к ТЭС» говорит: «Если есть хотя бы один каббалист во главе мира, за которым пойдут все, то, несомненно, весь мир придет к совершенству и вечности, правильным и коротким путем».

О САМОМ НЕОБХОДИМОМ

Некоторые называют ее восьмым чудом света. Она сопровождает человека многие тысячи лет и безотказно обслуживает его самые разнообразные желания. Она обучает, советует, наставляет, развлекает. Ей тоже «все возрасты покорны», а сама она неподвластна времени.

История ее рождения уносит нас в Древний Египет. Она выглядела вначале как несколько листков папируса, на которых записывались долги и производились бухгалтерские расчеты. Намного позднее их заменили свитки пергамента, а затем – пергаментные листы, сшитые в стопку. Долговечность этого материала и относительное удешевление позволили расширить сферу ее использования. Теперь в нее заносились исторические события и описывались подвиги героев.

С изобретением бумаги она стала доступна средним слоям населения и с этого времени превратилась в универсальное хранилище научной и культурной информации.

Как вы уже догадались, речь идет о книге.

С началом эпохи компьютеров, интернета и видеосистем многие «солидные» специалисты предрекали конец эпохи книги и культуры чтения. И действительно, конкуренты от научно-технической революции вначале потеснили «устаревший» носитель информации. Но затем книжный рынок, очнувшись от шока, вновь начал укреплять свои позиции.

Что же особенного в переплетенной стопке бумаги с печатными буквами?

Оказалось, что книга дает человеку возможность для внутреннего диалога с автором произведения, что невозможно во время просмотра или прослушивания. Читатель и не замечает, что книга становится для него предметом одушевленным.

По этой причине, пусть неосознанно, у человечества выработалось особое отношение к книгам. К ним относились зачастую как к живым людям: их изгоняли, сжигали, запрещали или, наоборот, восхваляли, распространяли.

Начиная с девяностых годов прошедшего века, на книжном рынке начало твориться что-то непонятное. За короткое время с прилавков магазинов почти исчезли классические произведения, уступив место мистике, эзотерике и прочей «духовной» литературе.

Каббалисты объясняют этот факт очень просто: причиной вспышки интереса к подобной литературе является общее пробуждение мира к духовному возвышению.

Спрос рождает предложение, но в данном случае безотказный закон экономики не сработал. Рынок наполнился книгами, карманы издателей прибылью, а незадачливые покупатели так и остались со своими неудовлетворенными духовными желаниями. И это неудивительно, ведь «духовность», предложенная авторами этих книг, не имела ничего общего с запросами пробуждающейся души.

Потешив читателя иллюзиями и фантазиями, волны эзотерической литературы схлынули с прилавков, обнажив островки книг, неизвестных ранее широкой публике. Среди них оказались ранее не появлявшиеся в массовой продаже книги, объединенные одним названием – каббала.

Они притягивали и отталкивали одновременно. Они пытались говорить с нами на родном языке, но смысл обращения был совершенно непонятен. Но уже через короткое время что-то изменилось. Может, язык этих книг стал проще, а может, изменились мы сами. Кто знает...

Оказалось, что за непонятными ранее текстами скрывается удивительное повествование о смысле жизни человека, о путях его развития, о прекрасном будущем, уготованном человечеству.

В чем же главное отличие науки каббала от философий и религий?

Каббала – это средство улучшения всей нашей жизни, средство подъема человечества на духовный уровень, на уровень Высшей силы.

В науке каббала ты жестко привязан к реальности, и бежать тебе некуда. Ты просто переходишь от одного состояния к другому в четкой, абсолютной форме. Первоначальная задача – выяснить, что же именно зависит от нас в нашем духовном продвижении. Когда проясняется суть возложенной на нас работы, обнаруживается жестко заданная область свободы действия. Быстро проанализировав ее, человек избавляется от всякой путаницы и тумана, подобно больному, который, в конце концов, нашел лекарство от своей болезни. Теперь всё в порядке, всё известно: по таблетке три раза в день в течение недели – и я здоров.

Возьмите для себя ту книгу, которая написана последователями истинных каббалистов. Успехов вам в духовном продвижении!

тайна суккота

ФАНТАСТИЧЕСКАЯ ИСТОРИЯ

Испокон веков человек стремится к неизведанному. Поиском Атлантиды, кода да Винчи, снежного человека и инопланетян занимаются ученые и исследователи всего мира. Страсть к знаниям и врожденное любопытство подняли человека в космос и заставили опуститься в океанские глубины.

Но, как показывает практика, самсе скрытое и удивительное всегда находится рядом с нами. Зачастую даже носители тайны не подозревают, что находится у них в руках. Это без всякого преувеличения можно отнести к праздникам, которые ежегодно, на протяжении тысячелетий отмечает еврейский народ. Речь идет о фантастической истории, достойной мирового киношедевра: о том, как из глубины веков величайшая тайна, закодированная в предписаниях еврейских праздников, дошла до своего адресата – современного человечества.

кто это сделал

Не многие знают, что еврейские праздники учредили каббалисты – люди, находящиеся одновременно в двух мирах: материальном и духовном. Существует заблуждение, что духовный мир – это некий потусторонний мир со всеми полагающимися в таких случаях атрибутами. На самом деле это не так. Духовный мир – это место, где правит отдача и любовь. Эти свойства противоположны нашим эгоистическим, и потому мы духовный мир ощутить не можем.

За всеми поисками, желаниями раскрыть тайны мироздания скрывается неосознанное желание идеального духовного состояния. Такое исправленное, альтруистическое состояние человека называется «душа».

В духовном пространстве все души находятся в совершенном состоянии, объединенные силой любви. К такому состоянию должно в итоге прийти все человечество. Нам это понять очень трудно, практически невозможно. Как можно объединиться не силой страха, безысходности и лживых идеалов, но силой любви? Как???

С другой стороны, косвенным образом, под давлением обстоятельств мы постепенно уже приходим к такому пониманию и начинаем задумываться об этом. Каббала, древняя и одновременно современная наука, столь популярная сегодня, призвана помочь человечеству объединиться для ощущения совершенного духовного состояния.

Праздник, называемый Суккот, и символизирует один из этапов на пути к такому состоянию.

ОСОБАЯ СИЛА
Подготовка к празднику Суккот начинается со строительства сукки – особого шалаша, главным элементом которого является кровля. Для ее изготовления используют отходы с гумна и виноградника. Понятие «отходы» выражает наше пренебрежительное отношение к духовным, альтруистическим ценностям, полностью противоположным нашей эгоистической природе.

Построить сукку и накрыть ее кровлей – значит, поднять духовные ценности над эгоистическими и сделать их самыми важными в жизни. Постройка сукки – дело, непосильное для одиночки. Нужна помощь товарищей, окружения. Поэтому человек на пути к духовному обязан построить такое окружение.

Кровля олицетворяет масах – особую силу, которую получает человек для преодоления своих врожденных эгоистических качеств. С момента получения масаха человек способен получать наслаждение от ощущения совершенного духовного состояния. Это соответствует нахождению человека в тени кровли.

ВРЕМЯ НАДЕЖД

Мы живем в удивительное время. Вместе с невероятным технологическим прогрессом впервые огромные массы людей, практически одновременно, почувствовали зияющую духовную пустоту. Каббалисты еще с древних времен знали, что мы окажемся в таком состоянии. Именно поэтому народ Израиля стал носителем идеи, методики, предназначенной для выхода из этого тупика.

В скрытом, неявном виде методика находится во всех святых книгах и обычаях еврейского народа, а в открытом и четком изложении – в каббалистических источниках.

Нет нужды продолжать поиски насущных ответов в «Марианской впадине» и в «черных дырах». Проще просто открыть каббалистические книги и убедиться, что удивительное всегда было рядом, а мы об этом даже не догадывались.

откуда приходит мир?

НЕМНОГО ИСТОРИИ

Война относится к тем вечным драмам, которые никогда не сходят с подмостков человеческой цивилизации. Подтверждение этому – документы, зафиксировавшие на протяжении истории около пятнадцати тысяч войн.

Каких только войн не бывает: справедливые и несправедливые, колониальные и освободительные, агрессивные и захватнические, локальные и мировые, воздушные, морские, ядерные и даже... гуманитарные.

Горе и страдание, сопровождающие войны, не сравнимы ни с чем. Сменяются века и культуры, однако пожары войн не угасают, а последствия от них становятся все ужаснее. Количество жертв в современных войнах исчисляется уже десятками миллионов. Например, потери европейских стран в войнах (убитые и умершие от ран и болезней) составили: в 17-м веке – 3.3 млн. чел, в 18-м – 5.4, в 19-м и начале 20-го века (до Первой мировой войны) – 5.7, в Первой мировой – свыше 9, во Второй мировой войне (включая погибших в фашистских концлагерях) – свыше 50 млн. человек.

Сегодня, после изобретения атомной и водородной бомб, уже всем ясно, что достаточно одной или нескольких войн, и человеческая цивилизация исчезнет без следа.

Что же нас ждет в третьей мировой войне?

ТРЕТЬЯ МИРОВАЯ

Сегодня, по мнению политологов и историков, к третьей мировой войне могут привести конфликты между США и КНДР, США и Ираном. Не исключены войны между Россией, Китаем и США. В любом случае, к третьей мировой может привести любой ядерный конфликт. Об этом, в частности, постоянно говорят ведущие политики США по поводу разработок ядерного оружия в Иране.

Причиной всемирного пожара могут стать не только военные столкновения стран, но и провокации со стороны террористов, а также ошибки человека или компьютера. Последние два варианта наиболее опасны, поскольку абсолютно непредсказуемы. Случаи такого рода были в прошлом, происходят они и сейчас. Например, последний, наиболее известный, инцидент: американский бомбардировщик Б-52 пролетел более двух тысяч километров над территорией США, неся на своем борту баллистические ракеты, оснащенные ядерными боеголовками. На этот раз обошлось.

В КАМЕННЫЙ ВЕК

Однако страшнее всего, что мир осознанно, а чаще неосознанно, ведет подготовку к третьей мировой войне, наращивая свои арсеналы. Существующие запасы ядерного, обычного и альтернативного (климатическое, сейсмоударное, космическое и так далее) оружия могут уничтожить уже сегодня планету Земля десятки раз. Несмотря на это, продолжаются разработки новых видов оружия: литосферное, гидросферное, биосферное, атмосферное, геокосмическое, вакуумное и многое другое.

Человечество семимильными шагами движется прямо в каменный век. Этот процесс может остановить лишь одно – выяснение первопричины происходящего.

Многочисленные специалисты называют причины, толкающие народы и страны к кровопролитным бойням: борьба за выживание; противостояние противнику, желающему навязать свою волю; предотвращение рецидивов агрессии; стремление политических сил использовать войну для достижения различных внешне и внутриполитических целей. Называются и другие причины.

Поскольку причин так много, можно предположить, что мы не знаем точно, почему происходят войны.

Наука каббала подходит к этой проблеме несколько парадоксально: чтобы понять, почему происходят войны, мы должны прежде выяснить, почему наступает мир.

ЧЕТЫРЕ КАТЕГОРИИ

Каббала исследует основополагающие законы природы. Исследования показали – на уровне общества природа управляет развитием человека четырьмя категориями: правда, милосердие, справедливость и мир.

Теоретически нет ничего лучше категории «правда». При таком подходе все члены общества равны между собой и должны получать одинаково за вкладываемые усилия. Но на практике это невозможно, поскольку не существует людей с одинаковыми физическими, интеллектуальными и моральными качествами. Слабый человек, даже прилагая максимальные усилия, сделает за одно и то же время все равно меньше, чем сильный, и потому получит меньше. Ведь платят не за усилия, которые измерить невозможно, а за результат.

То есть сильные члены общества, прикладывая меньше усилий, получают больше. В результате достояние всего общества переходит к ним.

Для того чтобы общество могло существовать в этих условиях, сильные вынуждены делиться со слабыми. Поэтому появились категории «милосердие» и «справедливость».

Однако количество слабых и обездоленных неуклонно растет. Они начинают конфликтовать с сильными, что ведет к угрозе стабильности общества. Вследствие этого и появляется категория «мир». Но эта категория недолговечна, поскольку противоречит категории «справедливость». Ведь если уравнять права ленивых и непрактичных с правами сильных и инициативных, последние восстанут, и мира в обществе не будет.

Вывод: милосердие, правда, справедливость и мир противоречат друг другу.

В ЧЕМ ПРИЧИНА

Выходит, мир невозможен в принципе? Или, все-таки, есть нечто, вносящее разлад между этими категориями, что, в конце концов, приводит к войнам? Наука каббала положительно отвечает на этот вопрос. Нечто, вносящее разлад, – это эгоизм.

Нельзя обойти вниманием тот факт, что не только каббалисты указывают на эту причину. В частности, американские политологи и социологи Гарри

Барнес и Кеннет Уолтс пришли к следующему выводу: «Войны проистекают от эгоизма, из агрессивных импульсов и от глупости человека. Другие же причины носят второстепенный характер». Это мнение, в целом, совпадает с мнением каббалы.

Однако, с другим мнением Уолтса: «Кардинальных способов изменения природы человека никто не знает, и поэтому войны устранить невозможно» – каббала категорически не согласна. Способ изменения человеческой природы существует!

ПЛАН СПАСЕНИЯ

Наука каббала очень подробно объясняет понятие «эгоизм». За этим понятием стоит ни что иное, как желание получать. Все наше существование базируется на этом простом принципе. Поэтому, если нас лишают возможности получать, мы перестаем существовать. Вот и все.

Нужно только сделать одно важное дополнение. Мы не просто получаем. Мы получаем наслаждение. За нашим стремлением к сексу, еде, жилью, кино, книгам, знаниям на самом деле скрывается желание к наслаждению. Поэтому мы не в силах пошевелить даже пальцем, если за это нас не ждет вознаграждение. Это наша суть, наша природа и с этим ничего поделать нельзя, да и не надо.

Загвоздка лишь в одном – наслаждение исчезает так же быстро, как и приходит. Не успел я съесть лакомый кусочек, а наслаждения как не бывало. Именно в этой нашей ограниченности и скрываются все наши проблемы. Мы вынуждены бороться со всем миром за те крохи, которые мы называем наслаждением и которые от нас постоянно ускользают. И нет разницы, что это: еда или власть. Все уходит, как песок между пальцами.

Каббалисты не предлагают чудо. Они предлагают метод, основанный на глубоком понимании природы. С его помощью эгоист может стать альтруистом. Идея на самом деле очень простая. Вы продолжаете получать, как и прежде, но наслаждаетесь не от самого предмета, скажем, автомобиля, а от наслаждения тех, кто этот автомобиль делал. Изготовители автомобиля, в свою очередь, получат наслаждение от удовольствия, доставленного вам.

Теперь поставьте рядом с наслаждением, которое достается вам, то огромное наслаждение, которое получили тысячи людей, изготовившие вашу машину. Результат очевиден. В каббале такой эффект называется: замена намерения получать на намерение отдавать. На первый взгляд, это кажется фантастической идеей. Но это лишь потому, что мы не знакомы с законами природы. На самом деле проблема сводится к простой психологии, поскольку мы и сегодня отдаем обществу гораздо больше, чем получаем.

Если сравнить наслаждения всей нашей жизни с той ценой (усилия, страдания), которую мы за них платим, то вывод будет однозначным – лучше бы мы не родились вовсе. В то же время замена намерения получать на намерение отдавать позволяет получать наслаждение в полной мере за каждое усилие.

В нашем сегодняшнем положении у нас нет выбора, каким образом получать. Мы просто гонимся за наслаждениями, которые дают нам всего лишь короткую передышку перед следующими многочисленными усилиями.

Методика каббалы позволяет каждому человеку почувствовать и сравнить величину наслаждения с затраченными усилиями.

Что делать с этим дальше, решает сам человек.

Законы, действующие на уровне человека и общества, в той же мере действуют и на уровне государств. Все страны мира, словно шестеренки единого механизма, связаны между собой. В наше время это ощущается как никогда, благодаря всеобщей глобализации. Поэтому невозможно создать особые условия для установления мира и согласия в одной отдельной стране. Необходим общий путь установления мира во всех странах.

Наука каббала давно предлагает такую методику человечеству. Но и сегодня мы остаемся глухими и слепыми, хотя уже стоит вопрос о сохранении жизни на планете Земля.

критика и обвинения методики каббалы по м. лайтману

Руководитель Международной академии каббалы, профессор М. Лайтман, отвечает на критические вопросы, поступившие на адрес академии.

Ведущий: Добрый день, профессор.

Сегодня мы поговорим на не совсем обычную тему: «Критика и обвинения методики каббалы по Михаилу Лайтману».

Если обратиться в интернет, то можно сказать, что существуют две каббалистические школы: Академия каббалы под руководством М. Лайтмана и Центр каббалы Берга. Критики хватает и в адрес Академии, и в адрес Центра. Мы займемся тем, что относится лично к вам. Я отобрал наиболее типичные обвинения, а вы попытайтесь ответить на них.

М. Лайтман: В принципе, критику я люблю. И вопросы учеников – это тоже в каком-то смысле критика. Все, что вызывает вопрос – это хорошо, это помогает выяснению. Как говорится: «Бойся равнодушных». Единственно что – критика должна быть чем-то обоснована, должна нести в себе созидательное начало, и тогда это очень полезно.

Ведущий: Давайте начнем.
Так как вы распространяете огромное количество статей о кризисе, о поисках выхода из него, то вас упрекают в том, что «каббала должна заниматься духовным возвышением человека, а не поисками выхода из мирового кризиса и прочими проблемами нашего мира».

М. Лайтман: То есть Лайтман – я сам могу развить это обвинение в свой адрес – начал строить свою каббалу на кризисе. Нашел «дойную корову» и доит ее, и доит... Если бы не было кризиса, то ему нечего было бы сказать, сидел бы тихо. А так: «Ах, кризис, ах, вам плохо. Я вам предлагаю каббалу, пока не поздно. А нет – будет еще хуже». Занимается страшилками, хочет на кризисе сделать себе имя, поднять свой имидж, прославить себя.

Совершенно верно. Если бы этого кризиса не было, каббала бы не раскрылась. Есть только одно «но». Каббала говорит о том, что кризис этот – он естественный, он закономерный, он должен был состояться. Об этом написано еще в книге «Зоар», об этом 250 лет назад писал Виленский Гаон, и об этом же, то есть о том, что в 1995 году начнется кризис и, одновременно с этим, начнет раскрываться наука каббала в 1945 году писал Бааль Сулам.

Когда я начал заниматься у своего учителя, у Баруха Ашлага, я не верил этому. Как-то я спросил у него: «Может быть, Бааль Сулам иносказательно написал, что через 50 лет начнется такой кризис, что человечество будет нуждаться в каббале?» «Бааль Сулам никогда не говорил просто так, – ответил он. – Ты увидишь, что будет происходить, начиная с 1995 года». Это было в 1979 году.

Почему это должно было случиться? Потому что человечество к этому времени истощит свою потребность в эгоистическом развитии, начнет убеждаться в том, что эгоизм заводит его в тупик.

Мы развивались на основе эгоизма. Эгоизм себя истощил. Все. Дальше ничего нет. «Я не чувствую, что завтра мне будет лучше, чем сегодня. Мне не хочется развиваться, мне ничего вообще не хочется. Мне хочется, максимум, сделать сегодня для себя что-то хорошее, а завтра – гори оно огнем» – таково состояние человечества. И поэтому, естественно, кризис во всех аспектах человеческой деятельности: наука, искусство, экономика, экология, семья, человек сам с собой, – все, что угодно.

И вот тут раскроется каббала, для того чтобы показать человечеству: то, что здесь, в нашем эгоистическом мире, мы ощущаем безысходность – это правильно, это хорошо, и что из этого есть совсем другой выход. Произошло, что называется, осознание зла нашего эгоистического развития. Прекрасно! А сейчас нам надо начать подниматься. Не растить себя на этом уровне, на этой плоскости, а подниматься вверх.

«Я предлагала вам это, – говорит каббала, – еще в Древнем Вавилоне, когда вы были одной маленькой цивилизацией. Не захотели. Вместо этого разбрелись по миру и думали, что вам будет хорошо. Разбрелись – вам все равно плохо. Все равно достигли глобальности, интегральности, все равно должны сделать то, что должны, деваться некуда».

Так что, Лайтман совершенно откровенно использует эту ситуацию: «приобрету популярность, каббала приобретет широкую известность», и так далее. Правильно.

Ведущий: Идем дальше.

«Любое движение или учение должно быть представлено в СМИ пропорционально своей популярности, иначе это насилие, и оно неприемлемо. Каббала Лайтмана представлена гораздо...»

М. Лайтман: Ну, это уж совсем не верно!

Средства массовой информации – это стопроцентное насилие. Стопроцентное! Они изначально построены на использовании человека, на полном, стопроцентном его использовании. Тот, кто платит, тот заказывает музыку, и поэтому, вообще, о насилии в средствах массовой информации нечего и говорить.

Пропагандируют какое-то новое лекарство, какой-то новый вид пищи, какую-то новую машину. Я не желаю того, что они мне навязывают, а они создают у меня искусственную потребность к тому, что хотят мне продать.

То же самое с новостями. Ни о какой достоверной информации речи быть не может, потому что она всегда подается человеком, который изначально заинтересован в той или иной информации, подается или так, как это угодно правительству, или так, как это угодно заказчику – тому, кто платит деньги. Объективности быть не может.

То есть говорить о средствах массовой информации, как о чем-то объективном, ненасильственном, – невозможно.

Теперь. Почему Лайтман использует средства массовой информации так, как он их использует? Очень мало использую! Если бы можно было использовать так, как Лайтман желает, Лайтман бы сделал просто: он бы отключил все телевидение, все радиовещание, закрыл все газеты, и оставил бы только свое телевидение, свое радио, свою газету. Заявляю откровенно.

Ведущий: Это не насилие?

М. Лайтман: Это насилие. То же самое, что хотел бы сделать любой другой. Да, это насилие. А чем я лучше или хуже других?

Если мне что-то удается, а вы этому завидуете, – я вас понимаю, сочувствую. Но что сделаешь?

Я общаюсь со многими людьми, которые занимаются изданиями газет и книг, формированием общественного мнения, и я знаю, что все, что есть в СМИ, – это кем-то сфабриковано, с какой-то целью. Кто-то проплатил этот материал, иначе ему не нашлось бы места. Ведь СМИ должны с чего-то жить.

Ведущий: Вы тоже проплатили?

М. Лайтман: Минуточку! Я могу опубликовать то, что я не хочу? Я опубликую то, что я хочу, то, что я считаю нужным, что соответствует моему взгляду на мир, что я желаю этому миру преподнести, чем я желаю его наполнить. Конечно, я плачу. А как иначе? Я не понимаю, почему претензии ко мне, как к какой-то белой вороне? Я ни в коем случае себя таким образом не позиционирую.

Просто я открыто говорю людям, что при этом имею в виду. Конечно, то, что я предлагаю, – это против вашей природы, слышится и смотрится изначально отталкивающе (и я с этим согласен, это на самом деле так), но все же проверьте, насколько «мой товар» может быть для вас действительно полезен.

Ведущий: Дальше. Вас упрекают в том, что: «те, кто начал заниматься у Лайтмана, уделяют своим семьям гораздо меньше внимания, – в результате семьи рушатся». Вместе с такими обвинениями даются конкретные примеры.

М. Лайтман: Такие примеры действительно есть. Это естественно.

На эту тему есть очень старая каббалистическая шутка:

«Дескать, собирается каббалист к своему учителю и собирается его сосед, хасид, к своему адмору.

Хасид говорит своей жене:

– Я поеду к своему ребе, я попрошу у него благословления на то, чтобы был у нас дома мир, чтобы дети были здоровы, чтобы был достаток в доме, чтобы все было хорошо.

– Езжай! Если все будет хорошо, так почему нет.

Каббалист говорит жене:

– Я должен ехать к своему учителю.

– Почему ты должен?

– Я слишком много уделяю внимания и тебе, и детям, и всяким мирским делам. Я хочу быть больше связан с Творцом, я хочу быть с Ним всем сердцем и душой.

– Сиди дома! Никуда не езжай!»

Человек старается увеличить достаток в доме, заботится о здоровье жены и детей, все свободное время посвящает семье. Это естественно, это понятно любому человеку в нашем мире, мы одобряем такие действия. А если человек отодвигает эти заботы в сторону, если его удовлетворяет то, что у него есть, и все устремление его к духовному развитию, то разве можем мы считать, что это полезно для семьи? Конечно, нет.

Для него прошлая жизнь – это жизнь животная, как будто ты находишься в каком-то загоне и устраиваешь более нормальные условия жизни в этом загоне. Вот так он себя чувствует. А его семья не желает об этом слышать, не желает с этим примириться. Жена не понимает его, не согласна с ним, видит, что у него нет свободного времени ни на нее, ни на детей, что он куда-то вообще «улетает», и естественно возникают проблемы, конфликты.

Мы пытаемся сделать так, чтобы жена понимала, чем занят муж, согласилась с ним. В большинстве случаев, я сказал бы в 99% случаев, это удается. Но я думаю, что процент разводов у нас намного меньше, чем в обычных семьях вне каббалы, это совершенно неравновесные понятия. Но, действительно, единичные случаи у нас есть. Ну, а что сделаешь?

Ведущий: Следующий упрек: «Вы нигде не публикуете свои финансовые отчеты, значит, деньги разворовываются. Лайтман ведет распространение бесплатно, с одной стороны, с другой, – откуда деньги на телеканал?»

М. Лайтман: Видно, что деньги есть, видно, на что я их трачу. Непонятно только – откуда достаю.

У других наоборот: ясно, откуда они получают деньги, но не ясно, куда тратят (на самом деле понятно – себе в карман). А я беру деньги из своего кармана и все их трачу на распространение.

Какие могут быть претензии, я не понимаю?!

Мне завидуют: «У Лайтмана много денег!» Если бы не разворовывали, у них тоже было бы много денег на распространение. Да, у меня телеканал, распространяются десятки книг на десятках языков.

Ведущий: Тридцать языков, кстати говоря. На все это должны работать тысячи людей. Так откуда деньги? Кто им платит?

М. Лайтман: В моей организации работают десятки тысяч человек. Откуда деньги – я сейчас объясню.

Каждый член нашей организации, если он желает быть ее членом, если он изучает каббалу и желает ее распространения, платит десятую часть своих доходов в общую кассу (так называемый, маасер). Это подотчетные суммы. Мы – официально зарегистрированная организация. У нас все открыто, мы платим налоги, нас проверяют. Относительно юридической и финансовой стороны дела у нас все в порядке.

Но дело в том, что мы не разворовываем, потому что мы собираем только свои личные деньги, только со своих членов. Мы ни копейки не получаем ни от государственных, ни от общественных организаций, ни от посторонних частных лиц. Собранные таким образом средства мы тратим только на то, что считаем нужным – на свою организацию и на распространение каббалы в мире. И так как это идет из нашего сердца и из наших чистых личных доходов, то возникает мощная информационная волна, которая прокатывается через весь земной шар.

Ведущий: Вы один решаете, на что тратить?

М. Лайтман: Я, один, просто не могу принимать решения. На основании чего? Я должен знать, что лучше, как на это реагируют в мире, на что направить усилия в интернете, в каком виде делать телевидение, какую книгу и на каком языке лучше издать.

Во всем, что касается этого мира, нужна связь со специалистами, поэтому решения принимаются коллегиально – дирекцией. Она состоит из начальников отделов, из людей, которые занимаются этими проблемами, которые разбираются в средствах массовой информации, которые занимаются исследованием общественного мнения. То есть это происходит так, как и в любых других организациях.

Единственное что – эффективность нашего распространения обязана тому духовному заряду, который существует в нас, тому, что мы тратим на это свои собственные деньги и свои собственные добровольные усилия.

Ведущий: О добровольных усилиях. Вы сказали, что у вас миллионы учеников во всем мире. Это значит, все сдают маасер? Они вам лично посылают деньги? Их как-то принуждают к этому?

М. Лайтман: Во-первых, лично мне никто ничего не посылает. Есть бухгалтерия, которая этим официально занимается.

Во-вторых, у нас много центров. Они собирают деньги на собственные нужды, для выпуска на месте газет, проведения лекций и так далее. Естественно, они находятся в постоянной связи с нами, и решения о том, куда направить деньги, мы принимаем совместно. Мы работаем как корпорация.

Ведущий: А те, кто не сдают маасер, что с ними?

М. Лайтман: Ничего. Не сдают – так не сдают. Другое дело, что от этого зависит твое духовное продвижение. Так написано в каббале.

Существует огромное количество источников, некоторым из которых уже две-три тысячи лет. Они говорят о том, что на протяжении всей истории каббалисты сдавали маасер, для того чтобы поддерживать себя, свой центр, даже если они не занимались распространением, а просто учились сами, обучали учеников.

Ведущий: Очень часто встречаются обвинения, которые сводятся к следующему: «Каббала выдает себя за науку, но по строгим критериям наукой не является».

М. Лайтман: Большинство из моих учеников – люди с высшим образованием, среди них есть ученые, и все они могут сказать, что кабала в своем постижении мира использует чисто научные методы.

Каббала относит себя к науке, потому что четко исходит из постижения человека, из его ощущения. Более того, она является, как она сама заявляет о себе, причем абсолютно категорично, – это не Лайтман говорит, это говорит каббала в своих первоисточниках – является основой всех наук. Почему? Потому что она объясняет человеку, на основании чего и как он ощущает всю реальность – и эту, и духовную; как перейти от ощущения только этой реальности еще и к духовной; как одновременно ощущать обе реальности.

Каббала исследует материю, исследует форму материи, воздействие и отклик.

Только, единственное что. В нашем мире мы родились с нашими пятью органами чувств, и через них мы постигаем мир. Наши постижения мы записываем, и это является наукой. Каббала развивает в человеке дополнительные органы чувств. Параллельно нашим телесным пяти органам чувств – зрение, слух, обоняние, осязание и вкус, – параллельно им есть пять органов ощущения духовного мира: кетер, хохма, бина, зэир анпин и малхут (так они называются, как и термины любой другой науки). Как только мы их развили до возможности ощущения нами духовного пространства, мы сразу же начинаем его исследовать.

Как происходит постижение человеком нашего мира?

Пока человек не родился – не о чем говорить. Он родился – первые недели существования он ничего не понимает и не знает. Как только он начинает ощущать окружающий мир, уже можно говорить, что он начинает его постигать: это хорошо – это плохо, это близко – это далеко, это горячо – это холодно, и так далее. Он развивает свои органы чувств и, в соответствии с этим, изучает окружающий мир. Из этого он строит науку.

То же самое каббалист. Он совершенствует свои органы ощущения духовного мира и таким образом постигает его.

Ведущий: То есть до того, как он их приобрел, нельзя называть каббалу наукой? Но когда он приобрел...

М. Лайтман: Нет. До того, как он их приобрел, не то, что нельзя называть каббалу наукой, – нельзя сказать, что он находится в ней.

Ведущий: В принципе, наверно, в этом вся проблема, все эти «наезды» только от этого.

М. Лайтман: Конечно. Люди не понимают, что мы имеем дело с новым уровнем мироздания, который мы постигаем по тем же принципам, что и на нашем уровне. Только сначала надо на него подняться. Вот поэтому-то и говорят: «Каббала – не наука. Где же она? С чем она говорит? Я же не чувствую».

Ты не чувствуешь, потому что ты еще «животное». Поднимись на уровень, который называется «человек», начинай себя развивать, и тогда наука, которую ты начнешь постигать, развивать в себе, будет называться «каббала».

Я думаю, что меня никто не может упрекнуть в том, что я не реальный человек.

Я в этом мире очень реален. То меня упрекают в том, что я умею распространять слишком хорошо, что я слишком хорошо управляю и манипулирую этим миром, то вдруг говорят, что я существую где-то в иных измерениях. Существую в обоих измерениях и, зная Высшее измерение, могу действительно правильно понимать и это. Поэтому преуспеваю. Таков мой бизнес.

Ведущий: Сомневаюсь, что вы убедили кого-то...

М. Лайтман: А это не важно. Человека вообще ни в чем не убедишь.

Я не пытаюсь ни оправдаться, ни кого-то убедить. Я пытаюсь помочь людям, у которых возникают – и правильно, если возникают – вопросы: и насчет моей лживости, и насчет распространения, и насчет моего кармана, и насчет моего знания, насчет всего. Если возникают сомнения – это очень хорошо. Хотелось бы только, чтобы это было все-таки целенаправленно – не просто какие-то сплетни, а чтобы это их вело вперед, выше, выше.

дополнительная информация

МЕЖДУНАРОДНАЯ АКАДЕМИЯ КАББАЛЫ
www.kabacademy.com

Международная академия каббалы (МАК) основана в 2001 году профессором Михаэлем Лайтманом. Основная цель организации – изучение и раскрытие законов мироздания.

Без знания этих законов невозможно полноценное решение как глобальных проблем общества, так и личных проблем каждого человека. Филиалы академии открыты в 52 странах мира. На сайт академии ежемесячно заходит более 4.5 миллиона человек. Информация обновляется ежедневно и выставляется на 35 языках.

Принципы методики – обучение в общении и открытая информация. Разделы сайта: «Интерактивные уроки», «Форум», «События». Все материалы находятся в открытом доступе. По окончании обучения студенты получают диплом и возможность участия в конгрессах, проводимых академией в разных странах мира.

БЛОГ МИХАЭЛЯ ЛАЙТМАНА
www.laitman.ru

От автора:
«В последнее время я обнаружил, что люди все больше осознают движение цивилизации к саморазрушению. Но одновременно обнаруживается невозможность предотвратить этот процесс. Общий кризис во всех областях деятельности человека не оставляет надежды на доброе будущее.

Каббала говорит, что это состояние человечества – самое прекрасное, потому что из него рождается новая цивилизация, которая будет основана уже на совершенно ином мышлении и восприятии реальности».

ВИДЕОПОРТАЛ – ЗОАР ТВ
www.zoar.tv

Каждый день реальность преподносит нам все новые сюрпризы, зачастую неприятные. Кризисы, катастрофы, политические передряги, природные катаклизмы, всего не перечесть. Иногда возникает такое ощущение, что мир постепенно сходит с ума, и желает непременно забрать нас с собой.

Но мы не поддаемся! Пока вдруг кто-то из нас не оказывается в центре циклона и, неожиданно, именно мы – жертвы очередного бедствия.

Почему я? За что?! А главное, что делать дальше?!!

Новый вебсайт Zoar.tv создан для того, чтобы попытаться ответить на эти вопросы. Раскрыть перед человеком изнанку происходящего; показать шестеренки, пружины и винтики механизмов, управляющих реальностью. И поставить человека перед неминуемым выбором: кто же я в этом механизме? В зависимости от этого выбора и сложится его дальнейшая судьба.

ИНТЕРНЕТ-МАГАЗИН

Содержание книг, дисков аудио и видео, затрагивает абсолютно все аспекты человеческой жизни: семья и воспитание, финансовый кризис и экология, жизнь и смерть, любовь и счастье.
Заказ можно оформить на сайте или по телефону:

Россия, СНГ, Азия
www.kbooks.ru
88001002145
(звонки по России бесплатно)
+7 (495) 649–6210

Израиль, Европа
www.kbooks.co.il/ru
+972 (3) 921–7172;
+972 (545) 606–810

Америка, Канада
www.kabbalahbooks.info
+1 (646) 435–0121
+1–866 LAITMAN

аннотации к книгам >>>

каббалисты
уполномочены
сообщить

знакомство с каббалой

ТОЧКА В СЕРДЦЕ

Чтобы не оставлять нас в этом крохотном мире больными, голодными, обездоленными и смертными, нам дана точка в сердце. Будь ты ребенок или взрослый, точка в сердце – это твой шанс ощутить себя в большом светлом мире, именно здесь и сейчас. Книга содержит избранные отрывки из материалов личного блога и ежедневных уроков каббалиста, профессора Михаэля Лайтмана.

КАББАЛИСТ

Этот кинороман о Бааль Суламе – одном из величайших каббалистов в истории человечества.

«Я нахожу крайне необходимым взорвать железную стену, которая отделяет нас от науки каббала», – написал он в одном из своих трудов. Он написал комментарии на важнейшие каббалистические труды: книгу «Зоар» и книги АРИ. Он делал все, чтобы донести каббалу до каждого человека, поэтому каббалистическая газета, которую он издал, так и называлась «Народ».

Тревога за судьбы человечества, переполнявшая сердце Бааль Сулама, предопределила весь его жизненный путь.

ПОСТИЖЕНИЕ ВЫСШИХ МИРОВ

«Среди книг и рукописей, которыми пользовался мой учитель, рав Барух Ашлаг, была объемистая тетрадь, которую он постоянно держал при себе. В этой тетради были собраны беседы его отца – великого каббалиста Йегуды Ашлага (Бааль Сулама). Он записывал эти беседы слово в слово – так, как они были услышаны им. В настоящей книге я попытался передать некоторые из записей этой тетради, как они прозвучали во мне», – так пишет в предисловии к книге ее автор, Михаэль Лайтман. Цель книги: дать читателю возможность познать цель творения и помочь сделать первые шаги на пути к ощущению духовных сил.

НЕВЕРОЯТНЫЕ ОТКРОВЕНИЯ КАББАЛИСТА

Эта книга – о наслаждении и страдании. О жизни и смерти. О любви и страхе. О деньгах и власти. Об уверенности и счастье. О свободе выбора и собственном «я» человека, – и о многом другом, волнующем каждого. Она состоит из бесед нашего современника, каббалиста и ученого Михаэля Лайтмана, со своими учениками.

ТАЙНЫЕ ПРИТЧИ БИБЛИИ

Библия закодирована. Прочитав эту книгу, вы узнаете секреты этого кода. И тогда вы сможете прорваться сквозь внешние события, из которых она на первый взгляд состоит, к тому, о чем в ней действительно говорится. Вы поймете, почему все мировые религии признают за Библией право первенства, ради чего ссылаются на нее политики, философы, писатели... Вам откроется истина.

Эта книга – путеводитель, руководство в продвижении для тех, кто задает вопросы о смысле жизни, инструкция о том, как открыть духовный мир. Как стать счастливым.

РАСКРЫТИЕ КАББАЛЫ

Неожиданно для многих, но не для тех, кто стоял у ее истоков, оказалось, что каббала актуальна как никогда в качестве духовного и практического руководства к жизни. Эта книга расскажет вам, чем на самом деле является эта древняя наука: откуда она взяла свое начало, как развивалась, какова ее роль в современном изменчивом мире.

для изучающих каббалу

ЗОАР

Древнейший источник знания, основа каббалистической литературы – книга «Зоар», написанная метафорическим языком, – была покрыта тайной все 2000 лет своего существования. Истинный смысл текста и ключ к его пониманию веками передавался только от учителя к ученику. Разгадать секреты книги «Зоар» пытались мудрецы и мыслители всех времен и народов. Эти попытки не оставляют и современные ученые.

В предлагаемое издание включены фрагменты оригинальных текстов с переводом и пояснениями М. Лайтмана, основанными на исследованиях выдающихся каббалистов и на собственном опыте.

Автор раскрывает широкому кругу читателей тайный код, с помощью которого вы можете сами прикоснуться к информации, зашифрованной древними каббалистами.

КАББАЛА ДЛЯ НАЧИНАЮЩИХ. ТОМ 1, 2

Предлагаем вашему вниманию новое учебное пособие. Книга включает следующие разделы: «История развития каббалы», «Каббала и религия»,

«Сравнительный анализ каббалы и философии», «Каббала как интегральная наука» и «Каббалистическая антропология». Книга составлена на основе лекций каббалиста, профессора М. Лайтмана и снабжена чертежами, справочной информацией, ссылками на аудио- и видеоматериалы и печатные классические каббалистические источники.

НАУКА КАББАЛА
Эта книга – базовый курс для начинающих изучать науку каббала.

Главная часть книги – статья «Введение в науку каббала» – написана одним из величайших каббалистов в истории человечества, Бааль Суламом. Текст приводится на языке оригинала с переводом на русский язык и комментариями Михаэля Лайтмана – преемника и последователя школы Бааль Сулама. Рекомендована читателям, цель которых – обрести фундаментальные знания о духовных мирах, и о сути высшего управления. В приложении: контрольные вопросы и ответы, альбом графиков и чертежей духовных миров.

классическая каббала

СБОРНИК ТРУДОВ БААЛЬ СУЛАМА
Йегуда Ашлаг (Бааль Сулам) является основоположником современной каббалы. Книга содержит адаптированные для широкой аудитории статьи, впервые публикуемые на русском языке. В основном, это рукописи, которые – под руководством профессора Михаэля Лайтмана – были подготовлены к печати переводчиками и редакторами Международной академии каббалы.

Публикуемые материалы содержат глубокий анализ различных общественно-политических проблем и показывают пути их решения. Это особенно актуально сегодня, когда все человечество погружается в глобальный кризис, требующий немедленного радикального решения.

УСЛЫШАННОЕ (ШАМАТИ)
Статьи, записанные со слов каббалиста Йегуды Ашлага (Бааль Сулама) его сыном и учеником, каббалистом Берухом Ашлагом (РАБАШ). Издание составлено под руководством Михаэля Лайтмана, ученика и ближайшего помощника Баруха Ашлага.

Раскрыв эту книгу, читатель прикоснется к раскрытию смысла своего существования. Он раскроет для себя мир, в котором вечно существует его «я». Это мир человеческой души.

Каждая статья повествует о внутренней работе человека, вставшего на путь самопознания. Если вы взяли в руки эту книгу – она для вас. Вы не обязаны сразу понимать прочитанное, это придет потом. Но всю глубину мудрости, скрытую в этой книге, вы ощутите, прочитав ее первые строки.

УЧЕНИЕ ДЕСЯТИ СФИРОТ

«Учение Десяти Сфирот» – фундаментальный труд, соединяющий в себе глубочайшие знания двух великих каббалистов – АРИ (XVI в.) и Бааль Сулама (XX в.). Это основной учебник науки каббала, раскрывающий полную картину мироздания.

Материал данной книги основан на курсе, проведенном руководителем МАК, каббалистом, профессором Михаэлем Лайтманом. Вы встретите здесь полный перевод оригинального текста первой части «Учения Десяти Сфирот», включая приводимые Бааль Суламом определения каббалистических терминов. Во второй части книги «Внутреннее созерцание» автор дает глубокий и всесторонний анализ изучаемого в каббале материала.

каббалисты уполномочены сообщить

Редакторы: М. Бруштейн, А. Ицексон, М. Розенштейн
Корректор: П. Календарев
Дизайн и компьютерная верстка: А. Мохин, И. Менабде

ISBN 978-965-551-005-8

www.ingramcontent.com/pod-product-compliance
Lightning Source LLC
LaVergne TN
LVHW021232080526
838199LV00088B/4322